CE QUE L'ON NE VEUT PAS QUE JE VOUS DISE

Frédérique Dumas

CE QUE L'ON NE VEUT PAS QUE JE VOUS DISE

Récit au cœur du pouvoir

Massot Éditions

Avec la collaboration de
Bénédicte Martin et Youssef El Mabsout

L'éditeur et l'autrice remercient
Médiapart, pour la reproduction des articles de Martine Orange
et Caroline Coq-Chodorge,
AOC Média pour les extraits de l'article de Cloé Drieu.

ISBN papier : 9782380353655
ISBN numérique : 9782380353648

À Pierre, Antoine et Mathilde

« Sois libre et examine les choses en Homme de cœur, en Homme raisonnable, en citoyen, en être mortel. [...] D'abord les choses n'atteignent pas l'âme, elles demeurent au-dehors, immobiles ; les troubles ne proviennent que de l'opinion intérieure. En second lieu, tout ce spectacle que tu vois en un clin d'œil, il va se transformer, cesser d'être. Et que de choses dont les transformations t'ont déjà eu toi-même pour témoin ! Penses-y constamment. »

Marc Aurèle, *Pensées pour moi-même*, livre IV, pensée 3

« On pariait sur l'œuvre du temps, sur la fissuration lente du mur des principes. On comptait sur la réversibilité de l'âme humaine, sur sa soif, sur sa faiblesse, sur sa cupidité. »

Mohamed Mbougar Sarr, *La plus secrète mémoire des hommes*

Sommaire

Introduction

Au nom de toutes mes passions, de tous mes combats, de toutes mes volontés, mes déterminations, j'ai rejoint et soutenu cet espoir nouveau que représentait Emmanuel Macron en 2017 et j'ai été élue à l'Assemblée nationale, députée des Hauts-de-Seine.

Car il me semblait que l'objectif principal des dix années à venir était de faire de l'égalité des chances une réalité, de donner à chacun, à chacune, les moyens de sortir des assignations à résidence de quelque nature qu'elles soient, de s'adapter à un monde en pleine évolution et de réduire les fractures économiques, culturelles, sociales, géographiques et territoriales.

C'était à mes yeux un enjeu de moyen et long terme auquel il fallait aussi apporter des solutions concrètes et rapides si nous voulions réduire à la fois l'abstention et les tentations de repli sur soi, en apportant un véritable changement au quotidien.

C'était ce à quoi s'était engagé le candidat Emmanuel Macron, ou du moins, c'était la direction vers laquelle il se proposait de nous emmener.

Les déceptions, petites et grandes, se sont très vite accumulées et, dans un réflexe de survie intérieure, j'ai été une des premières à quitter le groupe parlementaire de cette République qui se disait « en marche », le 17 septembre 2018 exactement.

Amoureuse de la littérature, du cinéma, de la musique, de la peinture, de la photo, de la sculpture… – de tous les arts ! –, je me suis construite à travers un engagement constant au service de la préservation de la diversité culturelle, de l'éducation au sensible et de l'enrichissement que nous apporte la rencontre avec les autres cultures.

À travers des engagements d'intérêt général, en tant que membre du cabinet de François Léotard, ministre de la Culture ; à la présidence de la commission culture de la région Île-de-France ; en occupant les fonctions de maire adjointe chargée des affaires culturelles à Antony. Mais aussi en tant que membre du Fonds régional d'art contemporain et d'ARCADI, l'organisme longtemps chargé du spectacle vivant à la région Île-de-France, et en tant que membre pendant de longues années du Haut Conseil à l'éducation artistique et culturelle. À travers des engagements syndicaux, comme présidente de la Chambre syndicale des producteurs et comme présidente du Bureau de liaison des industries cinématographiques. À travers le porte-parolat et le secrétariat national à la culture et aux médias de la Nouvelle UDF puis de l'UDI[1].

Et il y a, bien sûr, mon métier de productrice de cinéma et de directrice générale d'Orange Studio. J'ai ainsi produit ou coproduit des films aussi différents que le multi-oscarisé *The Artist* de Michel Hazanavicius, *Gainsbourg* de Joann Sfar, *Dobermann* de Jan Kounen ou *Les Beaux Gosses* de Riad Sattouf, des films abordant des sujets de société comme *24 jours, la vérité sur l'affaire Ilan*

1. La Nouvelle Union pour la démocratie française (Nouvelle UDF), fondée en 1998, ainsi que l'Union des démocrates et indépendants (UDI), fondée en 2012, sont des partis politiques de centre droit.

Halimi d'Alexandre Arcady, *Welcome* de Philippe Lioret, *Solutions locales pour un désordre global* de Coline Serreau ou encore *Les Héritiers* de Marie-Castille Mention-Schaar, ou des sujets du monde comme *No Man's Land* de Danis Tanović, oscar du meilleur film étranger, *Timbuktu* d'Abderrahmane Sissako et bien d'autres encore.

Je suis convaincue que la manière d'exercer le pouvoir dessine notre modèle de société, et il est temps pour moi de témoigner de ce que j'ai vu, entendu, vécu de l'intérieur qui mine notre vie démocratique, nos vies et nos espérances.

Je fais partie de celles et ceux qui pensent toujours qu'il est préférable de rejeter les approches idéologiques ou dogmatiques. Que de vies sacrifiées en leur nom ! Aujourd'hui, face au vide idéologique du macronisme, à sa vacuité, il est certes de bon ton de penser que nous avons besoin du retour des idéologies. Mais les idéologies enferment, créent des schismes entre les êtres humains qui deviennent des abysses. Elles séparent et créent des fractures irréparables. Et le macronisme est aussi une idéologie. Celle du progressisme technocratique qui nous mène droit dans le mur. Il est moins aisé de cerner le progressisme dans sa dimension idéologique, puisque sa force c'est aussi de prétendre ne pas en être une, mais la définition qu'en donne l'essayiste Dwight Macdonald en 1946[2] est saisissante : « Un groupe de gens sont installés dans un bolide fonçant tout droit dans un précipice. En voyant d'autres assis sans rien faire au bord de la route, ils crient : "Ce que vous êtes négatifs ! Regardez-nous ! Nous allons quelque part, nous faisons vraiment quelque chose, nous !" »

2. Pour la dernière édition, voir : Dwight Macdonald, *The Root Is Man*, Autonomedia, 1995, New York.

Et c'est ce sentiment diffus que nous éprouvons. Que l'on nous emmène droit là où nous ne voulons pas aller. D'une manière ou d'une autre.

Les idéologies, quelles qu'elles soient, relèvent à mes yeux de la manipulation. Celle qui vous fait croire que ce sera mieux demain, sans qu'une seule journée vous amène un tant soit peu et de manière concrète vers ces lendemains promis. Les promesses vaines s'enchaînent. Les déceptions, la désillusion et la perte de confiance.

Pour moi, une personne peut se sentir de gauche ou de droite, si elle le souhaite, c'est son droit et sa liberté, mais cette seule moitié ne saurait rendre compte de ce qu'elle est réellement, avec toutes ses nuances. À l'évidence, elle est bien plus que cela. Ce serait renoncer à toutes les dimensions d'un être humain. Ma vie m'a amenée à me positionner au centre droit, mais jamais à m'y enfermer et à dépendre de la politique. L'idéologie enferme et prive de la possibilité de « voir ailleurs », de changer de point de vue. Ce qui ne signifie pas penser ou dire tout et son contraire, mais qui permet d'ajuster et de changer l'angle à travers lequel on regarde les choses, le monde. C'est ce qui permet, et ce n'est pas paradoxal, de ne pas trahir ses convictions profondes.

Comme beaucoup d'entre nous, je le sais, j'ai soif d'idéal. Et j'ai soif que cet idéal s'incarne. Aller sur le terrain, chercher à comprendre, rencontrer, écouter, entendre, y compris ce qui peut remettre en cause nos croyances ou nos intuitions, s'imprégner et surtout ressentir, éprouver. C'est le seul chemin qui permette de ne pas se laisser aller à créer des mondes virtuels dans lesquels on s'enferme confortablement ou inconfortablement. C'est le seul chemin pour influer sur le réel. Car je ne me résigne pas à ce que mes idéaux ne s'incarnent pas. C'est ce qui me motive. C'est ce qui me fait me lever chaque matin. C'est pour moi une nécessité aussi réelle et nécessaire que le fait de respirer.

Certaines et certains me reprocheront d'être trop crédule et naïve. J'accepte et j'accueille ces reproches. Je ne peux nier par exemple que j'ai cru en François Bayrou, en Emmanuel Macron et que, finalement, je me suis trompée sur leurs intentions, sur leurs motivations.

L'important, c'est de s'en rendre compte, de ne pas persévérer dans l'illusion et d'assumer. Être libre, c'est un choix qui dépend de vous et uniquement de vous.

En revanche, vous devez toujours en accepter les conséquences. Celles-ci peuvent être dures, mais elles ne sont que passagères. Certains passages sont beaucoup plus longs et difficiles que d'autres. Des « traversées du désert » peuvent même se compter en années. Cette acceptation n'a rien d'évident, mais elle est nécessaire pour passer l'obstacle.

En 2017, j'ai quitté ma famille politique parce qu'elle s'éloignait de ses idéaux et j'ai rejoint Emmanuel Macron. Depuis, en chemin, j'ai décidé à la fois de quitter Emmanuel Macron, qui s'éloignait à son tour de ses promesses, et d'abandonner toute étiquette politique.

Tout simplement pour ne pas m'auto-trahir, trahir mes convictions, pas celles qui fondent une idéologie mais celles qui fondent ce que vous êtes, la part non négociable en vous.

J'ai été souvent trahie. Comme tout un chacun.

Je pense que trahir les autres, c'est se trahir avant tout soi-même. Il me peine de voir tant d'hommes et de femmes abdiquer leurs aspirations premières, celles qui les ont menés à s'impliquer en politique, tout simplement pour l'argent, le statut social ou la détention du pouvoir.

Le pouvoir, quel qu'il soit, comme chacun le sait, peut rendre « fou », pas seulement en politique comme nous le verrons. Mais en politique, il y a ce sentiment encore plus fort de trahison, car nos dirigeants tiennent véritablement une partie de notre destin entre leurs mains, alors qu'ils ont été élus et nous représentent ou ont été nommés par celles et ceux que nous élisons.

C'est aussi pour cela que j'ai choisi de ne jamais dépendre financièrement de la politique et de pouvoir m'en rapprocher comme m'en éloigner si mes convictions étaient profondément malmenées.

Sans ces fondamentaux, il est tout simplement impossible de construire en confiance. Pouvoir s'appuyer solidement les uns sur les autres, c'est ce qui permet de passer ensemble les épreuves et d'atteindre ses objectifs.

C'est aussi ce que raconte ce livre. Que fidélité n'est pas servilité. Et que liberté n'est pas opportunisme. C'est toute ma vie.

Des couloirs de l'Assemblée nationale à Hollywood, d'Emmanuel Macron à la production d'un film, des rencontres marquantes en politique ou dans la culture, j'ai souhaité vous raconter les passages les plus significatifs de ma vie, ceux qui peuvent permettre de comprendre qu'il est vital de mettre ses actes en conformité avec ses paroles. Que les paroles doivent s'incarner dans la vraie vie. Que la séduction et la manipulation ne durent qu'un temps.

Au travers de ce récit, je vous proposerai aussi des idées, des réflexions sur les changements à apporter en profondeur pour changer de logiciel et limiter les excès délétères dans l'exercice du pouvoir. Mais aussi un chemin, des réflexions sur la méthode pour y parvenir.

CHAPITRE 1

Ce qui me constitue

J'ai grandi à Villemoisson-sur-Orge, dans l'Essonne, près de Paris, mais mon enfance et ma jeunesse sont totalement empreintes de Gabian, un petit village de l'Hérault où ma famille a une partie de ses racines. Gabian, ses pieds de vigne, ses raisins, ses porettes, ses asperges sauvages. Dans ma tête, imprimés à jamais, il y a les contreforts des Cévennes au loin avec une vue imprenable sur le château de Cassan, notre maison occitane en pierres avec son grand jardin en espalier, des lauriers-roses, des iris blancs et violets, des acacias, des figuiers, des néfliers, des grappes lourdes de lilas qui embaument, un potager rempli de tomates, d'aubergines et de plantes aromatiques. Il y a le soleil écrasant du plein été, le goût de l'anis, du fenouil sauvage, celui des pâtes de fruits faites maison, la fameuse pâte de coings, mais aussi le souffle du mistral qui fait pencher les cyprès.

Il y a aussi et surtout ma grand-mère paternelle, Mamée, avec ses principes, chevillés au corps, lutter contre toutes les injustices et la misère des « petites gens », comme elle le disait affectueusement et dont elle faisait partie. Dans sa bouche, cette expression était synonyme de simplicité et de grandeur d'âme. Tout comme mes parents, c'est le souci d'égalité qui lui tenait à cœur. Non pas celui de l'uniformité, loin de là, mais de l'égalité des droits. Ne pas faire de différence du simple fait des différences.

C'est un principe inscrit en moi et qui a toujours guidé mes pas. C'est aussi ce principe qui fait que je considère qu'il faut voir l'humain dans chaque être avant toute chose et qu'il n'y a ni à être impressionné par une fonction, un statut social ni à rejeter celui qui n'a rien ou qui ne vous ressemble pas.

Ma grand-mère nous avait donné, à ma sœur jumelle Pascale et à moi, un petit carré de terre dans lequel nous pouvions cultiver chacune notre ciboulette, notre persil, nos haricots, nos tomates. Cultiver son carré de terre, c'est apprendre. C'est apprivoiser les aléas des saisons, composer avec le manque d'eau ou de soleil, accepter le temps de la pousse comme celui de la maturation. On ne récolte pas à n'importe quel moment.

En politique, il y a aussi par analogie cette nécessité d'être sur le « terrain » et cette notion de temps à apprivoiser. Il faut ressentir ce qu'il se passe et imaginer des dispositifs adaptés, il faut de l'attention et du temps pour que les choses se réalisent et deviennent tangibles, que les objectifs soient atteints. Il faut à la fois faire et laisser pousser. Il faut éprouver les choses, être présent, observer, comprendre leur fonctionnement, être en lien, en contact avec l'humain, la nature, l'environnement et évaluer les résultats. Ce sont des convictions profondes que j'ai en moi, des principes qui me constituent et que je prends le soin de suivre et de proposer.

C'est une lutte incessante et souvent épuisante qu'il faut mener contre les mesures abstraites et hors sol, inapplicables ou sans effets...

En tout cas, cette maison familiale où j'allais passer toutes mes vacances dans mon enfance m'a permis d'avoir ce contact avec la terre, ce toucher, ces couleurs, ces odeurs. C'est quelque chose que l'on garde en soi et que l'on n'oublie jamais. Ce sont toutes ces impressions que je retrouverai plus tard à Miradoux, dans notre maison du Gers.

Mon père, Jean-Pierre, était ingénieur et finira sa carrière comme directeur Europe du département matériaux et énergies d'Alcatel. Ses travaux se sont concentrés sur la fibre optique et les cellules photovoltaïques. Il effectuera de nombreux déplacements aux « câbles de Lyon », à Bordeaux ou à Tarbes, des voyages en Asie ou aux États-Unis, qui rythmeront notre enfance.

Une partie de sa famille est partie en Algérie, dans ce beau pays dont les couleurs et les odeurs ont si bien été décrites par Albert Camus. Certains pour commencer une nouvelle vie en ouvrant un restaurant, d'autres participant activement à la guerre d'Algérie et plus tristement à certains de ses épisodes peu glorieux. D'autres rejoindront la Nouvelle-Calédonie et cet outre-mer qui nous est cher.

Ma mère, Nadia, était quant à elle la fille aînée d'une fratrie de neuf enfants, au sein d'une famille d'ouvriers agricoles assez pauvres de Champagne. Elle a douze ans lorsque la Seconde Guerre mondiale éclate et qu'avec sa famille, elle vit l'exode. À quinze ans, elle voit sa mère emportée par un cancer. Elle monte à Paris comme « bonne », travaille dur, passe ses examens de sténodactylo, et deviendra la secrétaire particulière du président du Conseil économique et social, Émile Roche. Son premier mari, Auguste, meurt à vingt-neuf ans dans un accident de voiture. Elle est veuve avec deux enfants, en très bas âge – Philippe, qui sera toujours « mon frère unique et préféré », et Michèle –, quand elle rencontre mon père. Elle a trente-quatre ans. Il en a vingt-six. Il adoptera ses enfants, qui deviendront comme les siens. Ma sœur jumelle et moi ne tarderons pas à arriver. Ma mère s'arrête de travailler quand nous avons dix ans, elle passe son bac à cinquante ans, fait l'École du Louvre et, passionnée de peinture, devient conférencière…

Si mon enfance semble heureuse, la réalité est beaucoup plus complexe. Mes parents ne savent tout simplement pas nous donner de l'affection. Ils nous aiment certainement, mais sont incapables de le montrer. Les relations sont froides et autoritaires. Peu d'espace, voire aucun, pour se livrer, pour être consolé. L'essentiel est de « bien travailler à l'école » et d'accomplir ses devoirs, ces multiples tâches de la maison dont la liste ne cesse de s'allonger. Les sorties autres que très encadrées ne sont pas autorisées.

Alors c'est très tôt dans les livres que je vais trouver refuge, éclusant d'abord la bibliothèque rose, verte, les contes et légendes. Tout ce qui me passe entre les mains. Puis Faulkner, Malraux, Kafka, Dostoïevski, Sartre, dès le collège. Plus tard, Thomas Mann, Proust, Chateaubriand, Andrić, García Márquez, Murakami. Bien d'autres suivront, bien sûr. La liste serait trop longue. Les livres me constituent.

Mon autre chemin pour m'évader sera de fuir la maison dès que cela est possible. Grâce aux comités d'entreprise de la Compagnie générale d'électricité devenue depuis Alcatel et du Conseil économique et social, j'enchaîne les centres aérés et les colonies de vacances, remplacés à l'adolescence par des séjours linguistiques en Allemagne, en Grande-Bretagne ou aux États-Unis… De précieux moments de liberté et d'évasion.

Et puis il y aura, au lycée, le ciné-club, le théâtre et les opérettes d'Offenbach. Jean-Pierre Albe, cet incroyable et iconoclaste professeur d'histoire qui nous fera monter sur les planches, connaître de grands bonheurs. Il nous donnera le goût de la liberté et de l'impertinence.

Car à la maison, c'est la rigidité absolue qui règne. Je n'en veux pas à mes parents, mais cela a été longtemps un poids très lourd. Je l'accepte maintenant comme une partie de moi, et aujourd'hui, je vais plus loin, je les comprends. Ma mère a eu un début de vie difficile, dans la précarité et l'insécurité. Mon père a quant à lui été confronté à un terrible mensonge de famille qui l'a totalement anéanti. Sa mère, qui l'a élevé seule, n'a pas voulu lui avouer que son père, parti au Bénin (ce qui était encore alors le Dahomey) comme géomètre, les avait en fait quittés lorsqu'il avait deux ans, lui laissant croire qu'il était tout simplement empêché de revenir en France. Mais à l'âge de vingt ans, il décide de se rendre au Dahomey et apprend sur place la vérité, le choc : son père les a abandonnés et a fondé une nouvelle famille… Bizarrement, il n'en a jamais voulu à sa mère pour ce mensonge, mais il a gardé cette blessure à vif toute sa vie et fuit le mensonge.

Et l'image forte qui me reste d'eux, c'est que les personnes extérieures à la famille, les personnes croisées, celles devenues des ami·es, ont toujours pu compter sur eux, se reposer sur eux. C'est ainsi que nous avons accueilli Thien Nga, une petite Vietnamienne de neuf ans, au moment des boat people. Elle restera quelques années chez nous le temps que sa mère gagne son indépendance. Mon père deviendra également momentanément le tuteur de deux petites filles d'origine béninoise, devenues brutalement orphelines de mère, suite à un crime conjugal. Toute leur vie, ils ont constamment aidé celles et ceux qui en avaient besoin.

Si l'affection n'était pas palpable, j'ai néanmoins eu des parents qui m'ont transmis, au quotidien, le sens de l'exemplarité, de la responsabilité, qu'il est essentiel de tendre la main et d'accepter les différences quelle qu'en soit la nature. Ils m'ont aussi transmis ce qui est une des choses les plus précieuses à mes yeux, cette force, cette stabilité, ce pilier sur lequel il est possible de se reposer en confiance, même en pleine tempête. Ils sont devenus une partie de moi.

C'est sûrement la souffrance de mon père qu'inconsciemment j'ai portée qui fait que je n'ai jamais supporté dans ma vie professionnelle et personnelle les faux-semblants, les mensonges, les promesses trahies, car je sais à quel point les paroles faussées sont destructrices et source d'injustice. C'est aussi la raison pour laquelle je n'ai pas la tentation de céder à la facilité, à certains avantages, aux concessions de cour, à un quelconque opportunisme qui m'obligerait à renier mes valeurs essentielles et ce que je suis. Je préfère rester libre, entière.

C'est ce paradoxe qui m'a construite. Une vie familiale sans liberté, qu'il me fallait trouver sans cesse ailleurs, mais une vie familiale faite d'exemplarité au quotidien.

C'est donc aussi pour être libre et peut-être plus heureuse que je suis partie de la maison familiale à dix-huit ans. J'ai rejoint Pierre, rencontré lors de mes études à l'Institut libre d'étude des relations internationales et avec qui j'ai rejoint ensuite l'Institut français de presse à Paris-II, qui deviendra mon mari et le père de mes enfants.

Mes parents sont d'accord pour me payer mes études et les livres nécessaires au suivi des cours, mais pour le reste, il faut me débrouiller.

À vingt ans, nous nous marions et, en marge de nos études, nous vivons de petits boulots ponctuels et variés. Nous ferons ainsi des chantiers de peinture et de restauration d'appartements ou de maisons où j'excellerai dans le maniement du pinceau coudé pour l'intérieur des radiateurs et le lessivage des plafonds au blanc de Meudon ! C'était physique, mais c'était rémunérateur. Cinq cents francs par jour à l'époque ! Je serai aussi factrice, métier que j'ai adoré pour la liberté de la tournée à vélo et l'ambiance du triage du courrier à cinq heures du matin. J'ai beaucoup apprécié également les personnes âgées qui vous offrent le café, un peu moins les chiens aboyeurs qui vous sautent dessus. J'ai été également vendeuse en moyenne surface, guide dans Paris pour des cars de jeunes Allemands venus pour des compétitions de handball. J'ai plié des kits de papier à lettres et enveloppes pour la Maison du papier recyclé. Enfin, j'ai fait le *desk* de Radio France internationale. Je classais et distribuais aux journalistes les dépêches provenant des agences de presse selon leurs thèmes. Je faisais les trois-huit. Et j'étais enceinte.

À vingt-deux ans, je donnai naissance à mon premier enfant, mon fils, Antoine. À vingt-huit ans, ce sera Mathilde, ma fille. Je suis fière d'eux et je les aime très fort, ainsi qu'Aurélie, Sasha, Éva et Lou.

Pierre et moi finirons par nous séparer en 2008, mais nous savons que nous pouvons toujours compter l'un sur l'autre. Nous partageons notre maison de Miradoux. Celle où se retrouvent tous les cousins et cousines. Nous restons très proches, et sa grande famille d'origine slovène est ma famille de cœur.

CHAPITRE 2

Macron et mes premières déceptions

Quand Emmanuel Macron était ministre de François Hollande, j'ai été, je l'avoue, trompée par deux moments qui ont opéré comme des déclics en moi et m'ont conduite à m'engager à ses côtés. En effet, la seule chose que j'ai vue ou que j'ai voulu voir, déçue par ma famille politique, c'est l'image d'un homme fidèle à ses convictions, qui en janvier 2016 ose évoquer son « inconfort philosophique » face à « la déchéance de la nationalité » et qui salue le souhait d'Angela Merkel d'accueillir en 2015 un nombre important de réfugiés syriens.

En 2016, lorsque je ferai le choix de rejoindre Emmanuel Macron, j'écrirai ces quelques lignes : « Je suis une élue UDI et j'ai décidé de rejoindre Emmanuel Macron car il a le courage d'être lui-même, d'être libre et de nous inviter à l'être. C'est le seul chemin possible : mettre fin à la soumission systématique à la majorité politique à laquelle on appartient, quoi qu'elle dise, quoi qu'elle fasse, mettre fin aux arrangements électoraux qui se font au détriment de la cohérence et de la confiance. Emmanuel Macron a la force et la détermination de nous rassembler dans toutes nos différences pour accompagner la transformation profonde de notre monde et la détermination de ne laisser personne sur le côté de la route. Avec En marche, il construit un projet positif. Un projet "pour" et pas un projet "contre". Il redonne une espérance à chacun d'entre nous en proposant une vision collective et des propositions concrètes, en nous faisant confiance. Emmanuel Macron fait appel au meilleur de nous-mêmes d'où que l'on vienne, qui que l'on soit. »

Mais à la fois très vite et doucement, je commence à comprendre que je me suis embarquée dans une aventure qui n'est pas celle que l'on nous a promise. Les décisions qui sont prises et surtout les comportements me heurtent profondément. La vie de parlementaire au sein de la majorité me réserve également quelques surprises…

Je me souviendrai toujours de cette première fois où j'ai bravé la consigne de vote du groupe En marche. C'était en juillet 2018. Charles de Courson, député et ami de tous les combats pour défendre les libertés fondamentales, avait déposé un amendement qui remettait en partie en cause le verrou de Bercy qui autorisait l'administration fiscale à négocier en cas de fraude fiscale sans que le contrevenant puisse être inquiété par la justice.

C'était une de nos promesses de campagne, et Charles de Courson appartenait au seul groupe dit « constructif » de l'Assemblée qui n'était pas dans une opposition systématique. Cela nous permettait donc de démontrer que nous étions prêts à tendre la main à d'autres sensibilités. Mais Richard Ferrand[3] et sa garde rapprochée nous surveillaient comme le lait sur le feu.

---

3. Il est alors président du groupe La République en marche (LREM) à l'Assemblée nationale.

Emmanuel Macron avait été traumatisé par les soi-disant « députés frondeurs ».

Nous avions reçu consigne de voter contre cet amendement. Car il s'agissait bien sûr que ce soit nous qui présentions cette réforme plus tard. Je me souviens de cette première « transgression ». Je regardais les boutons sur lesquels nous devions appuyer pour voter et je me disais « tu ne peux pas voter contre quelque chose qui est de bon sens et qui est absolument nécessaire », et en même temps, j'en arrivais à douter et à avoir peur d'appuyer sur un bouton.

Je ne me reconnaissais pas.

J'ai décidé au final de m'abstenir, ce qui était un véritable péché en ce début de mandat.

Ce n'était pourtant qu'une abstention. J'avais déjà vécu avec Valérie Pécresse que le fait de s'abstenir valait immédiatement réprobation, voire sanction, sur le mode « vous êtes avec moi ou contre moi ». Interdit de penser. « C'est grâce à moi que vous êtes élus. » Et là, quelques mois après, je me retrouvais dans la même situation avec Emmanuel Macron, avoir peur de m'abstenir !

Je dois dire que c'est l'ensemble des groupes à l'Assemblée nationale qui fonctionne comme cela, de la France insoumise aux Républicains, en passant par les socialistes et les communistes. Et je me rends compte que cela n'est pas fait pour moi.

Nous avons été dix du groupe En marche à nous abstenir, dix à voter pour l'amendement, donc vingt à braver les consignes sur 314 député·es. À minuit, Stéphane Séjourné, le conseiller politique du président de la République, est venu, un peu ébouriffé, près de l'hémicycle. Emmanuel Macron l'avait sorti du lit pour venir voir ce qui se passait, certains l'ayant alerté que nous faisions « n'importe quoi ». Cela commençait bien.

Je lui ai dit : « Stéphane, si Emmanuel commence à s'inquiéter pour cela et ne lâche pas un peu la bride, ça va être une catastrophe ! »

Je ne me doutais pas encore que ce serait bien pire. Mais j'avais au moins repris mon destin en main par cette simple abstention. C'est dire…

Je me suis investie depuis trente ans dans la préservation de la diversité culturelle. Pour une raison unique et profonde, que je répéterai inlassablement, la diversité, c'est la possibilité de choix, et la possibilité de choix, c'est l'essence même de la démocratie.

Dans notre programme, celui d'En marche, nous avions placé la culture au cœur de l'émancipation. Mais plus de trois ans après avoir gagné les élections présidentielles et les élections législatives, à la veille de la crise sanitaire, aucune décision forte n'avait été prise dans le domaine culturel…

Même le projet du Pass culture du candidat Macron des élections de 2017, annonce phare de la campagne, était avant tout démagogique et ne verra d'ailleurs véritablement le jour qu'à la veille de la campagne de 2022. Je l'avais vu passer en février 2017 dans les propositions culture d'En marche. La référente culture du mouvement me l'avait alors présenté comme inspiré du dispositif mis en place par le Premier ministre italien Matteo Renzi et comme étant un outil d'éducation artistique et culturelle permettant de réduire les factures…

En réalité, de nombreuses collectivités locales avaient déjà eu cette idée. C'est ce qu'on appelait le « chèque culture » : un dispositif mis en place par exemple dans la région Île-de-France pour les lycéens, qui disposaient donc d'un « chéquier culture » papier. Mais nous nous étions rendu compte qu'il s'agissait d'une fausse bonne idée. En résumé, l'expérience avait montré que soit les chèques correspondaient à des activités culturelles auxquelles les jeunes n'étaient pas habitués et ils ne les utilisaient pas, soit les chèques correspondaient à ce que les jeunes avaient l'habitude d'acheter et il s'agissait alors d'un chèque donné également à celles et ceux qui avaient tout à fait les moyens financiers de s'acheter ce qu'ils voulaient, en plus de celles et ceux qui en avaient le plus besoin. Cela marchait, mais coûtait très cher.

En plus de reprendre ce type de dispositif, le Pass culture voulu par Emmanuel Macron aggrave par ailleurs les fractures parce qu'il fonctionne via une application mobile. C'est un pass numérique. Or on sait qu'il existe des fractures territoriales, des zones blanches, et des fractures technologiques. Que la plupart du temps là où la couverture réseau est insuffisante, là où il n'y a pas d'accès au haut débit, il y a aussi souvent une absence ou une pauvreté des offres culturelles de proximité. Certains départements dans l'Hexagone ou les outre-mer en sont des exemples.

Il existe aussi des fractures d'usage, et ce n'est pas non plus à dix-huit ans que l'on va changer ses pratiques culturelles.

Je fis part de ma position à Emmanuel Macron dès le départ et je lui en reparlerai régulièrement. Je me battrai par la suite pour garder l'idée mais en faire évoluer les modalités.

Sans aucun succès.

Jamais nous n'obtiendrons la moindre évaluation des phases expérimentales annuelles auxquelles participent uniquement des volontaires, réclamée chaque année dans l'hémicycle au moment de l'examen du budget culture. C'est pourtant près de 80 millions d'euros qui seront budgétés pendant quatre ans. Mais il nous sera toujours répondu qu'il est trop tôt pour faire le point. Cela tranche avec le Centre national de la musique, qui a fait l'objet de trois rapports de missions avant que le moindre centime ne lui soit concédé. Mais il ne s'agit pas ici d'une envie présidentielle comme le Pass culture…

Il sera impossible par la suite de transformer le Pass culture en « passeport culture », faire ne serait-ce que changer l'âge et imaginer ce qui permettrait de créer un vrai parcours d'éducation artistique et culturelle qui interviendrait bien plus tôt, de trouver ainsi le chemin pour réduire les fractures, y compris celles concernant les offres culturelles.

Et pourtant, sur le site du ministère de la Culture, on peut lire : « Le Pass culture est un nouveau dispositif favorisant l'accès à la culture afin de renforcer et diversifier les pratiques culturelles, en révélant la richesse culturelle des territoires. »

Il aura peut-être une efficacité électorale, car quel est le jeune de dix-huit ans qui s'opposerait au Pass culture ? Les ventes de mangas ont par ailleurs explosé en 2021. Et c'est tant mieux pour le genre. Une addition supplémentaire, autour de 200 millions budgétés, sera réglée par le plan de relance.

Ce qui est certain, c'est qu'il va être difficile d'en assurer la pérennité. Où trouver l'argent dans le futur ? Et il va bien falloir se préoccuper de réduire effectivement les fractures au lieu de les aggraver. D'ailleurs, il ne verra véritablement et opportunément le jour qu'à quelques mois des élections présidentielles de 2022.

Sinon, en dehors du pass culture, la première annonce forte du mandat se réduira à une coupe budgétaire. Et ce sera là pas seulement une annonce mais une réalité. Effectivement, dès septembre 2017, une coupe de 50 millions d'euros concernant l'audiovisuel public est annoncée pour le budget 2018. Au début du quinquennat, les coupes brutales dans l'audiovisuel public s'accompagnent de bien d'autres dans tous les secteurs. « On fait comme on a dit », répète Emmanuel Macron. Pour moi, cela sonne comme un éternel retour. En effet, quelque temps auparavant, j'avais justement fui, au niveau régional, Valérie Pécresse[4], avec ses coupes budgétaires brutales, idéologiques et dogmatiques, et j'ai le sentiment de retomber exactement sur les mêmes méthodes avec Emmanuel Macron. La même brutalité et le même manque d'imagination...

Pourtant, ce qui a été dit pendant la campagne, c'est que nous serions là pour libérer et protéger. Ce qui nous est proposé, ces économies sans objectifs, aurait pu l'être par n'importe quel haut fonctionnaire de Bercy, qu'il soit de droite ou de gauche. Idem pour la réduction brutale du nombre d'emplois aidés[5] et la diminution de cinq euros pour les APL[6].

Toutes les solutions écartées un temps ressortent du chapeau. Des méthodes comptables pour réduire le déficit à court terme, certes, mais sans *transformer* quoi que ce soit, sans créer des marges de manœuvre pour le futur, sans l'adaptation progressive, tant promise, de nos modèles au monde de demain.

La technocratie est totalement désinhibée et son commandant en chef, Alexis Kohler, le secrétaire général de l'Élysée, règne en maître sur CAP 2022, le plan d'économies piloté par Matignon et à réaliser impérativement, pour rentrer dans les clous de la règle d'or européenne, d'ici 2022.

---

4. Voir chapitre 11.
5. Dès l'automne 2017, le budget du ministère du Travail prévoit une baisse du nombre d'emplois aidés, ces contrats subventionnés permettant de faciliter l'insertion professionnelle.
6. La décision de baisser de cinq euros l'aide personnalisée au logement (APL) est entrée en vigueur le 1er octobre 2017.

On dit qu'Alexis Kohler « déteste les hausses d'impôts et les déficits ». Nous aussi. Mais d'où sort l'idée qu'il faudrait *uniquement* et *d'abord* couper pour réduire ces déficits de manière structurelle ?

La fin justifie les moyens. Car « couper », c'est « faire ». C'est donc « agir ».

Si cette illusion perdure, et encore aujourd'hui avec Valérie Pécresse ou Édouard Philippe et son parti politique Horizons, c'est parce que ceux qui la portent ne cessent de dire que finalement personne ne l'a encore fait véritablement. C'est donc à l'époque l'obsession des deux hommes, Emmanuel Macron et Alexis Kohler, qui se veulent les bons élèves de l'Europe. Ne comprenant pas que les vrais bons élèves que sont l'Allemagne ou les Pays-Bas, même si aucun de ces pays n'est parfait, ont réussi, quant à eux, à mettre en place un système qui à la fois répond à des enjeux sociaux et permet de dégager des marges de manœuvre financière pour les moments difficiles. Et que, pour cela, il faut une méthode d'évaluation et d'expérimentation efficiente. Ainsi qu'une gouvernance efficiente.

C'est donc plus compliqué que tout simplement « couper ».

C'est donc aussi par fidélité à la méthode à laquelle nous nous étions engagés pendant la campagne, et qu'Emmanuel Macron avait théorisée dans son livre *Révolution*[7], que je m'élève contre ces coupes budgétaires sans objectif précis autre que comptable, et sans suivi. Ce ne sont même pas des économies, ce sont des rabots budgétaires.

En tout cas, l'ambition culturelle tant prônée par un président qui se dit « philosophe », qui aurait aimé devenir

7. Emmanuel Macron, *Révolution*, XO Éditions, Paris, 2016.

« écrivain », va être très vite vidée de sa substance, et notamment de sa substance « audiovisuelle ».

À l'exception des rabots budgétaires et de la nomination de Stéphane Bern comme « monsieur Patrimoine », aucune ambition particulière ne s'est dégagée en matière culturelle.

La fantaisie de la ministre de la Culture, Françoise Nyssen, a fini par lasser et cache mal son incompétence. La ministre n'a, par ailleurs, pas d'espace. Le pouvoir est concentré à l'Élysée. Emmanuel et Brigitte Macron estiment qu'ils incarnent la culture à eux seuls. Même Sylvain Fort[8] ronge son frein. Françoise Nyssen, comme Jean-Michel Blanquer[9] d'ailleurs, et comme le feront plus tard Franck Riester[10] et Roselyne Bachelot[11], « consulte » Brigitte Macron. On ne sait pas non plus vraiment ce que pense le président sur l'audiovisuel public. Mais ce que l'on sait, c'est que l'audiovisuel est le pré carré de son secrétaire général, Alexis Kohler.

La conseillère culture à l'Élysée Claudia Ferrazzi est un électron libre, sympathique mais gentiment déconnectée et de toute façon sans pouvoir.

La seule décision marquante est donc cette coupe de 50 millions d'euros dans l'audiovisuel public annoncée en septembre 2018.

---

8. Il est conseiller auprès du président Emmanuel Macron de mai 2017 à septembre 2018, chargé des discours et de la mémoire, puis promu à la responsabilité du pôle communication de l'Élysée jusqu'en janvier 2019, où il démissionne.
9. À partir de 2017, il est ministre de l'Éducation nationale et de la Jeunesse dans les gouvernements d'Édouard Philippe. Il devient ministre de l'Éducation nationale, de la Jeunesse et des Sports au sein du gouvernement Jean Castex en 2020.
10. D'octobre 2018 à juillet 2020, il est nommé ministre de la Culture, remplaçant ainsi Françoise Nyssen.
11. Ministre de la Culture depuis juillet 2020, remplaçant ainsi Franck Riester.

Nous sommes le lundi 4 décembre 2017. Le président de la République a décidé de recevoir l'ensemble des membres de la majorité composant les commissions de l'Assemblée nationale[12]. C'est avant tout un exercice « pédagogique », car c'est aussi un moment pour Emmanuel Macron pour faire passer ses messages à « sa » majorité.

En ce jour, nous attendons donc tous une parole forte, y compris les conseillers culture de l'Élysée et de Matignon, y compris le directeur de cabinet de la ministre de la Culture. On en est là. Tout le monde est suspendu à la parole présidentielle. Nous serons servis, mais pas tout à fait dans le sens attendu… Emmanuel Macron s'emporte contre l'audiovisuel public et évoque « la honte de la République » : « L'audiovisuel public, c'est une honte pour nos concitoyens, c'est une honte en termes de gouvernance, c'est une honte en ce que j'ai pu voir ces dernières semaines de l'attitude des dirigeants. »

À cette époque, Delphine Ernotte, la présidente de France Télévisions, se croit toute-puissante, et la charge du président est forte. On pourrait penser que le président de la République dénonce à juste titre l'absence de gouvernance et d'exemplarité des dirigeants du service public. J'en suis alors convaincue. Mais il n'en est rien… Ce sont des raisons plus personnelles qui lui feront faire cette entrée tonitruante. D'ailleurs, deux ans après, rien ne sera modifié dans la gouvernance. Selon moi, il est inimaginable que la présidente de France Télévisions puisse rester au conseil d'administration de Suez et être rémunérée pour cela. Mais cela perdure. Les instances de gouvernance du groupe ne sont que des artifices. Cela ne choque personne.

---

12. Il existe au plus huit commissions permanentes à l'Assemblée nationale (mais aussi au Sénat) : commissions des Affaires culturelles, des Affaires économiques, sociales, étrangères, de la Défense, etc. Chaque député est membre d'une seule commission à la fois. Les commissions sont principalement chargées de discuter et de voter les textes avant les séances plénières. Les commissions permanentes ont un rôle important en matière de contrôle : elles peuvent procéder à des auditions et créer des missions d'information.

Quoi qu'il en soit, à partir de ce 4 décembre 2017, le dossier audiovisuel va devenir « un dossier du président », Gabriel Attal[13] et Aurore Bergé[14] décident donc de récupérer ce qui devient alors subitement à leurs yeux un dossier particulièrement attractif. Les députés de la majorité de la commission culture m'avaient laissé jusque-là une forte marge d'autonomie sur le sujet en estimant que j'avais une certaine légitimité, du fait de mon expérience et de mon titre de vice-présidente de la commission, à me saisir de ce dossier. La plupart s'intéressaient d'ailleurs à des sujets davantage « culture », au sens classique du terme, et à l'éducation, comme une priorité, il est vrai, plus que légitime. Le sujet audiovisuel était alors plutôt délaissé.

Mais c'est sans compter sur Gabriel Attal, qui, après la sortie du président, a vite flairé l'intérêt personnel qu'il aurait à se saisir de ce dossier et montrer au président, dont il n'est alors pas si proche, qu'il sait « délivrer » selon les instructions données et « verrouiller ». Il est le « *whip* » de la commission culture pour le groupe En marche, littéralement le « fouet », ce que l'on appelait jusque-là plus classiquement le « coordinateur », et exerce son pouvoir de manière très cynique et opportuniste. C'est aussi ce qu'Emmanuel Macron appréciera de plus en plus chez lui et qu'il finira par récompenser en le nommant secrétaire d'État. Il pourra ensuite déployer tous ses « talents » en tant que porte-parole.

13. Député, membre et coordinateur du groupe LREM dans la commission des Affaires culturelles et de l'Éducation à l'Assemblée nationale. Il est par ailleurs porte-parole de LREM de janvier à octobre 2018. Le 16 octobre 2018, il est nommé secrétaire d'État auprès du ministre de l'Éducation nationale et de la Jeunesse dans le gouvernement Philippe II. Il est nommé porte-parole du gouvernement Castex le 6 juillet 2020.

14. Députée, elle est membre de la commission des Affaires culturelles et de l'Éducation à l'Assemblée nationale. Elle est également porte-parole de LREM de janvier 2019 à septembre 2020, et depuis, présidente déléguée du groupe LREM à l'Assemblée nationale, chargée du travail législatif.

Sa proximité avec Stéphane Séjourné, conseiller politique du président de la République, avec qui il est pacsé, lui donne à l'époque l'aura de celui qui aurait l'oreille de Jupiter lui-même. Ce qu'il n'a d'ailleurs pas particulièrement à cette époque, mais il saura parfaitement en jouer auprès des médias et pourra ainsi démontrer assez vite qu'il leur est indispensable.

C'est aussi sans compter sur Aurore Bergé, à qui Gabriel Attal et Rebecca Peres, la collaboratrice parlementaire d'Emmanuel Macron à l'Élysée, vouent à cette époque une admiration sans bornes, car elle n'a pas froid aux yeux. Ce qui, en politique, signifie n'avoir aucun complexe et être prêt à tout.

Ma tâche ne va pas s'avérer simple.

Je sais qu'après avoir proposé de pousser ma candidature comme présidente de la commission culture, l'Élysée demandera au final que ce ne soit pas le cas, comme me l'a avoué Richard Ferrand[15]. Sans le soutien de l'Élysée, face à 314 député·es marcheurs, une productrice de cinéma oscarisée de la région parisienne, appartenant vaguement à « l'ancien monde »… je ne faisais pas le poids devant un « référent » En marche, professeur de géographie[16]. Richard Ferrand a fait ce qu'il devait faire. Et cela s'appellera au final « la démocratie »… en marche.

C'est paradoxalement la meilleure chose qui me soit arrivée, même si je l'ai vécue très douloureusement sur le moment, car c'était la première trahison d'une promesse qui m'avait été faite. Mais je n'avais pas encore compris

15. Il est ministre de la Cohésion des territoires dans le premier gouvernement d'Édouard Philippe, de mai à juin 2017. Alors qu'il est impliqué dans une affaire judiciaire, il quitte le gouvernement et devient président du groupe LREM à l'Assemblée nationale. En septembre 2018, il succède à François de Rugy à la présidence de l'Assemblée nationale.
16. Bruno Studer est le président de la commission des Affaires culturelles et de l'Éducation depuis le 29 juin 2017.

que cette fonction était avant tout, dans cette majorité, une fonction de courroie de transmission et de prestige, et ne me correspondait absolument pas.

Elle m'aurait enfermée.

En attendant, le décor est posé. Françoise Nyssen et Marc Schwartz, son directeur de cabinet, ont entrepris de me dégager de ce champ de compétence qui est le mien, aidés d'Aurore Bergé, de Gabriel Attal et de quelques députés prêts à tout comme Céline Calvez. Première étape : monter les députés de la majorité de la commission contre moi. L'ambiance est délétère.

Les députés de la majorité ne tenant pas à se mettre à dos le compagnon du conseiller politique d'Emmanuel Macron, la ministre et la collaboratrice parlementaire de l'Élysée, j'ai peu d'atouts dans ma manche. À l'exception de quelques députés qui ne se laissent pas faire. Et je les en remercie.

Cela ne me fait pas renoncer.

La déception est déjà là. Le sentiment que rien ne change. Que les méthodes sont les mêmes, voire pires. Il n'y a bien sûr aucun « nouveau monde ». Juste un prétexte de plus pour écarter tout sur son passage.

En tout cas, sur le sujet, quelle que soit la configuration hostile qui est en train de s'installer, je sais qu'il va falloir que je m'investisse de tout mon être pour éviter la catastrophe dans un domaine qui me tient à cœur.

Ma seule manière de résister est le travail. J'ai encore l'espoir que cela puisse peser dans la balance.

Alors je choisis de ne brûler aucune étape et, en novembre, je décide de rencontrer Alexis Kohler. Je sais qu'il s'est chargé directement du dossier de l'audiovisuel public, dont il se dit spécialiste du simple fait qu'il était au conseil d'administration de France Télévisions en 2011. C'est sa chasse gardée. Pour Emmanuel Macron, que ce sujet intéresse peu, Alexis Kohler est donc celui qui sait. Il l'a laissé arbitrer la partie audiovisuelle du programme culture. Je me suis battue à l'époque de la campagne pour qu'aucune suppression de chaîne ne soit inscrite dans le marbre avant la moindre étude sérieuse. J'avais gagné l'arbitrage. Malheureusement, au tout dernier moment, juste avant que le programme culture ne soit publié et présenté le 2 mars 2017, Alexis Kohler avait fait réinscrire le principe de la possible suppression.

Je sais aussi que la ministre de la Culture n'a aucune marge de manœuvre sur ce dossier. D'ailleurs, pour la première fois depuis près de quarante ans, il n'y a plus de ministre de la Culture et de la Communication, mais uniquement une ministre de la Culture.

Les décisions sont certes discutées à Matignon, mais toutes sont prises à l'Élysée, non pas par la conseillère culture, qui n'a absolument aucun pouvoir, mais par Alexis Kohler. « Alexis Kohler veut que… », « Alexis Kohler ne veut pas que… »

À cette époque, Alexis Kohler accepte cet échange, certainement pour jauger qui je suis. Ce sera d'ailleurs la première et la dernière fois que je le rencontrerai. Par la suite, je le comprendrais malheureusement trop tard, il combattra pied à pied toutes mes propositions alors que je le tiens au courant de tout ce que je fais, en confiance.

Ce jour-là, l'échange est très agréable. Il m'écoute. Notamment en ce qui concerne France Médias Monde[17]

17. France Médias Monde, anciennement l'Audiovisuel extérieur de la France (AEF), est une société nationale de programmes créée le 4 avril 2008 pour superviser et coordonner les activités des radios et télévisions publiques détenues par l'État français et ayant une diffusion internationale. Elle regroupe la chaîne de télévision d'information internationale en continu France 24 et les radios Radio France internationale (RFI) et Monte Carlo Doualiya (MCD), et

(FMM). Il semble comprendre ma démarche. Il me dit que ce n'est pas lui qui a demandé des économies sur FMM spécifiquement. Il a fixé un montant et Matignon a réparti... Un détail, donc.

Je lui explique que, le sujet étant compliqué, j'aimerais pouvoir être missionnée par le gouvernement pour faire un rapport sur l'audiovisuel public en repensant son rôle dans un monde qui bouge : ses missions, ses offres, sa gouvernance et son financement. Non pas pour faire un Big Bang de l'audiovisuel public, totalement illusoire et dangereux, mais un vrai travail de fond pour adapter et accompagner les transitions.

Il s'agit pour moi avant tout de m'assurer qu'il y ait la possibilité effective d'un lien entre l'objectif affiché et le résultat obtenu. Pour cela, il faut une méthode. C'est de cela que je l'entretiens et ce sur quoi je lui propose de travailler en tant que « parlementaire en mission[18] ». Je sais que, depuis le début, c'est lui qui bloque cette possible mission.

Je souhaite donc le rassurer sur mes intentions puisque je travaillerai pour le gouvernement et qu'il s'agit d'élaborer des outils d'aide à la décision. Il ne semble pas hostile et me dit : « Je vais en parler à Emmanuel. Je reviens vers toi. Laisse-moi trois semaines. » Puis il me raccompagne sur le perron de l'Élysée, marque un temps d'arrêt, se retourne vers moi et me dit : « En fait, tu sais, je pense qu'il vaut mieux faire différemment : je dis d'abord ce qu'il faut faire, et ensuite, on voit pour la mission. »

Il sait bien sûr déjà tout et il faut montrer que « l'on fait ce que l'on a dit », donc pourquoi s'embarrasser d'une

---

détient une participation dans la chaîne TV5 Monde. Sa mission est de contribuer à la diffusion et à la promotion de la langue française, des cultures française et francophone, ainsi qu'au rayonnement de la France dans le monde.

18. Un parlementaire peut se voir confier une mission par le gouvernement pour six mois. Si sa mission excède cette durée, il perd son mandat de député, du fait de la séparation des pouvoirs.

réflexion ? Pourquoi s'embêter avec un travail de terrain d'aide à la décision ?

C'est faire qui compte. Faire vite. Et faire savoir que l'on fait.

À l'instar, on le verra, de Valérie Pécresse.

C'est ce qui se passera sur la plupart des dossiers. Puisque Alexis Kohler est « le meilleur d'entre nous », qu'il est « un grand commis de l'État », « le plus intelligent », il sait par essence tout sur tout… !

Je ne le reverrai plus jamais. Il fera en sorte que je n'aie aucune mission et que toutes mes propositions soient méticuleusement rejetées.

« Alexis a dit non » résonne en moi comme le « Valérie veut que ».

Une personne seule dans son bureau qui prend 80 % des décisions d'arbitrage sur tous les sujets et qui ne rend de comptes à personne ? Un vice-président ? En tout cas son alter ego.

Alors pourquoi ne pas l'assumer devant les Français ? Ce pourrait être pour le prochain mandat si Emmanuel Macron était réélu et que le pays lui redonnait une majorité absolue.

Les « jumeaux » pourraient se partager le pouvoir, quelques signes avant-coureurs de son implication dans la campagne font déjà sentir le rôle éminent qu'il y jouera, une sorte de tour de contrôle. Mais face à la « complexité » des affaires judiciaires qui le cernent, il pourrait bien choisir de continuer à rester dans cette ombre qui lui sied si bien. Là où on ne peut pas vraiment aller le chercher…

Mais en novembre 2017, sans plus aucune nouvelle de sa part, je décide de procéder autrement. Non plus par un travail de « parlementaire en mission » pour le compte du gouvernement, mais par un rapport purement parlementaire, et totalement indépendant.

Mais je ne suis pas au bout de mes peines.

Quelque temps après la sortie d'Emmanuel Macron sur ce qui deviendra pour chacun « la honte de la République », je vois sortir de la buvette de l'Assemblée nationale la petite bande composée de Françoise Nyssen, Marc Schwartz, Gabriel Attal et Aurore Bergé qui passe devant moi, triomphante. Ils ont décidé apparemment de prendre le pouvoir. Mais je ne sais pas encore ce qu'ils préparent.

Je vais le savoir rapidement.

Gabriel Attal, qui n'a aucune compétence dans le domaine, sûr de lui, se lance dans des interviews avec la presse où il annonce à la fois qu'il devient porte-parole d'En marche et qu'il prend la tête d'un groupe de travail sur l'audiovisuel public à l'Assemblée nationale. Il n'y voit d'ailleurs aucun conflit d'intérêts informel.

De mon côté, je crois encore au fait que le travail peut faire la différence avec les postures et les tactiques d'un autre siècle.

Estimant n'avoir plus rien à perdre, j'écris à Emmanuel Macron et lui dis tout ce que j'ai sur le cœur.

Surprise.

Emmanuel Macron réagira immédiatement et arbitrera en ma faveur. Je le remercie encore aujourd'hui pour cela. Je serai donc bien la coordinatrice de ce nouveau groupe de travail, mais c'est aussi le début des ennuis.

Je sais que je dois, en tant que coordinatrice d'un groupe de travail de la majorité, faire un véritable travail de fond pour rendre accessible la complexité du sujet et l'illustrer concrètement.

Je n'aurai aucun administrateur à ma disposition, et j'écrirai seule les trois cents pages avec l'aide de mes collaborateurs. Un travail titanesque si on veut le faire correctement : quatre mois pour la concertation, le travail de terrain et la rédaction, tout en continuant à honorer mes autres obligations parlementaires.

Je ne peux pas non plus trop communiquer avec les autres députés, car tout est immédiatement rapporté au couple Attal/Bergé, que j'ai surnommé « les Underwood[19] juniors », pour celles et ceux qui ont vu la célèbre série *House of Cards*. Ils ne me laissent pas un moment de répit.

Deuxième conséquence : le rapport ne sera pas publié officiellement et ne sera pas médiatisé. Je sais que je travaille donc peut-être pour rien. Mais je sais aussi que cela aura le mérite d'exister et que j'aurai tout fait pour faire émerger une vision et un projet prêt à l'emploi. Je serai allée jusqu'au bout.

Le couple Attal/Bergé sera bien là toujours en embuscade pour remettre en cause mon travail et faire pression sur certain·e·s député·e·s de la majorité, membres de la commission culture, pour qu'ils se retirent de mon groupe de travail ou ne cosignent pas le rapport final. Ceux-ci ne s'attendaient pas à ce que les conseillers de Matignon me demandent de ne pas leur communiquer le projet de rapport, pour avis. L'objectif de Matignon est d'ailleurs tout à fait pragmatique. Matignon sait que communiquer mon projet de rapport aux parlementaires, c'est le voir immédiatement fuiter dans la presse et, vu les propositions que je serai amenée à faire, pour eux, c'est hors de question de prendre ce risque.

Comme on me l'a recommandé, je ne communiquerai donc pas le rapport avant le feu vert officiel.

Je ne sais pas encore à ce moment ce qu'ils ont en tête. Mais de mon côté, je respecte ma parole de ne le communiquer à personne. Beaucoup de députés m'en

19. M. et Mme Underwood sont les personnages principaux de la série télévisée *House of Cards*. Ils sont prêts à toutes les manigances et tous les écarts pour assurer leur ascension et carrière politique.

voudront, et le conseiller de Matignon qui a exigé cela leur expliquera, bien sûr, qu'il n'a jamais eu cette exigence à mon égard.

En revanche, je tiens Emmanuel Macron au courant de toutes les étapes. Il sera donc difficile de me prendre en défaut.

Cet épisode sera instrumentalisé et utilisé contre moi. Mais certains députés ne se laisseront pas faire et nombre d'entre eux accepteront de cosigner ce rapport avec moi et de braver les diktats. Je les en remercie. Ils feront partie de ceux qui se seront alors opposés dès le départ à la suppression d'une chaîne pour enfants au sein du service public et à la manière dont la suppression pure et simple de France Ô[20] a été décidée et s'est déroulée.

Aucun de celles et ceux qui ont communiqué par la suite sur la nécessité de conserver une chaîne pour enfants de service public, sans publicité, n'avait pris le risque de le faire au moment de la décision d'Alexis Kohler et Édouard Philippe.

Bien au contraire, l'ensemble des députés de la majorité, y compris ceux qui avaient cosigné mon rapport, finiront même par voter contre le maintien d'une chaîne pour enfants sur la TNT, lors de l'examen du projet de loi sur l'audiovisuel public en mars 2020 qui a consacré la suppression de cette chaîne destinée aux enfants en linéaire. Ils ont tous porté et défendu l'idée de la remplacer par des programmes jeunesse « aux heures de grande écoute » et tous voté contre les amendements du maintien d'une fréquence hertzienne pour France 4.

20. France Ô est une ancienne chaîne de télévision généraliste française de service public. Faisant partie du groupe France Télévisions, la chaîne est consacrée à la diversité culturelle et à la France d'outre-mer. Elle a coupé définitivement son signal le 2 septembre 2020.

La crise sanitaire aura raison de cette décision absurde et la fréquence TNT sera maintenue. Il faut donc retenir que c'est uniquement « grâce » à une épidémie mondiale qu'Emmanuel Macron et Alexis Kohler acceptent de reconsidérer une décision grave et absurde qui a été prise sur un coup de tête, et il faudra aussi remercier Jean Castex d'avoir soutenu ce retour, même s'il aurait aussi exécuté la sentence si on le lui avait demandé de le faire en juin 2018.

Tout ça pour ça. Un combat qui n'aura donc pas été vain, mais dont, comme on le verra, je porte tout de même les cicatrices.

C'est après quatre mois d'un travail intensif, sans week-ends et sans jours fériés, que le 1er mai 2018, mes collaborateurs acceptent avec « militantisme » de venir me retrouver au café Le Bourbon déserté pour finir la relecture du rapport. Si nous travaillons ce 1er mai, c'est que nous devons effectivement accélérer la cadence, car les annonces officielles sont prévues pour début juin. Il faut que le travail ait été remis en amont pour avoir le mince espoir qu'il soit pris en compte. J'ai le sentiment du travail fait, du devoir accompli. Toujours la même naïveté, ou plutôt cette envie de croire à l'intelligence de l'esprit, du cœur et à la bienveillance.

Ce à quoi je ne renoncerai jamais, quelles que soient les embûches.

À la demande de Matignon, je remets donc le rapport confidentiellement à quelques personnes triées sur le volet. Interdiction m'est faite, dans un premier temps, de donner le rapport à la ministre de la Culture.

Ambiance.

La première réaction des conseillers culture à Matignon sera : « Ah oui !... Tu as vraiment bossé… mais ce sera compliqué de ne pas supprimer une chaîne et d'éviter les rabots budgétaires. » Me signifiant que ce travail ne servira vraisemblablement à rien.

Il faut dire que depuis six mois Matignon et la Culture bossent uniquement sur « comment couper dans les programmes pour faire des économies », la suppression d'une chaîne, France 4 ou France 5, ou encore l'idée folle sur le plan éditorial de la fusion de ces deux chaînes. Mais ce sont les hypothèses de travail et le passage obligé. Le sort de France Ô est également scellé même s'il y aura un simulacre de concertation. Ils me prennent donc un peu pour une douce rêveuse. Mais j'estime que l'on ne gagne jamais les batailles que l'on n'a pas livrées. La décence et les convictions m'imposent de la faire.

Le retour de la conseillère culture à l'Élysée est plus chaleureux : « C'est un énorme travail ! On va faire une conférence de presse le 5 juin pour annoncer une concertation. Tu pourrais être à la tête de cette dernière, vu que tu as déjà commencé le travail de terrain ! C'est naturel. Et je te promets une chose, il a été décidé qu'à ce stade il n'y aura pas d'annonce de suppression de chaîne. »

Je pense donc qu'il existe encore un espace pour convaincre. Je sais que la concertation est un leurre, mais je pense encore que cela peut permettre de gagner du temps et je pense aussi encore qu'Emmanuel Macron a une certaine confiance en moi sur le sujet et qu'il peut arbitrer en dernier ressort. Au moins, je sais que j'aurai été jusqu'au bout.

Je suis convoquée pour une réunion de présentation de mon travail par la directrice de cabinet de Françoise Nyssen, à qui a été enfin communiqué le rapport. Là encore beaucoup de louanges : « Nous gardons précieusement ton travail, il va être utile pour les étapes à venir. »

Matignon me confirme à son tour qu'il n'y aura pas d'annonce de suppression de chaîne. Je pense donc toujours qu'il y a peut-être un chemin. En réalité, tout cela sera fait volontairement par certains, involontairement par certaines, pour m'endormir et empêcher coûte que coûte que ce rapport fuite avant les annonces.

La manipulation va même encore plus loin. La veille de la conférence de presse de la ministre de la Culture, le dimanche 4 juin au matin, Françoise Nyssen m'appelle personnellement pour me dire à quel point mon rapport est pertinent et me demande ce que je souhaite qu'elle mette tout particulièrement en avant le lendemain. Je n'en reviens pas. Ai-je réussi à convaincre ? Vient-elle tenter de faire semblant qu'elle contrôle la situation ?

Sept mois après les mots forts prononcés par le président de la République sur l'audiovisuel, les annonces du gouvernement sont extrêmement attendues par la presse et le milieu concerné.

Pour ma part, je considère que c'est bien l'ensemble des Français qui sont concernés par le rôle que doit jouer l'audiovisuel public dans notre société fracturée, car l'audiovisuel public est le véritable « Pass culture », si on se donne la peine de le renforcer, car il a seul la capacité de toucher tous les foyers.

La conférence de presse de Françoise Nyssen est précédée d'un petit déjeuner à Matignon. Ont été invités le président de la commission culture de l'Assemblée nationale, celui du Sénat et quelques députés de la majorité censés s'occuper d'audiovisuel. Gabriel Attal et Aurore Bergé sont placés en face d'Édouard Philippe. Ce dernier démarre fort, sans me regarder, car il ne regarde jamais en face lorsqu'il a quelqu'un dans le viseur, en nous accueillant par ces mots : « Pour commencer, les exemples étrangers, on s'en fout. »

Je prends l'uppercut en direct et sans sommation. En effet, dans mon rapport j'ai évoqué des exemples étrangers, pour justifier certaines de mes préconisations, concernant par exemple le maintien d'une chaîne pour enfants du service public sur la TNT, au-dessus de laquelle plane telle une épée de Damoclès la réforme du financement. Il continue : « Quant au financement, alors ça, c'est très très loin », fait-il en faisant un geste de la main pour montrer l'horizon.

Je prends donc ces deux remarques comme deux gifles cinglantes. Je comprends que c'est mon rapport qui est en premier visé.

Très fier de lui, il nous informe qu'il n'y aura aucune annonce budgétaire (il veut dire aucune annonce d'économies), car d'après lui, on va faire un bon coup au milieu concerné. L'idée est d'annoncer le lancement d'une concertation qui se terminera le 21 juillet et où il sera question uniquement des offres de contenus.

L'objectif unique est donc clairement affiché. Reste à savoir pourquoi une concertation artificielle alors que tout est décidé, cet habillage, et cette date de fin juillet ? Il nous avoue, avec flegme et gourmandise, que l'on attend tout simplement la fin du Tour de France pour éviter les grèves. Que les annonces de coupes budgétaires seront faites ainsi en plein été, lorsque cela n'intéresse plus personne. Il exulte, il est odieux et il le sait. Il demande si quelqu'un veut parler. Gabriel Attal prend la parole et se lance dans une dénonciation des corporatismes du monde d'hier, notamment des producteurs, et fait l'apologie du monde d'aujourd'hui et de demain dont il serait à lui seul bien sûr porteur, celui « des jeunes ». Il fustige les programmes « pour vieux », notamment France 3. Ce sera d'ailleurs plus tard la fin de *Soir 3*.

Les jeunes ne regardant pas ou de moins en moins la télévision, ce qui est vrai, il en tire la conclusion simpliste qu'il faut passer de nombreux programmes sur le numérique. Regarder une partie de la télévision uniquement par internet. Je suis aussi, à cette époque, inquiète des fractures que cet hommage au « passage au tout numérique » va aggraver. Alors je me lance, car c'est le seul moment où il me sera possible de dire ce que je ressens, de donner mon avis, même si je comprends que l'on n'en tiendra pas compte, je ne peux pas non plus me taire.

J'évoque donc ces fractures liées au numérique auxquelles sont confrontés les Français. Édouard Philippe me regarde alors, enfin, et me dit en faisant un geste de la main du genre on passe à autre chose : « C'est bon. Ils apprendront… »

Je suis atterrée car, pour mon rapport, j'ai fait faire une étude par Médiamétrie qui montre que les fractures concernant l'usage d'internet sont territoriales, technologiques (il existe encore des zones blanches et tout le monde n'a pas accès au haut débit qui permet de visionner des contenus vidéo), mais aussi sociales et d'usage, y compris chez les jeunes. Nous avons donc impérativement besoin de continuer, pour un certain temps encore, à marcher sur deux pieds : le linéaire via la télévision numérique terrestre, qui avec le satellite en complément permet de toucher tous les foyers, et le tout numérique qui renvoie les téléspectateurs sur internet. L'un ne doit pas exclure l'autre. Aujourd'hui, c'est devenu heureusement en partie une évidence, mille fois démontrée. Mais à l'époque, les tenants du nouveau monde veulent faire table rase du passé et nous précipiter dans le futur.

Celles et ceux qui se voient comme les premiers de cordée, dans un monde lisse, ont une arrogance, une indifférence et un mépris naturels. En juin 2018, ils sont toujours aussi sûrs d'eux.

Ils se sentent même pousser des ailes.

Nous sommes avant les Gilets jaunes. Ils ne distinguent pas encore ce qu'Emmanuel Macron appellera, lors du

Grand Débat, « les plis de la société » qui font disparaître celles et ceux que l'on ne veut pas voir.

Pour Édouard Philippe et Alexis Kohler, les jeunes sont tous les mêmes et les fractures, c'est totalement abstrait. Ils ne les vivent pas, ils ne les éprouvent pas. L'usage d'internet, c'est simple. Il s'agit juste de personnes qui n'apprennent pas assez vite… Qu'à cela ne tienne, « ils apprendront », les premiers de cordée vont les tirer bien sûr !

Je décide donc de demander une dernière chose qui me tient à cœur à Édouard Philippe. Je lui dis qu'il faut au moins que l'on mette en place une gouvernance qui permettra de suivre l'atterrissage des futures coupes budgétaires. Et là, il me répond : « Ce sont des dirigeants d'entreprises publiques, ils sont responsables, à eux de se débrouiller », enterrant ainsi toute velléité de s'intéresser à la gouvernance, si essentielle pour piloter l'atterrissage des décisions prises. Ce qui compte avant tout, ce sont les économies, et surtout ne soyons pas responsables du gâchis.

Cela me remet en mémoire cette remarque que m'avait faite Gérald Darmanin, alors ministre des Comptes publics : « Mieux vaut privatiser, de toute façon on n'a pas les moyens de contrôler. »

Un résumé, en deux répliques, de l'impuissance et du renoncement concernant la gouvernance, l'évaluation et le contrôle. Entendre aujourd'hui Édouard Philippe dire qu'il aime bien être aux manettes montre à quel point la déconnexion est grande entre « être aux manettes » et résoudre les problèmes. Car pour lui gouverner, c'est avant tout décider, donner des instructions et afficher des résultats quantitatifs.

Mais ce lundi 5 juin, Édouard Philippe donne enfin la parole à Françoise Nyssen, qui est censée nous expliquer ce qu'elle dira à la conférence de presse qu'elle tiendra seule et qui aura lieu dans une heure. Elle est incapable d'expliquer quoi que ce soit, elle bredouille et se noie littéralement. Le Premier ministre la regarde et lui dit cyniquement : « Allez Françoise, un petit effort. »

Il est odieux, sûr et dominateur jusqu'au bout. Il y prend un plaisir non dissimulé, tel un chat qui se lèche les babines. Cela se voit et c'est consternant. Christophe Castaner, à qui je dirai plus tard « il est odieux », me répondra : « Oui, il est souvent comme ça. » Cynisme et duplicité.

Pas étonnant qu'au moment où il fera la promotion de son livre en 2021, il ne dise jamais franchement s'il soutient Emmanuel Macron ou pas. Qu'il finisse par créer son propre parti Horizons avec l'illusion de pouvoir peser. Édouard Philippe n'est pas un vrai courageux. Il est davantage orgueilleux. Il se cache derrière une inflexibilité doublée d'un flegme qui est en fait une réelle indifférence à l'autre, celui qui ne lui ressemble pas, ou ne cède pas à sa volonté.

C'est le même Premier ministre qui, lors d'une matinale sur France Inter, interpellé sur les conséquences de la non-suppression de la CSG pour les retraités par une femme qui déplore le manque à gagner qu'elle a constaté, répondra : « Je n'ai pas la même perception que vous. »

Cette dame vit une réalité, moins d'argent à la fin du mois, mais le Premier ministre lui répond très tranquillement qu'il n'a pas la même perception qu'elle.

Une personne vit une réalité, et pour lui, c'est une « perception » de la réalité. Une réponse hors sol à une question qui dérange.

Idem pour les 80 km/h. Oui, il est certain qu'il y aura moins de morts si toutes les routes de France où la vitesse autorisée était de 90 km/h passent à 80 km/h. Mais si l'on avait fait du sur-mesure pour prendre en compte la réalité, il y aurait eu le même résultat avec un peu plus de subtilité, un peu moins d'absurdité, et on aurait un peu moins « embêté » les Français.

Idem pour la taxe carbone. Oui, il faut taxer les émissions de carbone et oui, il faut permettre à la planète de mieux respirer, mais mettre en place une taxe alors que cette taxe s'ajoute à la hausse du prix du pétrole, qu'aucun accompagnement n'est prévu et surtout qu'elle viendra alimenter le budget de l'État et ne sera pas spécifiquement affectée à la transition écologique... On est très loin de la promesse faite en 2017 dans le programme de « baisser la facture chauffage et énergie pour les plus modestes ».

Mais pour revenir à notre sujet, juste avant que nous nous levions pour sortir de la salle de petit déjeuner de Matignon, Édouard Philippe nous fait avec un petit sourire cet aveu un peu mystérieux : il y aura peut-être une annonce un peu forte. Sans rien nous dire de plus. Mais il n'a pas résisté à l'envie de montrer qu'il sait quelque chose que nous ne savons pas encore.

Nous sortons et nous comprenons tout de suite la nature de l'annonce qui est déjà sortie dans la presse. Les notifications pleuvent sur nos mobiles, que nous avions éteints : c'est l'annonce du passage au tout numérique de France 4. Ce qui équivaut donc à la suppression de cette chaîne...

Nous n'avons été effectivement informés de rien. Françoise Nyssen nous explique qu'il s'agit d'un coup de fil d'Alexis Kohler, qui a trouvé les annonces un peu vides (ce qu'elles sont objectivement) et qui a voulu ajouter quelque chose qui « ferait moderne », le passage au tout numérique de France 4, la chaîne jeunesse. Cela permettra par ailleurs d'économiser les frais de diffusion.

Dans leur précipitation, ils confondent les jeunes adultes et les enfants. C'est grave. Ils prennent leur décision convaincus que France 4, qui est une chaîne dite « jeunesse » en journée, s'adresse aux jeunes adultes. Ils ne savent pas que le terme « jeunesse » est le terme employé pour les programmes à destination des enfants. La déconnexion est totale. Et pourquoi travailler son sujet, les éléments de langage suffisent.

Ils ne regardent pas la télévision, *une partie* des jeunes non plus, elle peut disparaître.

Alexis Kohler et Édouard Philippe ont ouvert d'ailleurs la voie à toutes celles et ceux qui aujourd'hui, en 2022, se pressent pour remettre en cause le service public de l'audiovisuel, uniquement parce qu'ils ne le regardent que par l'angle de leur intérêt direct, qu'un ou une humoriste leur déplaît, qu'une enquête ou des questions les insupportent. Comme dans tous les métiers, il y a des journalistes qui font bien leur travail, d'autres pas. Il y a des corporatismes. Et ce qu'il faut s'assurer de préserver, c'est la diversité des points de vue. Mais y opposer dogmatisme, idéologie et ignorance est mortifère. L'expression « la honte de la République », certes légèrement déformée, est restée gravée dans l'inconscient, car aucun projet ne lui a été opposé.

Autorisant ainsi toutes les volontés de démantèlement à s'exprimer. Aujourd'hui, adapter l'audiovisuel public au monde de demain se réduit à proposer de supprimer une chaîne ou plusieurs, voire des radios comme France Inter, dont la matinale est la plus écoutée de France, supprimer « enfin », sans tenter de la moderniser, cette contribution à l'audiovisuel public que les responsables politiques continuent à appeler « redevance », parce qu'elle n'alimente pas directement les caisses de l'État. C'est ainsi donner le sentiment de « rendre leur argent aux Français ». À moindres frais budgétaires pour l'État et à grand bénéfice électoral pour le ou la candidate.

J'ai prédit à terme dans mon rapport « l'explosion du service public de l'audiovisuel » si personne ne se saisissait du sujet à temps et sérieusement. Je pense aujourd'hui que l'on assiste plutôt à une implosion lente, qui ne se voit pas encore mais dont l'onde de choc se fera ressentir très longtemps.

Alexis Kohler, un homme seul dans son bureau, qui sans avoir pris aucune connaissance de la pertinence de sa décision sur le terrain, passe donc un coup de fil pour que soit annoncé ce qui est à la fois absurde et délétère. « Pour faire moderne. » Parce qu'au passage, il a cru que jeunesse signifiait adolescence et que chaque Français avait un accès à l'internet haut débit. Ou plutôt parce qu'il sait parfaitement les fractures numériques mais que cela reste virtuel pour lui et ne participe donc pas du ressort de la décision.

S'il y avait une « raison d'être » au service public de l'audiovisuel, c'est bien l'existence et le renforcement d'une chaîne pour enfants, sans publicité car la publicité à destination des enfants est interdite sur le service public, et accessible à toutes et tous. À côté d'une chaîne privée pour enfants, financée par la publicité, comme Gulli qui a aussi sa raison d'être et qui bénéficie bien d'une fréquence sur la TNT.

Cet enjeu figurait au cœur de mon rapport.

Une décision d'ailleurs tout aussi absurde si elle avait concerné une chaîne à destination des jeunes adultes, s'il en avait existé en France, puisque la BBC en a fait la tragique expérience. En passant sa chaîne jeunes adultes, BBC 3, sur le web, celle-ci a perdu 80 % d'audience. La BBC a envisagé un temps de revenir sur cette décision. Mais il est toujours difficile de revenir en arrière et reconquérir une audience perdue.

Par ailleurs, à la BBC, il existe non pas une mais deux chaînes pour enfants qui s'adressent à des publics différents : 4-7 ans et 7-12 ans.

Mais Boris Johnson a fait lui aussi part de terribles « envies » de mettre un bon coup dans la fourmilière illustrées par ses annonces de début 2022, auxquelles il semble avoir en partie renoncé.

Stupéfaite en apprenant donc cette décision de dernière minute d'Alexis Kohler, exécutée sans états d'âme par le Premier ministre, je décide cependant de ne rien dire sur le moment.

Le lendemain, il est prévu que je participe à l'émission de Sonia Devillers, *L'Instant M,* sur France Inter, pour commenter les annonces de la veille. Je décide de ne pas déprogrammer et de dire tout simplement ce que je pense.

Chez En marche, on a l'habitude de dire que l'on débat en interne et qu'une fois le débat tranché, tout le monde défend à l'extérieur les décisions prises. La plupart du temps, la concertation est artificielle, mais là, c'est pire… On n'a jamais débattu et la décision ne nous a été communiquée qu'après le petit déjeuner, après que la nouvelle avait été transmise par les réseaux sociaux… Il n'y a jamais eu une seule concertation avec les parlementaires sur ces annonces, qui procèdent effectivement de l'exécutif. Mon rapport a été tout simplement rangé dans un tiroir, comme tant d'autres, et toutes les promesses qui m'avaient été faites ont été trahies.

J'estime donc avoir plus que de la légitimité à donner mon avis et je le fais. Je demande à l'antenne que la suppression de la fréquence TNT de France 4 – une fréquence numérique « terrestre » qui permet ainsi d'atteindre tous les foyers – soit reconsidérée pour ne pas creuser les fractures, et que l'existence donc pleine et entière d'une telle chaîne fasse bien partie de la concertation annoncée. Il me semble que c'est le minimum. Et je mets en garde contre les rabots budgétaires.

Je mets encore les formes, mais je suis profondément déçue.

À la suite de cette interview qui sera jugée « sacrilège » sur France Inter, le Premier ministre me pointe du doigt dans la réunion de groupe de la majorité qui a lieu juste après, comme le rapporte l'après-midi même *Le Monde*[21], qui a été informé par qui de droit : « “Certains ne disent rien en réunion de groupe, en donnant l'impression de valider les arbitrages, avant de s'exprimer dans la presse pour critiquer les projets du gouvernement”, s'est-il indigné. Dans son viseur cette fois : la députée LRM Frédérique Dumas, qui a critiqué le matin même sur France Inter la décision actée la veille par la ministre de la Culture, Françoise Nyssen, de supprimer de la TNT la chaîne France 4, dans le cadre de la réforme de l'audiovisuel public. »

Cette sortie me consterne. Les projets du gouvernement pour l'audiovisuel public n'ont fait l'objet d'aucune réunion de groupe, uniquement d'un simple petit déjeuner à quelques-uns, une heure avant les annonces et au cours duquel cette décision a soigneusement été tue.

J'ai par ailleurs exprimé largement mes idées notamment concernant le maintien d'une chaîne pour enfants sur la TNT dans ce rapport de trois cents pages sur l'audiovisuel public remis à Matignon. Mais la parole du Premier ministre surplombe la vérité et la réalité…

La semaine d'après, Édouard Philippe en remet une couche via *Le Canard enchaîné*[22], qui relate : « Il vient d'entendre, dans sa voiture, la charge de la députée

21. Alexandre Lemarié, « Édouard Philippe appelle les députés LRM à “jouer collectif” », *Le Monde*, le 5 juin 2018.
22. Le 13 juin 2018.

Frédérique Dumas, sur France Inter, contre le projet de réforme de l'audiovisuel de Françoise Nyssen. "Ce sont les députés de la majorité qui font émerger eux-mêmes des problèmes, martèle-t-il devant les Marcheurs. Ils dévalorisent le travail que font cette majorité et le gouvernement." Et Philippe de continuer à fusiller Frédérique Dumas : "Ce n'est pas possible d'avoir des députés qui ont des réunions avec le Premier ministre, qui n'y disent rien et qui, le lendemain, vont étaler leur opposition à une réforme dans les médias." »

J'ai dit, on le sait, ce que j'avais à dire lors de ce petit déjeuner improbable et sur ce qui a bien voulu nous être révélé. J'appelle donc *Le Canard* pour expliquer que le Premier ministre ne nous a tout simplement pas informés de cette décision et qu'il était par essence donc impossible de la commenter. La semaine d'après, *Le Canard* publie[23] ma réponse dans un article intitulé « Le Premier ministre est-il un menteur ? » : « Édouard Philippe n'a pas eu le courage de dire les choses, lors du petit déjeuner du 4 juin consacré à la réforme de l'audiovisuel. Il savait que j'avais rendu, dans mon rapport, des conclusions inverses aux siennes sur le sort de France 4. » Et le journal conclut : « Une députée de la majorité qui accuse le Premier ministre de mensonges, même les frondeurs n'auraient pas osé. »

Je sais que mes jours sont comptés pour Matignon, mais je préfère que ce soit pour avoir dit la vérité et ne pas m'être laissé impressionner par un Premier ministre, si peu courageux.

Ils étaient tous convaincus que, m'ayant interdit de communiquer sur mon rapport avant la conférence de

23. Le 20 juin 2018.

presse de Françoise Nyssen, je ne pourrais plus le faire après. Que je n'oserais pas.

En Macronie, on vous colle une étiquette de frondeur pour le moindre pas de côté et il s'agit généralement d'un avertissement que l'on vous demande de prendre au sérieux, car il prépare et souvent précipite votre chute, votre mise à l'écart. J'aurai donc dès ce jour l'étiquette de frondeuse.

J'ai de l'expérience et des convictions. Je ne laisserai jamais faire n'importe quoi sans rien dire, surtout si l'on me menace d'être mise à l'écart. Les manœuvres d'intimidation ont un effet inverse sur moi, celui de renforcer mes convictions. Mieux vaut être « en exil » de la Macronie avec sa conscience que s'être vendue pour généralement pas grand-chose.

Comme à mon habitude, j'informerai Emmanuel Macron de ce qui s'est passé. J'ai encore à ce stade, j'imagine, sa confiance. En tout cas, il sait que je lui dis tout et que je ne fais rien par-derrière. Un arbitrage semble encore possible sur France 4, mais finalement, il n'en sera rien. Pour une raison consternante. Alexis Kohler en a fait une affaire personnelle puisque c'est « sa » décision. Or c'est à ce moment précis qu'il commence à faire l'objet d'articles dans la presse sur ses possibles conflits d'intérêts et sur la mauvaise gestion concernant le terminal du Havre[24].

Benoît Ribadeau-Dumas, le directeur de cabinet d'Édouard Philippe, fera alors cet aveu à un ami proche qui me le confiera : « Pour Frédérique Dumas, c'est terminé. Emmanuel Macron ne va pas avoir envie d'embêter Alexis Kohler dans ce moment-là. »

C'est ainsi que les choses tiennent.

À un fil.

---

24. Voir chapitre 13.

Effectivement, on ne va pas embêter Emmanuel Macron qui ne va pas embêter Alexis Kohler dans ce moment où on le dit « affecté »…

Voilà comment et pourquoi sont prises certaines décisions…

Deux ans après, la décision de maintenir la chaîne sera enfin prise. Mais c'est uniquement dû à la crise sanitaire, qui a révélé au grand jour le rôle joué par cette chaîne pendant le confinement et l'absurdité d'une telle décision…

Mais revenons un peu en arrière, en novembre 2017, pour mieux comprendre ce qui va suivre.

En novembre 2017, Jean-Michel Blanquer m'appelle de Guyane, où il est en déplacement. À l'époque, nous sommes proches et même amis. Nous avons une passion commune, les neurosciences. Il a encore à l'époque une certaine ouverture d'esprit et une joie de vivre. Tout du moins, il est curieux et il est bienveillant à mon égard. Bref, on s'entend bien. Tout est fluide et simple.

Aujourd'hui, il doit estimer que je suis « dans le camp d'en face ». J'estime de mon côté que la politique l'a abîmé, il est devenu psychorigide et paranoïaque. Il avait de l'humour. Il n'en a plus.

Pour lui, je suis ingérable. En tout cas, les relations seront rompues très tôt à son initiative.

Pendant la campagne de 2017, j'ai fait en sorte de semer des petits cailloux dans le programme d'Emmanuel Macron sur un sujet qui me passionne depuis longtemps, les relations entre musique et cerveau, le développement des compétences intellectuelles et sociales qu'elles permettent dès le plus jeune âge et le levier formidable que cet outil peut constituer pour réduire les fractures et permettre l'émancipation réelle. Celle de chaque individu. J'avais aussi introduit cette dimension dans le programme de Valérie Pécresse en 2015 à la Région, mais c'était resté ensuite lettre morte.

J'avais péniblement, après un long combat, réussi à faire inscrire une phrase sur le sujet dans le programme d'Emmanuel Macron et organisé avec succès un débat public avec des intervenants passionnants sur la relation de la musique avec le cerveau dès le plus jeune âge, en mars 2017. J'avais eu droit à un joli article d'Emmanuel Beretta dans *Le Point* qui avait sonné pour moi comme un encouragement. Bertrand Delais, proche d'Emmanuel Macron aujourd'hui président de La Chaîne parlementaire (LCP), qui filmait alors la campagne, était venu prendre des images de ce débat réunissant notamment le professeur de neuropsychologie Hervé Platel, l'orthophoniste, musicienne et compositrice Béatrice Sauvageot, la violoniste et chef d'orchestre Solrey Lemonnier. Mais finalement, dans ce documentaire qui sera diffusé par France 3 au début du mandat, c'est la réunion consacrée au feu vert donné au Pass culture qui sera privilégiée.

De mon côté, je reste convaincue que la réduction des fractures doit se faire dès le plus jeune âge. Donc, lorsque, ce jour de novembre 2017, Jean-Michel Blanquer m'appelle de Guyane pour me dire : « Frédérique, ce serait bien que l'on avance sur le sujet qui nous tient à cœur à tous les deux. J'aimerais te confier une mission », je suis très heureuse. C'est tout ce que je demande. Tout ce à quoi j'aspire. Mais quelques temps plus tard, je suis tiraillée, car le président de la République vient tout juste de prononcer des mots définitifs sur l'audiovisuel public, et du fait de mon expérience et de tous mes combats antérieurs, je ne me voyais pas laisser passer les trains et laisser faire. Comme je l'ai déjà expliqué, je tiens à réaliser ce travail sur l'audiovisuel public, que je vois comme un outil pratique d'aide à la décision qui peut éviter le pire. C'est inimaginable pour moi de ne pas m'y consacrer ; je ne sais pas encore bien sûr ce qu'il adviendra de ce travail et je pense surtout alors que cela ne fera que décaler de quatre mois cette mission tant attendue que me propose Jean-Michel Blanquer.

Je lui réponds donc : « Je suis bien sûr totalement partante, mais es-tu OK pour que l'on décale légèrement ? Je remets le rapport sur l'audiovisuel public et ensuite, au printemps, on fonce. »

Nous décidons de faire ainsi. Nous avons encore quatre ans devant nous.

Mais début 2018, je réfléchis au fait que si la mission est décalée, il vaut mieux tout de même s'assurer qu'elle aura bien lieu. J'évoque avec Matthieu Lahaye, le conseiller culture de Jean-Michel Blanquer, qui a toujours été enthousiaste sur ce projet, l'idée de rédiger un projet de lettre de mission. Il m'apprend alors que dorénavant Matignon ne veut plus que les missions soient directement données par les ministres. Tout doit passer par eux. Le courrier devra donc être signé par Matignon. Je m'assure de l'accord de l'Élysée, que j'obtiens par l'intermédiaire de Stéphane Séjourné, qui sera toujours un interlocuteur très agréable jusqu'à mon départ d'En marche. Nous rédigeons une lettre de mission qui est ensuite envoyée pour signature à Matignon.

Pendant les mois qui suivent, nous essaierons de comprendre qui exactement bloque cette signature. Stéphane Séjourné interviendra de son côté. Mais rien ne se passera. Ni en mars, ni en avril, ni en mai.

Fin juin 2018, un concert des orchestres des professeurs des écoles est prévu à la Philharmonie de Paris. Jean-Michel Blanquer me prévient qu'il annoncera alors ma mission.

Il fait son discours. Pas un mot sur cette mission.

Il descend de la scène, vient s'asseoir à côté de moi et me glisse à l'oreille : « Je n'ai pas pu l'annoncer, car le Premier ministre n'a toujours pas signé. »

Je suis infiniment déçue. Réaliser cette mission est la seule chose qui finalement compte véritablement pour moi, mais je commence à comprendre qu'elle ne me sera jamais confiée. Ce n'était bien sûr pas non plus si compliqué de l'imaginer depuis mon interview du 5 juin sur France Inter et les échanges croisés dans la presse.

Mais ce courrier est bloqué depuis bien plus longtemps. Ayant toujours entretenu de bonnes relations avec Gilles Boyer, l'alter ego d'Édouard Philippe, que j'apprécie sur le plan relationnel, j'ai l'illusion que les choses peuvent s'arranger.

Les déceptions vont s'accumuler…

J'ai l'habitude via Telegram[25] de tenir Emmanuel Macron au courant de tout ce que je fais, de tout ce que je pense et de tout ce qui se passe. C'est à mes yeux une question de loyauté. À lui de décider s'il faut me couper la tête ou non. À lui de décider de me répondre ou non.

Mais je souhaite, de mon côté, être transparente. C'est aussi pour cela que certains ne parviendront pas toujours à leurs fins à l'époque sans savoir vraiment pourquoi, car j'ai ce contact direct, ce qui permet au moins de contourner les mensonges des uns et des autres.

À cette période, il y a, je le crois, une confiance et quelquefois une écoute.

Au moment de l'affaire Benalla, alors que nous sommes assignés à résidence dans l'hémicycle, que le président de la République n'a toujours pas prononcé un seul mot, j'interroge directement Fanny Le Luel, la collaboratrice parlementaire d'Édouard Philippe : « Qui bloque ? Où en est donc cette lettre de mission ? »

Elle me répond très froidement : « Oui, c'est moi qui bloque, tu ne penses pas que l'on va récompenser une frondeuse ! »

25. Application de messagerie mobile.

Certains diront : « C'était prévisible. Tu ne connais pas les codes. C'est cela la politique. » Que de fois je l'ai entendu. Combien de fois ai-je répondu : « Bien sûr que je les connais. Je ne veux tout simplement pas les appliquer »

Pour certains, je serais donc ainsi condamnée à ne pas « réussir ». Comme si « réussir » avait la même signification pour tout le monde.

J'ai d'ailleurs certes eu à subir les conséquences de mes combats sur le plan personnel, mais j'ai toujours, à un moment ou à un autre, gagné les combats d'intérêt général. Cela vaut donc le coup de les mener.

Il faut aussi apprendre la patience, la vraie.

Lorsque j'ai eu des responsabilités, des titres et des fonctions, je me suis toujours dit : elles m'obligent. Je le ressens ainsi. Je les vois comme des possibilités ouvertes de mettre un pied dans la porte pour qu'elle évite de se refermer sur le mépris, l'indifférence et les mensonges, sur celles et ceux qui n'ont pas le pouvoir. Je n'ai jamais renoncé. Je me suis toujours dit que j'aurais honte de devenir comme tant d'autres. D'être terrifiée parce qu'un ministre ne vous dit plus bonjour, qu'un président vous a bloqué sur Telegram ou que l'on ne vous donne une mission qu'au prix fort, celui de la remise en cause de votre intégrité.

Je suis donc bien à ses yeux, aux yeux d'Édouard Philippe, avant tout vexé, blessé dans son orgueil, une frondeuse que l'on ne va pas récompenser, car, ajoute-t-elle : « Cela donnerait un mauvais exemple. »

Oui, une sacrée frondeuse qui a demandé que le passage sur internet d'une chaîne pour enfants du service public soit réexaminé dans le cadre d'une concertation qui s'ouvrait ! Ce qui se fera trois longues années après. Et surtout une députée qui a osé se défendre à la suite de mensonges du Premier ministre qui ne l'honorent pas vraiment !

Qu'est-ce que la conception du débat et de la concertation pour Édouard Philippe ou encore Alexis Kohler ? La même qu'Emmanuel Macron ou Valérie Pécresse. Anne Hidalgo, Jean-Luc Mélenchon, Éric Zemmour ou Marine Le Pen. Je ne les connais pas aussi bien, mais on me dit qu'ils ne sont pas en reste. Comme quoi il y a bien, sur ce sujet, une véritable égalité hommes-femmes...

À cette mauvaise pièce de théâtre, il faut par ailleurs ajouter la volonté de détruire en glissant dans la presse des petites phrases assassines qui sont autant de mensonges.

Cédric Villani[26] vivra quelque temps après moi le même type de descente aux enfers. C'est tout de même une médaille Fields. Il ne sera pas plus épargné que moi. L'expérience, les compétences, cela ne pèse rien en Macronie, si cela ne va pas dans le sens de la démarche qui a été imposée. Finalement, n'existe que ce que l'on a décidé de voir exister.

Benjamin Griveaux[27] sera quant à lui récompensé après ses exploits désormais célèbres, par deux missions puis un poste dans le privé. Il s'est pourtant illustré de manière

---

26. Cédric Villani est un mathématicien, lauréat de la médaille Fields en 2010. Il est élu député dans l'Essonne en 2017, sous l'étiquette de La République en marche. En 2020, il est candidat pour les élections municipales à Paris, mais la commission d'investiture de son parti désigne Benjamin Griveaux. Exclu en janvier 2020 de LREM, il quitte le groupe LREM à l'Assemblée nationale en mai de la même année pour rejoindre l'éphémère groupe Écologie démocratie solidarité (EDS).

27. Benjamin Griveaux est élu député en 2017 à Paris et devient secrétaire d'État auprès du ministre de l'Économie et des Finances au sein du gouvernement Philippe II. De novembre 2017 à 2019, il exerce la fonction de porte-parole du gouvernement. Il démissionne pour se présenter aux élections municipales de 2020 à Paris. Un mois avant le scrutin, la divulgation de vidéos privées à caractère sexuel par Piotr Pavlenski le conduit à retirer sa candidature. Il démissionne de son mandat de député en 2021 pour créer un cabinet de conseil en stratégie dédié aux dirigeants d'entreprises.

déplorable, dans une élection qui était à la base imperdable. Mais il ne fallait pas lui faire l'affront de retourner au simple rang de député et de côtoyer ses collègues…

Mais ce jour-là, en pleine affaire Benalla, j'ai enfin la réponse que j'attends depuis plusieurs mois : il n'est pas question, à ce stade, de me confier une quelconque mission.

CHAPITRE 3

L’affaire Benalla

Voilà l’affaire qui a été un véritable déclic pour moi et qui a grandement participé à précipiter mon départ du groupe La République en marche…

Alexandre Benalla a été recruté à l’Élysée en tant que chargé de mission, adjoint au chef de cabinet du président François-Xavier Lauch. Le 18 juillet 2018, on apprend par un article du *Monde*[28], écrit par Ariane Chemin, que ce « proche collaborateur du président de la République [s’est] livré, le 1er mai, à des violences restées inconnues jusqu’ici. « Une mise à pied de quinze jours et toujours un bureau à l’Élysée »… C’est la simple sanction [qu’Alexandre Benalla] s’est vu signifier, dans la plus grande discrétion ».

Le « parquet de Paris a ouvert, [dès le lendemain] dans la matinée, une enquête pour chefs de violences par personne chargée d’une mission de service public, usurpation de fonctions, usurpation de signes réservés à l’autorité ».

Tétanisés dans l’hémicycle, nous attendons depuis presque une semaine les mots d’Emmanuel Macron. Comme

28. « “Le Monde” identifie sur une vidéo un collaborateur de Macron frappant un manifestant, le 1er mai à Paris ».

tout le monde au début de cette affaire, je comprends mal ce qui s'est véritablement passé. Après plusieurs jours de crise, le président continue à garder le silence. J'éprouve un profond malaise, plus qu'un « inconfort philosophique », mais je lui fais encore confiance. Il n'y a pourtant plus de maître des horloges qui vaille lorsque c'est l'exemplarité qui est touchée en plein cœur. Évoquer la dictature du temps médiatique est en fait une façon d'esquiver, de tarder à affronter, de se préparer.

Le mardi 24 juillet 2018, nous sommes réunis pour la fin de la session parlementaire à la Maison de l'Amérique latine et nous apprenons que le président de la République, qui ne s'est jamais exprimé en public sur cette affaire, va nous faire la surprise de sa venue. Je crois encore au fait que l'exemplarité tient au cœur de notre président. Les ministres inquiétés par des affaires potentielles avaient été priés de quitter le gouvernement : François Bayrou, Marielle de Sarnez, Sylvie Goulard[29] et Richard Ferrand[30], à peine nommés, avaient été exfiltrés en juin 2017, sans la moindre mise en examen.

Le président a fait une longue interview de huit pages dans *Le Point* en septembre 2017 qui intègre la complexité du monde[31]. Il a lancé le slogan : « *Make our planet great again* », et il est encore possible de croire que les actes suivront les mots… Une loi sur la confiance dans l'institution judiciaire a été en effet votée dès l'été 2017 et semble donner le ton du quinquennat, celui de l'exemplarité au plus haut niveau. Et surtout, nous

---

29. L'affaire des assistants parlementaires du MoDem au Parlement européen est une affaire politique et judiciaire portant sur des soupçons d'emplois fictifs. Elle entraîne la démission de Sylvie Goulard (LREM) de son poste de ministre des Armées du gouvernement Édouard Philippe le 21 juin 2017, suivie le lendemain par la démission des deux ministres MoDem, François Bayrou, ministre de la Justice, et Marielle de Sarnez, ministre des Affaires européennes.
30. Inquiété par l'affaire des Mutuelles de Bretagne, il démissionne du gouvernement et devient président du groupe LREM à l'Assemblée nationale.
31. « Emmanuel Macron : le grand entretien », 30 août 2017, Laureline Dupont, Etienne Gernelle et Sébastien Le Fol.

sommes en train de débattre de la réforme constitutionnelle. Nous venons d'adopter l'article 1, qui engage en termes de transition écologique. Il est d'ailleurs intéressant de voir que, trois ans après avoir fait adopter ce projet de loi qui porte ce nom de « confiance dans l'institution judiciaire » en juillet 2017, les ministres Éric Dupont-Moretti, mis en examen pour conflit d'intérêts, et Alain Griset[32] se maintiendront au gouvernement. Ils retiendront la leçon François Fillon en proposant de ne surtout plus démissionner après une mise en examen qui ne serait que « politique » par nature.

Alain Griset devra toutefois démissionner après sa condamnation à six mois de prison avec sursis pour déclaration incomplète de patrimoine.

Certes, à ce moment précis de juillet 2018, j'ai déjà accumulé des déceptions, mais je crois encore au sacrifice personnel, si l'intérêt général est en jeu.

Ce mardi soir, je ne veux donc pas entendre ce que signifie la phrase « Qu'ils viennent me chercher », qui est pourtant une véritable provocation. Je m'attache à d'autres mots, comme le fait d'accepter ce qu'Emmanuel Macron appelle « la symphonie dissonante », les voix singulières, dans un énième « en même temps » légendaire. Et le pouvoir qu'a sur moi le mot qu'il prononce : « J'assume. »

En effet, en substance, il semble assumer. Tout.

« Le seul responsable, c'est moi. »

« Ce qui nous a conduits là [au pouvoir], ça n'est pas la République des fusibles, la République de la haine. »

« On ne peut pas être chef par beau temps. S'ils veulent un responsable, il est devant vous. Qu'ils viennent le chercher. Et ce responsable, il répond au peuple français, au peuple souverain. »

32. Il est ministre délégué aux Petites et Moyennes Entreprises du 6 juillet 2020 au 8 décembre 2021, dans le gouvernement Castex.

Il va même jusqu'à assurer que : « Personne, personne auprès de moi ou dans mon cabinet n'a jamais été protégé ou soustrait aux règles, aux lois de la République, au droit de tous les citoyens. »

Cette affirmation résonne tristement lorsqu'un coffre-fort[33] a tout simplement disparu, qu'une note personnelle a été rédigée par Emmanuel Macron pour se porter caution de son secrétaire général[34], que certains à l'Elysée ont eu entre les mains des images illégales.

Ce soir-là, le Président évoque lyriquement la « dissonance » nécessaire à un bon orchestre symphonique. Comme s'il montrait là, magnanime, sa tolérance vis-à-vis de députés qui s'écarteraient légèrement du chemin qu'on leur a tracé. Je serai bien la seule à le relever. Et surtout ! Pas un mot dans la presse !

Ces mots ne s'adressent, je m'en rendrai compte plus tard, qu'à celles et ceux qui, comme moi, ont envie de les entendre.

Richard Ferrand fait le service après-vente dans *Le Monde*[35] et met en avant la symbolique du « tireur couché » que serait donc le « frondeur ». Je relève pour ma part qu'un frondeur, c'est pourtant tout sauf un tireur couché puisqu'il devient frondeur lorsqu'il expose publiquement sa résistance. Un frondeur, c'est quelqu'un qui assume en public ses désaccords. Mais le message est clair : nous devons protéger le président, quoi qu'il ait fait et quoi qu'il fasse. Nous sommes presque des objets, des pions sur un

---

33. Le 20 juillet 2018, Alexandre Benalla est placé en garde à vue, mais son domicile n'est perquisitionné que le lendemain (la perquisition prévue le jour même aurait échoué, soit en raison d'une fermeture de porte « sophistiquée », soit en raison de l'absence de serrurier). Les policiers ne trouvent alors pas trace du coffre-fort contenant les armes d'Alexandre Benalla.
34. Voir chapitre 13.
35. « Richard Ferrand : le "tintamarre" autour de Benalla "a jeté la suspicion sur le fonctionnement des institutions" », propos recueillis par Solenn de Royer et Manon Rescau, le 1er août 2018.

échiquier que l'on déplace où l'on veut, comme on veut, quand on veut.

Je n'ai pas encore intégré totalement que le « en même temps » – censé nous délivrer de l'asservissement aux dogmatismes idéologiques, aux enfermements de la pensée, qui m'avait fait rejoindre avec enthousiasme Emmanuel Macron, avec qui je me sentais même « en phase à 300 % » – n'avait pas la même signification pour lui que pour moi.

Le « en même temps » macronien n'est en fait que la capacité ultime de dire tout et son contraire pour entraîner la confusion mentale. Cela permet à chacun d'entendre ce qu'il veut entendre. L'utilisation de nos propres biais cognitifs. Je découvrirai là encore que nous n'avons pas la même conception de l'utilisation des neurosciences. Emmanuel Macron conçoit les neurosciences et la science comme un moyen d'asservissement et un moyen de prétendre dire la vérité face à ce que seraient prétendument les mensonges de tous les autres. Cela pour atteindre ses propres buts, qui n'ont la plupart du temps rien à voir avec le commun et le bien commun. Asservir les autres à ses propres conceptions et défendre sa propre liberté contre celle de tous les autres.

À ce moment-là, je commence à envisager mon départ du groupe En marche. Car c'est mon idéal qui est en jeu et ce à quoi je me suis engagée auprès de mes électeurs. Mais telle que je suis faite, j'ai besoin d'éprouver les choses, d'aller jusqu'au bout pour transformer mon intuition en conviction et partir sur du solide, sans plus avoir à douter, face à l'accumulation de preuves concrètes.

Mais ce 24 juillet, je crois encore qu'Emmanuel Macron est empêché d'être lui-même. Et je suis impressionnée par le fait qu'un président de la République dise qu'il « assume ».

De Jacques Chirac à Nicolas Sarkozy en passant par François Mitterrand, ils tiennent à décider de tout, mais… ils ne sont responsables de rien. Pour celles et ceux qui nous dirigent, c'est toujours la responsabilité des autres qui est engagée ! J'ai même entendu Gérard Collomb comme Christophe Castaner dire : « Je n'étais pas au courant donc je ne suis pas responsable. »

Et quoi qu'ait affirmé Emmanuel Macron ce 24 juillet, on est bien toujours dans la République des fusibles. On le voit dans cette affaire Benalla, tout comme on l'a vu dans l'affaire Bygmalion[36] ou dans l'affaire des sondages de l'Élysée commandés pour le compte de Nicolas Sarkozy. Quelle que soit la responsabilité des « fusibles » qui est effectivement engagée, celles et ceux qui sont indirectement les vrais commanditaires, eux, ne paient jamais.

J'ai été chef d'entreprise, ce que l'on est quand on est productrice. J'ai eu à gérer directement des tournages, donc de véritables chantiers – où les accidents sont toujours possibles – et où il est aussi absolument nécessaire de déléguer. Je peux vous assurer que même si vous n'êtes « pas au courant », s'il y a un accident ou un délit pénalement répréhensible qui se produit, vous êtes directement responsable. Idem pour les directrices ou directeurs des publications de presse. Idem pour les maires. Président de la République ou ministre, personne n'assume. On est responsable mais pas coupable. On est condamné mais exempté de peine. On a de la prison avec sursis la plupart du temps et des procès qui traînent vingt ans.

Et quand les sanctions plus lourdes tombent, l'on pousse des cris d'orfraie et l'on réclame d'être jugé comme un simple citoyen.

Bien sûr que des responsables politiques ont payé d'une certaine façon aussi pour d'autres, que dans la mesure où

36. L'affaire Bygmalion est une affaire politico-financière où l'UMP aurait tenté, via un système de fausses factures avec l'agence Bygmalion, de masquer les dépassements de frais de campagne de Nicolas Sarkozy à l'élection présidentielle de 2012.

il faut, et c'est heureux, des preuves, il est souvent difficile de remonter jusqu'aux commanditaires qui ne mettent pas les mains eux-mêmes dans le cambouis.

Je veux évoquer ici la mémoire de Bernard Bosson, ancien ministre des Affaires européennes, ancien député, maire d'Annecy, à qui je souhaite rendre tout particulièrement hommage et témoigner mon affection, et qui a payé lourdement pour un système que d'autres avaient mis en place et dont il ne connaissait même pas l'existence lorsqu'il est devenu secrétaire général de ce qui était alors le CDS[37].

Mais lui, il a assumé.

Je ne suis pas non plus de celles qui pensent que la justice se grandit avec un « mur des cons » qui n'affiche des « cons » que d'un seul bord politique. Où est l'humour dans ces conditions ? Les erreurs judiciaires, le manque d'impartialité de la justice, cela existe ; mais commençons par lui donner les moyens de son action.

Pour toutes ces raisons, lorsque j'entends Emmanuel Macron dire qu'il assume, je suis touchée, j'y crois encore. Je vais néanmoins déchanter très rapidement. Deux jours plus tard… pour être précise.

Confronté pour la première fois depuis les révélations du *Monde* à des journalistes qui l'interrogent à juste titre sur le sujet Benalla, il répond : « J'ai dit ce que j'avais à dire, c'est-à-dire que je crois que c'est une tempête dans un verre d'eau. Et pour beaucoup, c'est une tempête sous un crâne. » Et d'ajouter : « Moi, ça ne me touche pas beaucoup. »

37. Le Centre des démocrates sociaux (CDS) est un parti politique classé au centre droit, fondé en 1976. De 1978 à sa disparition en 1995, il est un des membres fondateurs de l'Union pour la démocratie française (UDF), dont il constituait l'aile démocrate-chrétienne.

Gabriel Attal renchérit dans les médias : « Rien de tout cela n'est une affaire d'État. La réalité c'est que, avec cette affaire, l'opposition et les médias font quinze tonnes de mousse avec cent cinquante grammes de savon[38]. »

Finalement le président n'assume rien du tout et minimise ce qui devrait lui faire ouvrir les yeux. C'est donc bien qu'il ne souhaite pas les ouvrir et l'on peut même se demander s'il n'a pas plutôt intérêt à les garder fermés.

Je comprends alors que, pour lui, dire « je suis le seul responsable », dans les conditions où il se trouve, c'est en fait effectivement protéger ses proches, mais non pas pour qu'ils ne servent pas de fusibles à un autre qui serait alors seul responsable, mais pour qu'ils ne soient pas inquiétés car ce serait l'atteindre, lui, à travers eux.

Il prend tout sur lui alors qu'il sait qu'il ne risque rien – car effectivement personne ne peut venir chercher le président de la République –, il oblige à détourner le regard, en précisant que ses proches ne serviront pas de fusibles et que l'on en veut à Alexandre Benalla parce qu'il ne serait pas dans le moule. Il se fait grand et magnanime alors qu'il est tout petit.

Le tour de passe-passe semble réussi ; circulez, il n'y a rien à voir.

Mais cette affaire soulève bien d'autres questions encore.

Nous y retrouvons Alexis Kohler, qui sera auditionné le 26 juillet 2018 par la commission d'enquête du Sénat. Très consciencieusement, il expliquera qu'il n'est là que

38. « Attal : "L'affaire Benalla ? 15 tonnes de mousse avec 150 grammes de savon" », propos recueillis par Marylou Magal, *Le Point* [en ligne], le 28 juillet 2018 (lepoint.fr/politique/attal-l-affaire-benalla-15-tonnes-de-mousse-avec-150-grammes-de-savon-28-07-2018-2239773_20.php).

parce que le président de la République en a donné l'autorisation. Emmanuel Macron soulignant volontiers à l'époque, sûr de lui, qu'il n'avait aucune obligation à le faire. Il y a en effet un vide juridique en la matière ; vide qu'il faudrait combler et qui devrait nous faire lourdement réfléchir à cette notion d'irresponsabilité totale du président de la République et de son équipe rapprochée dans nos institutions.

D'ailleurs, si Emmanuel Macron « donne l'autorisation » à Alexis Kohler d'être auditionné par le Sénat, c'est uniquement parce qu'il n'a pas vraiment le choix politiquement, la majorité ne lui étant pas acquise dans cette chambre. À l'Assemblée nationale, dominée très majoritairement par le groupe En marche, la commission des Lois s'est bien gardée de demander l'audition du secrétaire général de l'Élysée, comme d'Alexandre Benalla lui-même. Aussi inconcevable que cela puisse paraître…

Au moment de rendre son rapport, la commission du Sénat mettra ainsi en cause le témoignage d'Alexis Kohler devant la commission en évoquant de possibles « omissions » (nous verrons que c'est une pratique éprouvée), « incohérences » et « contradictions » et demandera au bureau du Sénat de saisir le ministère public pour qu'il puisse procéder aux investigations qu'il jugera opportunes afin de déterminer s'il y a lieu de donner des suites judiciaires à ces déclarations.

Où en est-on ?

A priori, le ministère public n'a pas estimé opportun de mener quelques investigations que ce soit. Cela permet de souligner que celui-ci est effectivement une autorité placée sous celle du pouvoir exécutif. Et que les promesses des candidats à la présidence de la République d'assurer l'indépendance du parquet et de supprimer la juridiction exceptionnelle qu'est la Cour de justice de la République font partie des engagements les moins tenus.

Par ailleurs, ce qui est frappant, c'est que l'ensemble des personnes auditionnées montreront une certaine émotion et inquiétude. Ce qui est naturel sur un plan humain dès que l'on doit rendre des comptes sur des dysfonctionnements réels, surtout ceux provoqués par d'autres que soi quand ils détiennent le pouvoir suprême. Donc le seul qui s'exprimera très à l'aise, sûr de lui, ne craignant pas les foudres de Jupiter, c'est bien Alexis Kohler, qui sait que personne ne peut « venir le chercher ».

Il protège le président de la République. Le président de la République le lui rend bien...

C'est bien le pouvoir de contrôle de l'Assemblée nationale qui s'est ainsi trouvé profondément abîmé dans son principe par ce simple refus d'auditionner un des acteurs majeurs de ce dossier brûlant, le principal concerné : Alexandre Benalla lui-même. On est en droit de se demander comment cela est possible à notre époque.

Le président a beau invoquer la séparation des pouvoirs, ce qui a été possible au Sénat, et n'a pas ébranlé nos institutions, bien au contraire, ne l'a, pourtant, tout simplement pas été à l'Assemblée nationale. C'est bien la confiance en la démocratie représentative qui sortira fortement ébranlée de ce que deviendra l'affaire Benalla.

Emmanuel Macron s'est inquiété avec une rare vigueur des accrocs portés à la séparation des pouvoirs, sur des bases totalement abstraites. Le président de la République a même pris son téléphone pour demander au président du Sénat, Gérard Larcher, de veiller à ce que l'on « fasse attention » lors de l'audition d'Alexandre Benalla. Un président de la République qui appelle le président du Sénat pour lui donner des conseils avisés sur une affaire le concernant... Il y a tout de même mieux comme manifestation de la séparation des pouvoirs.

La séparation des pouvoirs pour Emmanuel Macron, cela fonctionne à sens unique. D'ailleurs bien plus tard, en juillet 2021, il ira jusqu'à dire que la justice ne doit pas devenir « un pouvoir », car elle n'est qu'une « autorité », prenant appui sur le terme d'autorité judiciaire prévu par la Constitution. On l'avait même, moi la première, oublié. La justice est un pouvoir depuis deux cents ans au sens de Locke et de Montesquieu. C'est l'histoire que l'on nous raconte. Mais pas dans la réalité, pas pour la Cinquième République. Ce qui arrange bien Emmanuel Macron.

La justice, comme tous les autres pouvoirs, doit avoir un contre-pouvoir, mais la justice ne peut pas être considérée comme une simple autorité qui, sans moyens humains, ne peut rendre le service attendu par tous : juger en respectant les droits de chacun dans des délais raisonnables. Après les coups portés à la démocratie représentative, la justice est dans la ligne de mire du président, mais il n'est pas le seul que la justice « intéresse ». Le président s'inquiète-t-il d'avoir un jour des comptes à rendre ? Comme d'autres responsables politiques ?

Emmanuel Macron abîme sans jamais réparer. Dénoncer les prétendus abus des autres pouvoirs que le sien, sans par ailleurs proposer les moyens de les corriger, est inefficient et démagogique. C'est un moyen de détourner l'attention sur autre chose que soi.

En attendant, ne pouvait-on pas attendre plus d'exemplarité de la part d'un président de la République qui prétendait avoir été élu pour faire advenir un nouveau monde et remettre de la confiance dans les institutions ?

Ne s'attendait-on pas à ce qu'il propose dans la foulée un vrai projet de réforme constitutionnelle qui ne se contente pas de réduire une fois encore les pouvoirs du Parlement en nourrissant l'antiparlementarisme de base, mais qui propose la mise en place de pouvoirs réels confiés au

Parlement, aux collectivités locales, aux citoyens et la mise en place de contre-pouvoirs réels ?

Une réforme qui ne porterait bien sûr pas atteinte à l'exercice du pouvoir, cela déboucherait sur l'impuissance, mais qui proposerait un éventail de garde-fous qui, par un équilibre subtil, permettrait un exercice serein de chacun des pouvoirs, dont les abus seraient immédiatement identifiables et sanctionnables. La fin de l'impunité, et donc de ce qui nourrit la défiance. Apporter de véritables freins à l'impunité de celles et ceux qui prennent des décisions qui nous impactent, cela ne permettrait-il pas de réduire l'abstentionnisme et la défiance des citoyens ?

Il ne l'a pas fait. Tout simplement parce qu'il ne le souhaitait pas et qu'il n'était pas en situation de pouvoir le faire sans s'affaiblir. Son seul objectif étant de protéger son entourage, sachant que personne ne pouvait venir le chercher, lui, dans l'état actuel du fonctionnement de la Cinquième République.

Sans la presse écrite, l'article du *Monde* qui va révéler l'affaire et le travail d'investigation de Mediapart qui suivra, les dysfonctionnements profonds et les accrocs répétés à l'exemplarité n'auraient pu apparaître au grand jour. Mais c'est aussi le peu d'écho donné à ces révélations qui laisse songeur. En France, un coffre-fort peut disparaître sans que l'on s'en émeuve plus que cela…

Mediapart, qui va continuer d'enquêter sur l'affaire Benalla, va en effet révéler que ce dernier a conclu des contrats avec la Russie alors même qu'il était à l'Élysée, et va publier le contenu d'enregistrements où l'ancien chargé de mission se vante du soutien du chef de l'État.

Mais tout cela ne fait aucune vague.

Comme le raconte Mediapart, qui retranscrit une dépêche de l'Agence Reuters, à la suite de cette publication, deux procureurs, accompagnés de trois policiers, vont vouloir perquisitionner les locaux de Mediapart dans le cadre d'une enquête ouverte par le parquet pour (notamment) « atteinte à la vie privée » d'Alexandre Benalla. Les dirigeants du site d'information Mediapart ont dû refuser cette perquisition en précisant que cette enquête était susceptible d'atteindre le secret des sources de leur journal.

« Aujourd'hui le parquet met en danger le journalisme d'investigation en procédant à ce qui relève clairement d'intimidations », a déclaré le secrétaire général de Reporters sans frontières (RSF), Christophe Deloire, lors d'une conférence de presse dans les locaux de Mediapart à Paris.

« Qu'est-ce qu'un pays où le secret des sources n'est pas garanti ? a-t-il ajouté. C'est un pays où les citoyens sont privés de leur droit à avoir accès à une information qui ne soit pas seulement officielle. »

Le président, directeur de publication et cofondateur du site d'information, Edwy Plenel, a mis pour sa part en cause le rôle du procureur de la République de Paris : « S'il n'y a pas eu de plainte avec constitution de partie civile et qu'il y a initiative du parquet seul, cela veut donc dire que le parquet se porte garant de la vie privée de M. Benalla sans que ce dernier lui ait rien demandé, cela veut dire qu'il se fait le serviteur du président de la République », a-t-il déclaré.

De son côté, l'avocat du site, Emmanuel Tordjman, a expliqué : « Pour que la perquisition puisse effectivement avoir lieu, il faudrait qu'une requête en ce sens soit validée par le juge des libertés et de la détention. »

On peut donc là encore s'étonner de la conception de la séparation des pouvoirs du président de la République, qui ne semble pas le concerner et ne viser que les autres pouvoirs. Avec Emmanuel Macron, les comportements qui ne sont pas éthiques et les accrocs faits à l'État de droit se banalisent.

Il me semble que les affaires de ce type sont de véritables aberrations et ne devraient pas avoir de place en France. Et si, bien sûr, nous ne sommes pas en « dictature », car personne n'est torturé ou ne disparaît tout simplement du jour au lendemain dans notre pays, je n'accepterai jamais que, pour ces raisons-là, nous ne puissions pas dire non plus que notre démocratie s'abîme et que chaque critique qui serait faite à celles et ceux qui nous dirigent soit dénoncée comme du populisme. En France, c'est dire les choses qui est montré du doigt. C'est montrer les entorses à l'exemplarité d'une partie de l'élite dirigeante qui est dénoncé. Ceux qui ont mal agi deviennent des victimes et plus personne ne s'intéresse à ce qu'ils ont fait. Il ne manque plus que le sceau de « complotisme » et vous êtes définitivement enterré… Ils peuvent à nouveau dormir tranquilles ! C'est le rôle attribué à Christophe Castaner, Richard Ferrand ou Gabriel Attal, de véritables experts en la matière. Perdre son âme est devenu un passage obligé. Jean-Michel Blanquer y a un peu perdu de la sienne. Il ne s'agit plus de protéger les Français mais Emmanuel Macron.

Lorsque l'on commence à saper les fondements de la démocratie, personne ne sait où cela peut nous mener.

Emmanuel Macron et Alexis Kohler sont les artisans de cette détérioration depuis cinq ans. D'un État qui protège les Français, n'est-on pas passé à un État qui protège un système à bout de forces, avec son chef suprême et ses proches collaborateurs ?

CHAPITRE 4

Un dernier tour de table… avant de quitter En marche

Après l'affaire Benalla, je commence à ouvrir les yeux, le président de la République est loin d'être exemplaire et surtout, il n'a aucune envie d'essayer de l'être. Il sape méticuleusement tous les contre-pouvoirs qui se présentent devant lui. Il n'assume rien du tout et rendra systématiquement responsables tous les autres.

Au cœur du mois d'août 2018, je me dis que je n'ai plus rien à perdre d'autre que mon âme, si je ne réagis pas. Je rédige un très long message sur Telegram où j'exprime à Emmanuel Macron tout ce que j'ai sur le cœur. Je suis convaincue qu'il n'en prendra même pas connaissance. C'est à la fois une bouteille à la mer et un testament.

Je lui fais part de mon sentiment profond que cette affaire n'est pas anecdotique, qu'il y aura un avant et un après, qu'elle est de nature à éroder la confiance des Français et qu'il est regrettable que la commission de l'Assemblée nationale n'ait pas pu faire son travail jusqu'au bout. Je lui demande de prendre les mesures qui s'imposent concernant ses proches, celles et ceux directement impliqués dans cette affaire, pour repartir sur des bases d'exemplarité.

Je lui fais part également de mon constat sur mon impossibilité de travailler.

Je finis par ces mots : « Si je ne peux ni travailler ni m'exprimer pour faire en sorte que ce que tu portes prenne forme, si je ne peux pas poursuivre mon idéal, s'il ne reste plus que des mots qui ne sont pas habités par des actes, alors ce qui est sûr, c'est que je ne me laisserai pas enterrer vivante, ni moi, ni mon idéal... »

Contre toute attente, il me répond dans l'heure qui suit qu'il m'a bien lue.

Cette réponse me trouble.

A-t-il lu et compris ?

A-t-il lu et est-il d'accord avec moi ?

Ou est-ce que tout simplement il me « traite » ?

Je décide d'attendre la rentrée de septembre. Voir si les actes suivront les mots.

Fin août, Emmanuel Macron explique qu'il ne changera rien et qu'il ne se séparera de personne. Qu'il ira plus vite et plus fort.

Mes dernières illusions s'envolent.

Le 26 août exactement, ma décision intérieure est prise.

Il ne me reste donc plus qu'une dernière chose à faire avant de prendre définitivement cette décision et de la mettre en œuvre. Je dois faire le tour de mes interlocutrices et interlocuteurs pour voir où j'en suis avec eux.

Le premier rendez-vous est avec Françoise Nyssen, qui s'est donc convaincue depuis le début que je veux sa place. Ce à quoi, comme on l'a vu, on l'a bien aidée. Marc Schwartz, Gabriel Attal et Aurore Bergé ne cessent de le lui répéter. On prête souvent aux autres ses propres aspirations... En tout cas, certains le lui ont mis en tête et elle s'en est très vite persuadée. C'est terrifiant de voir à quel point le pouvoir, ou plutôt la peur de le perdre, névrose.

Nous nous étions connues au Haut Conseil à l'éducation artistique et culturelle, je l'ai présentée à Emmanuel Macron au Salon du livre de février 2017, j'ai passé le relais à Brigitte Macron en sachant que cela passait par elle. Françoise Nyssen m'enverra des textos jusqu'au dernier moment pour me demander si je sais qui va être ministre de la Culture ou encore si Éducation et Culture seront rattachées ensemble. Bref, elle est ma nouvelle bonne copine.

Puis plus rien.

Trois jours après, j'apprendrai qu'elle est nommée ministre. Cela me semble un bon choix, elle a acquis ses lettres de noblesse grâce à la maison d'édition Actes Sud et elle a monté l'école Domaine du possible[39]. Je l'ai moi-même recommandée. Je comprends même qu'elle ne m'en ait pas parlé. Ce que je ne sais pas encore, c'est qu'il y a une forme d'imposture. Je suis fascinée par la littérature. L'édition est pour moi cette capacité ultime de découvrir des talents et de leur permettre de s'épanouir. Mais je découvrirai qu'en fait, elle a eu avant tout des fonctions de contrôle de gestion et de relations publiques. Elle n'est pas directrice de collection. Ce n'est pas elle qui fait véritablement les choix artistiques. Elle n'a pas ce talent qui peut occulter tous les autres défauts. Et en fait, si on est honnête, elle ne comprend pas grand-chose. Quand

39. Créée en 2015 par Françoise Nyssen et Jean-Paul Capitani, à la direction de la maison d'édition Actes Sud. C'est une école expérimentale s'appuyant sur la curiosité et la joie d'apprendre, favorisant la recherche autonome et une expérience active des apprentissages. Elle accueille des élèves de la maternelle à la classe de 3e.

enfin viendront s'ajouter les accrocs à l'exemplarité, ce sera le fiasco complet. Ce ne sont pas de petits mais de gros accrocs que Françoise Nyssen a faits à mes yeux depuis des années. J'estime pour ma part que, lorsque l'on demande aux Français de respecter la réglementation même la plus tatillonne, laisser en fonction une ministre, dont on apprend que la société Actes Sud aurait menée, dans sa librairie d'Arles, des travaux sans autorisation, et qui ne respecteraient ni les règles de sécurité ni la réglementation du patrimoine.

Quant à Emmanuel Macron et Édouard Philippe, c'est tout naturellement qu'ils relativiseront et tiendront à lui réitérer leur confiance.

Et l'on ose s'étonner aujourd'hui de la défiance des citoyens ?

Défendre Alexandre Benalla comme le fera Emmanuel Macron, conserver une ministre de la Culture dans de telles conditions... Pour moi, c'est trop.

À titre personnel, je retiens qu'à partir de sa nomination, je n'existe plus. Je lui envoie un petit message de félicitations, elle n'y répondra jamais.

Mon premier rendez-vous en cette rentrée 2018 est donc avec Françoise Nyssen. Je continue à penser que la gouvernance est indispensable si l'on veut atteindre les objectifs affichés. Je lui propose l'idée de mettre en place une délégation parlementaire chargée d'évaluer en continu l'action du Centre national de la cinématographie (CNC) et le service public de l'audiovisuel afin de s'assurer que les économies demandées atterrissent au bon endroit et qu'une vraie transformation pertinente et adaptée ait bien lieu.

C'est la première fois depuis sa nomination que je suis seule avec elle. Je crois à une forme de réconciliation possible. Mais elle est d'une froideur glaçante. L'objet de ce rendez-vous, qu'elle a elle-même souhaité, est tout autre. Tout d'abord, elle commence à m'expliquer qu'elle n'est pour rien dans l'affaire du non-respect de la réglementation du patrimoine et l'omission de déclaration faite au fisc, par la société qu'elle dirige… Car ce n'est pas « elle, Françoise », personne physique, mais la société, une personne morale, un objet juridique abstrait, qui est en cause. Elle se lève pour me mimer physiquement la séparation entre les deux. Elle se désigne « elle, Françoise », d'une main et désigne le fauteuil de l'autre, sa société. Je suis abasourdie. Elle fait beaucoup d'efforts pour m'expliquer que sa société est un objet non identifié qui n'a aucun rapport avec elle. Et on appelle cela chez elle de la fantaisie ! Une schizophrénie assumée bien que puérile, mais très pratique intellectuellement. Un déni. Ensuite elle m'explique qu'elle fera ce que les parlementaires veulent en l'occurrence, Aurore Bergé (qui fera pourtant tout par la suite pour prendre sa place puis celle de Franck Riester) et Gabriel Attal. Elle continue et me dit : « Soit tu fais ce que je te demande, soit nous ne travaillerons pas ensemble. »

Réponse de ma part : « Même si ce que tu me demandes ne tient pas la route, il faut que j'acquiesce ? » Elle me répond sans hésiter : « Oui. »

Surréaliste.

Bon… un entretien de fait.

En écrivant ces lignes, je me dis que cela peut être l'occasion d'aborder ce sujet : qu'en est-il de mon envie et de mon espoir d'être ministre de la Culture ?

Autant aborder directement cette problématique puisque je sais que certains de mes détracteurs ne voient dans mes critiques envers Emmanuel Macron et son équipe que ma déception de ne pas avoir été nommée.

Ayant défendu la diversité culturelle pendant vingt ans de manière très concrète, à travers mes films et des combats syndicaux, et pensant que mon idéal serait enfin porté par le candidat Emmanuel Macron, je me suis dit, pendant un temps, qu'être ministre de la Culture serait une belle façon de continuer ce travail, non pour les attributs de la fonction, mais pour mettre les mains dans le cambouis et porter la vision qui a toujours été la mienne depuis vingt ans. Mais honnêtement, cela n'a pas duré très longtemps, car je savais au fond de moi que je ne pourrais pas être ministre d'Emmanuel Macron.

Parce que je n'aurais jamais pu soutenir les décisions prises sur l'audiovisuel public et le projet de loi qui sera porté ultérieurement par Franck Riester, adopté en commission culture en mars 2020 et par la suite littéralement abandonné en rase campagne. C'est dire…

Parce que je n'aurais jamais pu soutenir un Pass culture, caprice du président, s'il n'acceptait pas de remettre en cause ses modalités, de le transformer profondément pour qu'il réponde aux objectifs qu'on lui avait prétendument fixés. Quand je regarde aujourd'hui les 70 millions qui lui ont été consacrés pour la phase dite « expérimentale » et les 200 millions qui lui ont été affectés en 2021, en fin de mandat, peu avant les élections, je suis consternée. La démagogie avec l'argent des Français n'a pas de limites. Surtout si c'est pour faire suivre cette libéralité d'une provocation de plus, par ailleurs anticonstitutionnelle, en proposant, seul, au détour d'un discours[40], la fin de la « gratuité » de l'université, à la sortie d'une crise sanitaire qui a impacté et éprouvé lycéens et étudiants, qui se posent

40. Discours d'Emmanuel Macron en clôture du congrès de la Conférence des présidents d'université (CPU), le jeudi 13 janvier 2022.

avant tout des questions à la fois métaphysiques et bien réelles sur leur avenir.

Ceci étant et selon ces principes, je n'aurais donc jamais été choisie et/ou je n'aurais jamais pu accepter cette proposition si elle m'avait été faite.

Il est bien sûr difficile de vérifier puisque cela ne m'a jamais été proposé.

Je pense que lorsque l'on me connaît mieux, on le comprend vite.

Je pensais aussi qu'il était possible de travailler sans être ministre. Il suffisait que l'on vous donne juste la liberté de le faire. J'étais à ce moment-là convaincue que Françoise Nyssen serait une bonne ministre et que nous pourrions travailler ensemble.

J'avais fait du cabinet ministériel à vingt-trois ans et j'avais pu me rendre compte du peu de pouvoir d'un ministre, surtout lorsqu'il n'occupe pas un poste régalien. Malgré cela, les ministres se cramponnent pour la plupart à leur portefeuille.

Être ministre, cela devrait s'accompagner d'un contrat avec des droits et des devoirs, de part et d'autre. Mais quelle est la femme ou l'homme politique capable de s'entourer de personnalités qui existeront autrement qu'en devenant, telle Marlène Schiappa[41] en son temps, tel Gabriel Attal aujourd'hui, une ou un ministre qui fait du clivant, de la médiatisation et de la notoriété l'objectif prioritaire, et ce à n'importe quel prix ? Qui se souviendra de son action en tant que telle ? Ou des différents porte-parole qui se

41. Entre mai 2017 et juillet 2020, elle est secrétaire d'État chargée de l'Égalité entre les femmes et les hommes et de la Lutte contre les discriminations ; elle porte alors la loi renforçant la lutte contre les violences sexuelles et sexistes. Elle est ensuite nommée, au sein du gouvernement Castex, ministre déléguée auprès du ministre de l'Intérieur, chargée de la Citoyenneté.

sont succédé et dont le job consiste avant tout à défendre l'indéfendable ?

Comment Emmanuel Macron a-t-il pu transformer les transgressions qu'il s'est lui-même autorisées en tant que ministre, en autant d'obsessions d'être trahi à son tour, d'oppressions exercées envers « ses » ministres, avec constance et méthode ? La réponse est simple bien sûr : c'est qu'il n'a jamais voulu que ses propres transgressions, dont on a vu par la suite l'absence de sincérité, soient tout simplement répétées.

Mais pour finir avec cette histoire de ministre ou pas ministre, je me contenterai de raconter cette anecdote. Lorsque je suis en train de finaliser mon travail sur l'audiovisuel public, nous sommes donc en plein mois de mai 2018. Il fait beau.

Nous travaillons tous les trois avec mes collaborateurs, enfermés à l'Assemblée nationale, salle Visconti. C'est la suspension parlementaire de printemps. Il n'y a pas un chat. On m'envoie une capture d'écran : la veille, l'émission *Quotidien* sur TMC a évoqué le départ de Françoise Nyssen et mis ma photo et la photo de Franck Riester en médaillon comme les potentiels remplaçants. Il est vrai que Franck Riester y travaille depuis le début du mandat. Avec Thierry Solère, ils ont monté le parti AGIR pour peser et Thierry Solère, inquiété par la justice, lui a laissé la place. Toujours au nom de l'exemplarité, j'imagine, il occupera les fonctions de conseiller politique auprès d'Édouard Philippe puis d'Emmanuel Macron. Leur fonction, recruter à droite, « faire travailler la poutre » comme dira Édouard Philippe ; Franck Riester sera effectivement récompensé et nommé ministre de la Culture. Cela interviendra au moment même où il décide de quitter la commission culture, où il n'a d'ailleurs jamais mis les pieds depuis le début du mandat, pour rejoindre la commission défense, où il y a moins de travail, car il n'y a pas ou très peu de textes débattus en séance.

Il s'occupe essentiellement de son parti AGIR, qui fait partie des sésames pour devenir ministre et le rester, davantage que du sujet culture.

Pour devenir ministre, il est maintenant devenu totalement superflu pour certaines et certains que cela récompense un travail reconnu dans le secteur concerné. Franck Riester vit quant à lui sur ses acquis, lorsqu'il a été rapporteur du texte Hadopi. Je l'aime bien par ailleurs même si je ne partage pas ses idées, qui ont sacrément vieilli en matière d'audiovisuel public et qui, intégrées finalement au projet de loi sur l'audiovisuel, ne passeront pas l'étape de la crise sanitaire et seront comme on l'a vu abandonnées en chemin. Pratique. Mais il fait illusion, et c'est le principal. Je lui envoie donc la photo en plaisantant : « Il y en a qui nous veulent du bien. » En effet, sortir des noms, c'est généralement condamner ceux dont les noms sont sortis à ne pas obtenir le poste concerné…

Il me répond qu'il est « au soleil », aux Bahamas, si je me souviens bien, ou en tout cas très loin, dans un lieu exotique… Cela m'amuse, et je dis à mes collaborateurs : « Vous voyez… Nous, on bosse. On croit à ce que l'on fait. Avec de fortes chances que cela déplaise au pouvoir et que tout cela n'ait servi à rien. Lui, il est au soleil. Il s'est occupé non d'agir mais bien d'AGIR, le parti, depuis deux ans… » et j'en conclus : « Il sera certainement ministre. »

Il le deviendra effectivement puis sera remercié et rétrogradé au rang de ministre délégué. Mais il reste ministre. Et comme on l'a vu, il en est reconnaissant au président puisqu'il torpillera en janvier 2022, à sa demande, le rapprochement avec le parti Horizons d'Édouard Philippe.

Mariage qui aurait apporté des moyens financiers supplémentaires conséquents en guise de dot.

Mais ce qui me fascine, c'est que son premier acte en tant que ministre sera de défendre la loi contre les fausses informations lors du vote solennel dans l'hémicycle alors qu'en tant que co-président du groupe UDI AGIR, il avait appelé à voter contre ou à s'abstenir. Comme quoi ! Pourquoi être conséquent ?

À l'image d'Olivier Dussopt qui vote contre le budget 2018, mais se retrouve secrétaire d'État à peine un mois après. D'autres se sont fait éjecter du groupe En marche pour moins que ça. Mais c'est une prise socialiste. Cela fait sourire, mais à ce moment-là ça compte encore. Tout lui est donc pardonné, y compris le « péché mortel » que constitue, selon Richard Ferrand, le non-vote du budget et qui vaut, en temps normal, exclusion immédiate.

J'ai rendez-vous ensuite avec Gilles Boyer et Fanny Le Luel. Gilles Boyer m'a proposé plutôt gentiment cette réunion, après que je lui ai relaté l'échange avec Fanny Le Luel, lors de l'affaire Benalla. Il est d'une loyauté sans faille à Édouard Philippe, mais il n'est pas adepte des méthodes brutales.

Nous sommes censés évoquer le sort qui me sera dorénavant réservé ainsi qu'à cette mission sur la musique et les neurosciences qui me tient à cœur. L'échange commence. Je me fais réprimander par Fanny Le Luel. Pour elle, il est tout simplement inadmissible d'oser se comporter comme je me suis comportée avec un Premier ministre. Gilles se tait puis en rajoute. Je vois qu'il ne se prend pas très au sérieux en le faisant, mais il le fait. C'est triste à voir. Il joue la réprimande. Fanny Le Luel de son côté est très sérieuse. Je leur réponds : « Donc si réaliser des coupes budgétaires, en fait des rabots, sans suivi et évaluation et proposer le passage de France 4 sur internet sont des absurdités, si je pense que la mécanique est en place pour marginaliser de plus en plus le service public, que le Premier ministre me cloue au pilori en inventant un mensonge, je ne dois rien dire ?

— Oui, me répond Fanny Le Luel, c'est comme ça. »

Hors de question de discuter du fond, c'est sans intérêt pour eux. Le problème, c'est la forme. Les décisions sont prises, elles doivent s'appliquer coûte que coûte. Pour toutes celles et ceux qui sont impliqué·es en politique, ma remarque apparaîtra comme particulièrement naïve. Ils ont raison sur un point : la politique ne fonctionne pas comme cela. Avoir raison sur le fond n'est pas un argument. Ce qui compte, c'est obéir, et il ne faut surtout pas récompenser le travail ou la « singularité » s'ils sont en contradiction avec les décisions prises par celle ou celui qui exerce le pouvoir. Ce n'est donc pas pour eux que je raconte cet entretien, c'est pour que chacun comprenne comment cela fonctionne dans la réalité de l'exercice du pouvoir au quotidien. Parce qu'eux comprennent qu'ainsi nous allons droit dans le mur.

Je leur demande ensuite : « Et ma mission dans tout cela ? »

Ils me répondent tous les deux qu'ils vont en parler à Édouard, « mais que ce que j'ai fait est inadmissible et qu'il faut que je change de comportement. »

Je réponds simplement : « Vous revenez vers moi quand ? »

Dans une semaine environ. Ils sont contents d'eux, ils savourent le fait de me laisser encore un temps dans mon jus. J'ai été punie et mise au coin. Ils se disent que je ne vais donc pas recommencer. Je comprends effectivement à demi-mot qu'ils vont revenir vers moi pour me donner cette mission, mais que la contrepartie sera dorénavant silence et soumission pour le reste du mandat.

Ils sont sûrs d'eux et dominateurs.

Quel que soit l'attachement profond que j'ai pour cette mission, je sais que pour ma part, c'est juste inenvisageable.

J'ai déjà pris ma décision.

C'est un crève-cœur, mais je ne paierai pas ce prix.

Je sais maintenant que je vais partir. Je dois juste décider quand exactement. À ce moment-là, rien ne presse. Je me dis que cela peut être maintenant, en septembre 2018, comme en décembre, date limite à mes yeux. Mais quelque chose en moi, une petite voix intérieure, me dit qu'il faut que je parte vite. Pourquoi ?

Je l'avoue, à ce moment précis, je ne sais pas, mais je ressens comme une urgence à le faire et je m'applique toujours à suivre ce genre d'intuition. Mais je veux faire cela correctement. Ce qui veut aussi dire que je dois à la fois informer Emmanuel Macron et expliquer mon départ, cela dans une interview.

Je décide de faire uniquement trois médias. Une interview écrite avec *Le Parisien*, qui est plutôt neutre politiquement et qui correspond plus à ma circonscription, qui se situe en région parisienne. Elle est prévue pour paraitre dans l'édition papier le lundi 17 et en ligne dès le dimanche soir.

Une radio. Je préfère ne pas faire de matinale du lundi, car je voudrais avoir la possibilité de laisser En marche réagir avant de répondre aux éventuelles attaques. Ce sera donc Europe 1 à 18 h 00 avec Sonia Mabrouk.

Enfin, j'accepte le plateau de Bruce Toussaint, le soir, sur BFM.

Je ne veux rien faire d'autre pour ne pas être accusée de vouloir me médiatiser puisque là n'est pas l'objectif. L'objectif est d'être comprise.

Dans la foulée, j'enverrai un courrier de cinq pages aux électeurs de ma circonscription. Il est important de leur expliquer que je quitte la majorité car elle a trahi les engagements de la campagne et que c'est par respect de ces derniers que j'agis ainsi. Je sais que certains instrumentaliseront de toute façon ce départ mais, à la différence d'En marche, je crois en la transparence et en l'intelligence de chacun.

Je sais qu'un autre devoir m'incombe : celui de prévenir Emmanuel Macron. Je l'informe donc que cela s'est très mal passé avec Françoise Nyssen ainsi qu'avec les collaborateurs d'Édouard Philippe. Je suis convaincue qu'il ne me répondra pas et que cela me donnera une bonne excuse. Mais il va me répondre immédiatement : « Je m'en occupe. »

Je comprends qu'il va demander à ce que je réalise la mission qui me tient à cœur, puisque c'est bien la formule qu'il a employée les deux fois où il est intervenu en ma faveur : « Je m'en occupe », et effectivement dans la foulée les arbitrages ont été rendus en ma faveur. Si c'est le cas, c'est un geste positif de sa part. Et il m'oblige. Je risque donc d'être coincée. Il sait pourtant que tout est allé beaucoup trop loin sur d'autres sujets.

Je lui explique donc, entre les lignes, pourquoi cela ne me suffit pas à mes yeux d'obtenir cette mission. Mais cette fois-ci, il ne me répond pas. Et je n'insiste pas.

J'ai déjà mon rendez-vous avec la journaliste du *Parisien*. Le dimanche suivant, j'envoie juste un nouveau message à Emmanuel Macron où je lui annonce cette fois-ci ouvertement que je pars et que j'ai fait une interview qui sortira une heure plus tard. Je lui dis que je rejoins à nouveau ma famille politique, l'UDI et le groupe constructif UDI AGIR à l'Assemblée nationale. Il ne répondra pas non plus à ce message. Mais lorsqu'il prendra connaissance de mon interview, il m'enverra alors un message auquel je ne m'attendais pas, car je suis effectivement convaincue qu'il va immédiatement couper les ponts. L'échange est presque puéril et me surprend.

Le lundi, je m'attends à ce qu'on lâche sur moi le couple « Underwood juniors », habitué de l'exercice. Il n'en sera rien.

Il n'y aura pas ou peu de réactions. J'ai fait les choses correctement. Mais on peut aussi imaginer que c'est une manière de me signifier que je n'ai aucune importance. Que ce soit parce qu'Emmanuel Macron a demandé cette bienveillance ou qu'il a préféré l'indifférence, pour moi, le résultat est le même et cela ne change rien. Je me déterminerai en fonction des actes.

Nicolas Hulot a donné sa démission le 28 août. Personne ne s'y attendait. Lui n'a prévenu personne. Cela s'est passé sur France Inter. Acculé, il dira : « Je n'ai pas envie de continuer à mentir. »

Je le comprends. Il quittera donc le gouvernement car il avoue avoir le sentiment de mentir aux Français en restant ministre de la Transition écologique et solidaire. Mais l'on apprendra plus tard, que sur un autre sujet grave, il ne dira peut-être pas non plus toute la vérité aux Français : celui de son rapport avec les femmes.

Lors de l'annonce de mon départ, les demandes d'interview pleuvent. Tout simplement parce que je fais partie des deux premiers députés à partir. Mais je garderai ma ligne de conduite et ne céderai pas aux sirènes. C'est aussi pour cela, je pense, que je n'ai pas reçu un tombereau d'injures.

Mes collègues sont très surpris. Certains m'en veulent de ne pas les avoir prévenus. C'est ridicule, ils savent bien que prévenir un seul d'entre eux, c'est rendre l'information immédiatement publique. J'ai fait ce que j'avais à faire, prévenir Emmanuel Macron.

Gérard Collomb, quant à lui, annoncera sa démission le mardi 18 septembre. Heureusement que j'avais déjà prévu d'annoncer ma décision de quitter le groupe En marche le 16 au soir et que tout était déjà prêt depuis une semaine. Gérard Collomb parle de l'hubris d'Emmanuel Macron. C'est énorme de la part d'un ministre qui n'a rien assumé dans l'affaire Benalla, qui ne passait plus les portes et qui invitait les députés à dîner, non pas pour échanger sur ses lois, mais pour menacer de démissionner à la moindre remarque, y compris constructive. Il sortait des sondages d'opinion pour justifier les dispositifs inefficients mais assurément et potentiellement liberticides de ses projets de loi et envoyait promener quiconque osait émettre un avis contraire, même nuancé.

Je partirai ensuite en déplacement officiel au Canada comme prévu avec des députés de la majorité. Tout se passera bien.

Personne ne pourra dire que je quitte le bateau au moment de la tempête alors que ma décision est prise depuis trois semaines. Ce que Gilles Le Gendre[42] et Stanislas Guerini[43] laisseront tout de même entendre, mais sans agressivité particulière.

Néanmoins, j'ai encore un espoir chevillé au corps. Certains diront une illusion. J'accepte le terme. Je pense encore que ce n'est pas Emmanuel Macron qui a décidé de cela. Je pense encore que l'on ne peut pas écrire *Révolution* et épouser aussi vite de telles méthodes conformistes et mortifères. Ce ne peut être lui. Il est juste entouré de personnes qui ne comprennent pas ce dont il est porteur. D'Édouard Philippe à Alexis Kohler, qu'il a pourtant soigneusement choisis, en passant par Benoît Ribadeau-Dumas,

42. Membre de LREM, il est élu député dans la deuxième circonscription de Paris lors des élections législatives de 2017. Il est successivement vice-président puis, jusqu'en 2020, président du groupe LREM à l'Assemblée nationale.
43. À la fin de l'année 2018, il succède à Christophe Castaner comme délégué général de LREM.

le directeur de cabinet d'Édouard Philippe, ou Marc Guillaume, le secrétaire général du gouvernement.

Je suis encore dans le déni. Parce que j'aimerais tellement y croire…

D'ailleurs Emmanuel Macron a effectivement arbitré en ma faveur sur certains sujets contre la volonté de Françoise Nyssen, de Marc Schwartz, son directeur de cabinet, de Gabriel Attal et malgré Alexis Kohler. Je lui fais, on le sait, systématiquement part de ce que je pense et de ce que je fais lorsque je ne suis pas d'accord. Par loyauté. Parce que je pense que l'on ne peut construire que dans la confiance. Enfin, il semble que l'on peut oser lui dire beaucoup de choses sans qu'il en prenne ombrage. Cela me change des dirigeants politiques qui ne vous adressent plus la parole dès lors que vous avez osé leur dire que vous ne partagez pas le même avis qu'eux ou que vous émettez des nuances. À l'instar de François Bayrou, Valérie Pécresse et tant d'autres qui refusent même de vous recevoir et d'échanger avec vous sur le fond alors que vous faites partie de leurs proches ou de leur propre majorité.

Emmanuel Macron ne prend pas mal mes messages, mes éventuelles critiques. C'est ce qui me fait dire alors : « Je quitte le groupe En marche, je ne quitte pas Emmanuel Macron. » J'aime encore chez Emmanuel Macron ce que je pense être de l'ouverture intellectuelle. Je comprendrai bien trop tard que c'est une manière de continuer à séduire sans ne serait-ce qu'écouter et encore moins entendre. Cela revient finalement à traiter le message et le messager avec le même calcul froid. Les députés sont des pions sur lesquels il compte pour obtenir la majorité à l'Assemblée nationale, car ils ont été élus grâce à lui. Donc ce que ces derniers peuvent dire n'a aucune importance pour lui. Derrière une apparente tolérance se cache en réalité une totale indifférence.

Je vais mettre encore plusieurs mois avant de me rendre compte qu'Emmanuel Macron est à lui seul le système qu'il dénonce.

Mais aussi que moins il est libre, plus il veut donner le sentiment de l'être, d'où ses provocations.

Il s'invente un monde auquel il croit fermement. Cette invention abstraite, il la prend comme ce qui serait sa propre liberté.

Mais dans la réalité, on va assister à la banalisation de l'absence d'exemplarité et à l'inversion de toutes les valeurs qu'il a promues pendant sa campagne et qui avaient permis de dégager cette incroyable énergie positive qui l'a porté vers le pouvoir.

De la bienveillance en étendard, nous sommes passés aux petites phrases vexantes et discriminantes qui s'enchaînent malgré les promesses de se réinventer.

Oser toujours.

Oser dire le pire.

Laisser chacun s'y habituer petit à petit. Et s'étonner des outrances que d'autres s'autorisent.

Et pour finir cliver, cliver encore.

Je me suis souvent demandé comment un président de la République peut se retrouver à dire : « Dans les gares, on croise des gens qui ont réussi et des gens qui ne sont rien[44]. »

Même sortie de son contexte, manipulée dans tous les sens, cette phrase est impossible à imaginer.

Nous sommes en septembre 2018. Nous ne sommes pas encore ce 4 janvier 2022 où il décidera que les non-vaccinés ne sont plus des citoyens.

44. Déclaration d'Emmanuel Macron le 29 juin 2017, lors de l'inauguration d'un incubateur de start-up dans l'ancienne halle Freyssinet à Paris.

Du souci de ne laisser personne au bord de la route, nous sommes passés à l'indifférence, au mépris, à la volonté de « réduire » les réfractaires. À moins que pour Emmanuel Macron, les personnes qui disparaissent de son regard, coincées dans « les plis de la société », ne soient tout simplement rien.

C'est bien sûr de cette indifférence, entre cynisme et déconnexion, que naîtra le mouvement des Gilets jaunes.

CHAPITRE 5

Les Gilets jaunes

À partir de l'automne 2018, l'annonce de la taxe carbone qui vient s'ajouter à la hausse des prix du pétrole, faisant flamber la facture essence des Français, mettra plus de deux cent mille personnes avec leur gilet jaune dans la rue, transformant les ronds-points en lieux symboliques de convivialité et de partage.

La taxe carbone ne sera pas affectée à la transition climatique, et donc à l'objectif affiché, mais au budget général. Elle ne sera assortie d'aucune mesure d'accompagnement pour les moins favorisés. Nous sommes de plus en plus loin des promesses de bienveillance et de prise en compte de la complexité… Emmanuel Macron ne cédera pas. Il a promis d'aller plus fort et plus vite. Ce seront les maîtres mots jusqu'au bout du quinquennat.

Le bras de fer va se poursuivre jusqu'à ce qu'il n'y ait plus de combattants. L'incendie de la défiance a pris et ne peut pas être arrêté en jetant un simple seau d'eau et en sifflant simplement la fin de la partie. La défiance existe bien sûr dans d'autres pays, mais rares sont les pays dits démocratiques où elle atteint ce niveau-là et où le président déclenche tant de haine.

Elle grandira tout au long du quinquennat et Emmanuel Macron ne fera pas un geste pour l'éviter. Bien au contraire : le clivage et la polarisation sont ses principaux alliés. Il fera de la fracturation de la société son tremplin.

C'est à cette époque bien la violence avec laquelle seront traités les Gilets jaunes qui me glace.

Cette indifférence vertigineuse et cette volonté de cliver, de séparer. Emmanuel Macron n'a jamais, je dis bien jamais, prononcé une seule fois les mots de « Gilets jaunes » avant juillet 2019. Parce que tout simplement ce que l'on ne nomme pas n'existe pas. Et c'est bien ce mépris qui est inacceptable.

Que l'on s'oppose aux *black blocks*, aux « casseurs » venus de partout, surtout des extrêmes, c'est une nécessité absolue pour permettre à chaque citoyen de manifester en paix. Mais que l'on ne tende pas la main, que l'on n'ouvre pas son cœur à celles et ceux qui, invisibles, ont choisi symboliquement de revêtir la chasuble jaune... Un président ne devrait pas faire cela.

Ces scènes sont marquantes : dans l'hémicycle, un député France insoumise se lève pour lire les noms des citoyens blessés par les forces de l'ordre. Le ministre de l'Intérieur se lève pour lire le nom des policiers blessés par les manifestants. Alors à mon tour, je me lève pour dénoncer cette hystérie à opposer la vie des uns à la vie des autres.

Ce clivage aura la vie dure. Bien des mois après, c'est ce que traduira le préfet Lallement s'adressant à une femme revêtue d'un gilet jaune : « Madame, nous ne sommes pas dans le même camp. »

De l'indifférence et du mépris, il y en aura encore face aux résultats du Grand Débat national[45] qu'Emmanuel

45. Le Grand Débat national est un débat public, qui a lieu entre le 15 janvier et le 15 mars 2019, voulu par le président de la République dans le contexte du mouvement des Gilets jaunes, autour de quatre thèmes : transition écolo-

Macron avait lui-même initié. Il n'y aura aucune restitution des cahiers de doléances ou des simples courriers manuscrits. Seules seront dépouillées les contributions numériques. On creuse les fractures à nouveau, sans états d'âme.

Il apparaîtra par ailleurs qu'il n'y a que 1,9 million de personnes qui ont participé aux consultations numériques. Deux millions de personnes avaient signé la pétition contre l'inaction de l'État contre le réchauffement climatique, et le président de la République l'avait balayée du revers de la main en expliquant que ce n'est pas comme cela que l'on fait…

Le Grand Débat sera une grande réussite pour la communication d'Emmanuel Macron. Il sera immédiatement transformé en succès par la plupart des médias, impressionnés et fascinés par un président capable de tenir une performance oratoire de huit heures.

Mais c'est de fait un échec pour la démocratie. D'abord, 1,9 million de contributions individuelles, c'est un chiffre faible en réalité, et le contenu de cette consultation sera totalement oublié. On sait aussi maintenant ce qu'il est advenu de la Convention citoyenne sur le climat et du référendum promis…

Mais fin mars 2019, le temps presse, les élections européennes approchent et il faut attaquer une autre séquence. On nous explique que le président va faire des annonces avant même la fin du dépouillement. C'est vrai, pourquoi dépouiller finalement ?

---

gique, fiscalité, démocratie et citoyenneté, organisation de l'État et des services publics.
L'organisation prévoit la remontée des cahiers de doléances et des échanges entre citoyens et maires, des débats locaux, un site internet dédié où chaque citoyen peut donner son avis et formuler des propositions, l'organisation de conférences nationales et régionales.

Ce samedi de mars 2019, je suis sur le plateau d'une chaîne d'information en continu. Nous sommes censés évoquer les résultats du Grand Débat, faire le point sur les préoccupations et les propositions des Françaises et des Français. Sibeth Ndiaye, alors porte-parole du gouvernement, a déclaré que les annonces d'Emmanuel Macron allaient provoquer un « effet de sidération », et le journaliste me demande ce que j'en pense. Je le regarde interloquée : « Je croyais que nous étions là pour évoquer la restitution du Grand Débat et vous me demandez de commenter quelque chose qui n'a pas eu lieu, que l'on ne connaît donc pas, mais qu'il faudrait déjà qualifier de sidérant ? » Le journaliste a totalement intégré les éléments de langage de l'Élysée. Je lui propose donc que nous parlions d'abord de la restitution, tronquée, du Grand Débat et des fractures que l'on creuse. Il me regarde bouche bée comme si je lui parlais en chinois. Le sociologue qui est à ma droite me dira à voix basse pendant la pause publicitaire : « Vous avez raison, mais on ne peut pas le dire. Cela va faire monter le Front national. »

À peine sortie du plateau, un éditorialiste vient également me voir. Il me glisse la même remarque : « Vous avez raison, mais on ne peut pas le dire. Personne ne peut critiquer le Grand Débat. La direction nous en empêche, cela n'est pas compris, car les Français veulent du positif. Et puis il paraît que si nous le faisons, nous sommes menacés de renumérotation. » En effet, l'annonce de la suppression de la fréquence TNT de France 4, placée donc en quatrième position de réception, a ouvert les appétits du côté des chaînes d'information et autorisé à imaginer qu'il peut y avoir des possibilités d'avancer dans la numérotation ou bien de rester loin derrière.

Je suis stupéfaite qu'il soit aussi facile d'impressionner un des médias les plus en vue. Et penser que les téléspectateurs ont aussi peu d'esprit critique me semble gravissime.

Le jour prévu pour les annonces du président, Notre-Dame de Paris prend feu.

C'est la consternation dans le monde entier. L'émotion est palpable. L'effet de sidération a bien eu lieu. Ce n'est certes pas celui auquel on s'attendait. Emmanuel Macron, inspiré, promettra ni plus ni moins de la reconstruire en cinq ans et « plus belle encore ». Une information chasse l'autre. Et être constamment en mouvement permet de ne pas être pris en défaut.

Enfin, campagne des européennes oblige, il va lui être possible d'illustrer concrètement la théorie des « nationalistes » contre les « progressistes ». En effet, Emmanuel Macron a l'obsession des échéances électorales, avec cette détermination à conforter un noyau dur qui lui permettrait d'être au second tour face alors à Marine Le Pen. Éric Zemmour ne s'est pas encore invité dans la campagne. Ainsi, il n'a plus à se soucier de réconcilier ou convaincre puisqu'il lui suffit d'être constamment en mouvement, d'être dans la surenchère par rapport aux uns et aux autres, pour s'assurer la victoire, tout en étant pardonné faute d'« alternative » ? Un jeu pourtant dangereux, qui scinde un peu plus la France et auquel il se prête depuis le jour où il a conceptualisé cette fracture entre nationalistes et progressistes, qu'il est possible de mettre en avant à chaque élection sous une autre forme… Vaccinés contre non-vaccinés. Une partie de poker sans cesse rejouée aux dépens des Français qui seraient tout simplement privés de choix, ou face à des alternatives toutes plus clivantes les unes que les autres.

Le mouvement des Gilets jaunes a renforcé Emmanuel Macron au lieu de le mettre à terre. Les électeurs de droite vont se rapprocher de lui. Ses performances oratoires fascinent et surtout les peurs légitimes provoquées par les violences entraînent un besoin d'ordre et de sécurité qu'incarne généralement le pouvoir en place pour un électorat « légitimiste ». Que les violences aient continué avec ampleur chaque samedi ne sera pas mis au débit du gouvernement, au contraire. Et le mouvement ne pouvait donc que s'essouffler. La spontanéité et les solidarités des premiers jours se sont vite estompées face aux casseurs. Emmanuel Macron avait indirectement un intérêt à laisser voir cette violence pour mieux incarner ordre et autorité.

Ce n'est pas un procès d'intention que je fais, c'est un constat.

La preuve de cet amateurisme mortifère intervient quand, pour l'acte XVIII des Gilets jaunes, le samedi 16 mars 2019, pressenti comme une date de forte mobilisation et donc au cours de laquelle on ne pouvait que s'attendre à des actions violentes, Emmanuel Macron est au ski. Comme une énième provocation, ce pied de nez aux Français qui ne partiront quant à eux jamais au ski.

Combien de témoignages ai-je reçus pendant cette période, de policiers ou de gendarmes à qui on demandait de ne pas intervenir, même lorsque les conditions le permettaient contre des casseurs isolés alors que des centaines de simples citoyens seront quant à eux éloignés, blessés ou mis en garde à vue ?

Combien l'ont été indûment alors que d'autres, très violents, poursuivaient leur course sans être arrêtés à un quelconque moment ?

Ces policiers, aussi, à qui on a confié des lanceurs de balles de défense alors qu'ils sont réservés à des unités spéciales, que ces agents n'ont pas été formés pour s'en servir ou s'en sont servis dans des conditions qui n'étaient pas les bonnes, ce qui a jeté l'opprobre sur le maintien de l'ordre en général. Sur tous ceux qui ont appris à maîtriser ces techniques et dont l'objectif est de nous protéger en évitant les dangereux corps-à-corps, non de s'en servir comme armes d'attaque.

Car les forces de l'ordre sont, il faut le rappeler, avant tout là pour protéger le droit de manifester et les manifestants. On leur a fait souvent jouer un rôle qui n'était pas le leur. On a abîmé aussi les forces de l'ordre. On a abîmé de simples citoyennes et citoyens. On a fait cela, « en même temps », sans états d'âme.

Je me souviens aussi de ce jour particulier, le 9 février 2019, où l'Assemblée nationale a été prise pour cible et où par ailleurs un rapport de police a fait état d'une situation absolument ubuesque où un casseur seul dans des rues désertées de Paris a été suivi pendant quatre heures par la police, commettant violence sur violence, sans jamais une seule intervention pour l'arrêter. Jusqu'à assister à l'incendie d'un véhicule Vigipirate.

De simples citoyens étaient dans le même temps interpellés, certains mis en garde à vue, de manière illégale, car il fallait aussi afficher des chiffres pour donner le sentiment de l'action. Les recours juridiques sont nombreux et la justice invalidera la plupart de ces gardes à vue. Ce sera longtemps après, et entre-temps, ce qui restera, c'est ce lien abîmé entre police et citoyens. C'est ce que m'ont dit redouter de hauts cadres dirigeants dans la gendarmerie.

Notons enfin comment les mots ont été instrumentalisés (le ministre de l'Intérieur, Christophe Castaner, qui a dit « ils sont là pour tuer », « les séditieux », etc.) pour faire peur et mettre de l'huile sur le feu, et provoquer ce que l'on prétend faire cesser… ? Comment des milliers de CRS ont-ils été contraints de garder des ministères, alors que celui des Relations avec le Parlement allait être saccagé[46] ? Qui peut croire que l'on puisse aussi facilement se saisir d'un engin de chantier que l'on aurait laissé négligemment dans la rue en plein épisode des Gilets jaunes pour venir défoncer les portes d'un ministère sans que rien ne vous arrête ? Et si c'est le cas, c'est tout aussi grave.

En septembre 2018, j'avais donc dit « je quitte le groupe En marche, je ne quitte pas Emmanuel Macron ». L'indifférence face aux Gilets jaunes, le recours au 49.3 pour faire passer la réforme des retraites, au tout début de la pandémie, le recours de plus en plus systématique à des projets de loi inefficients mais potentiellement liberticides, le comportement d'Emmanuel Macron sur la scène internationale… Tout cela me heurte. Mais c'est bien, en effet, la crise sanitaire qui va jouer le rôle de révélateur et d'accélérateur des défauts de la Macronie, avec cette tendance à mettre de côté le Parlement, et à diviser encore et toujours un peu plus les Français autour de la vaccination.

Mais laissez-moi tout d'abord revenir quelques années en arrière pour vous conter le milieu de l'audiovisuel et du cinéma.

---

46. Le samedi 5 janvier 2019, lors d'une manifestation de Gilets jaunes, plusieurs personnes ont enfoncé la porte du ministère des Relations avec le Parlement à l'aide d'un engin de chantier et ont vandalisé la cour.

CHAPITRE 6

La bataille Canal+/TPS

En 1997, je deviens présidente de la Chambre syndicale des producteurs de films, un des plus puissants syndicats de producteurs. Je viens de démissionner, de rendre ma délégation de maire adjointe chargée des affaires culturelles à Antony, et de quitter le conseil municipal. J'ai toujours la même motivation, m'occuper de sujets d'intérêt général. Cette fois-ci, c'est l'occasion qui se présente de prendre en charge un mandat syndical. Je serai alors la première femme à accéder à cette fonction puis la première à être élue face à un autre candidat : jusqu'à présent, les présidents étaient cooptés. J'aurai le soutien alors d'Alain Poiré, le grand producteur de Gaumont qui, après dix ans de présidence de la Chambre syndicale et à quatre-vingts ans, proposait de passer la main, et le soutien de Christine Gouze-Rénal[47]. Je dis cela, car le fait qu'un homme de quatre-vingts ans pousse une femme pour le remplacer à l'époque était assez incroyable. Et qu'une femme pousse une autre femme également. Car sans vouloir déchaîner les passions en affirmant cela, certaines (je dis bien certaines)

47. Productrice de films pour le cinéma et la télévision française. Épouse de l'acteur Roger Hanin.

femmes ayant accédé à des postes de pouvoir sont très contentes d'être en petit nombre et déploient toute leur énergie pour contrer l'arrivée de nouvelles femmes. Les hommes ne sont pas en reste et cela ne dépend aucunement du genre.

Je remercie donc Alain Poiré et Christine Gouze-Rénal, qui sont des producteurs respectés, de m'avoir soutenue et d'avoir défié les pronostics. Je gagnai d'ailleurs à une seule voix !

J'étais alors mécaniquement amenée à prendre pour un an la présidence tournante du BLIC, le Bureau de liaison des industries cinématographiques, qui réunissait à l'époque tous les syndicats du cinéma. Ce n'est plus le cas aujourd'hui où la profession est, pour faire court, scindée en deux entités qui regroupent une myriade d'organisations.

Ce que je ne sais pas encore et à quoi je ne suis pas préparée, c'est que mes présidences coïncideront avec l'adoption en 1998 de la directive européenne « Télévision sans frontières » (TVSF).

Cette directive allait entraîner un changement profond dans la nature de la régulation des services de média et de ce fait, provoquer une guerre de trois ans dont les conséquences allaient durer au moins dix ans.

Tout le monde a entendu parler aujourd'hui de la « chronologie des médias », notion complexe qui a réapparu dans le débat public avec l'arrivée des plateformes d'offres légales par abonnement comme Netflix, Amazon Prime, Disney+ ou Apple TV. La chronologie des médias, c'est ce qui accorde de pouvoir exploiter un film à un moment et dans un temps donnés, en garantissant à chaque support d'exploitation une exclusivité qui lui permet d'assurer un retour sur l'investissement qu'il a fait dans le film. À l'époque, un film de cinéma sortait d'abord en salle, puis était exploité en vidéo au bout de neuf mois, puis par Canal+, seule chaîne payante, au bout d'un an, puis par une chaîne en clair gratuite comme TF1, M6 ou France Télévisions au bout de vingt-quatre mois si la chaîne était coproductrice du film ; trente-six mois si elle ne l'était pas.

Cette chronologie était alors fixée par décret par le ministre de la Culture. Or la directive TVSF de 1998 interdira que cette chronologie puisse être fixée par la loi ou le règlement, à l'exception de la vidéo qui reste un support physique.

Il devenait alors obligatoire que cette chronologie soit fixée soit par contrat individuel, soit par accord interprofessionnel. Le recours à l'accord individuel par contrat passé avec un diffuseur dont la position économique était ultradominante face aux producteurs indépendants constituant une solution inenvisageable. La profession était donc condamnée à trouver un accord, mais sans possibilité alors d'arbitrage concret du ministre à travers un décret couperet.

Cela aurait pu être simple. Il aurait pu suffire d'entériner la situation donc le contenu du décret de l'époque, mais au même moment se produisait un autre événement majeur : l'arrivée de TPS, une nouvelle chaîne de télévision payante proposant une offre de cinéma et au capital de laquelle l'ensemble des chaînes en clair avaient décidé de participer, y compris donc à l'époque le service public de l'audiovisuel. Il s'agissait donc de l'arrivée d'un concurrent possible à Canal+, qui était depuis 1984 en situation de monopole. Situation qui était pourtant une exception en Europe.

Or le tout nouveau TPS n'a bien sûr pas les moyens de Canal+ et ne peut lui faire de concurrence frontale. Les dirigeants de TPS vont alors inventer une nouvelle fenêtre d'exploitation des films qui devra s'inscrire dans la chronologie des médias : la fameuse « deuxième fenêtre de télévision payante » dont la diffusion s'inscrira plus tard dans le temps, après le passage Canal+ (qui prend donc alors le nom de « première fenêtre de diffusion ») et avant le passage du film sur une chaîne en clair. Cela va entraîner une véritable déflagration.

De mon côté, je viens de lancer ma propre société de production avec un accord avec Polygram d'un côté et un accord avec Studiocanal de l'autre.

J'ai alors un rapport d'amitié et de confiance avec Pierre Lescure et Alain De Greef. Studiocanal a notamment coproduit mon premier film en tant que productrice déléguée et exécutive, un film désormais dit « culte », *Dobermann* de Jan Kounen avec Vincent Cassel et Monica Bellucci.

Seul l'esprit Canal de l'époque, incarné par Canal+ Écriture, Alain De Greef qui nous a malheureusement quittés, Nicolas Boukhrief, aujourd'hui réalisateur, et Richard Grandpierre, aujourd'hui producteur, permettra au premier film de Jan Kounen de voir le jour.

Polygram s'est fait tirer l'oreille avant d'accepter de plonger dans l'aventure, et sans Studiocanal le film n'existerait donc tout simplement pas.

Lorsque je prends la tête des syndicats et que je dois affronter l'enjeu de la négociation du désormais incontournable « accord interprofessionnel », je dois faire face à deux loyautés.

D'un côté, j'ai un accord avec Studiocanal qui m'assure une certaine stabilité en tant que productrice. Un accord dont beaucoup rêvent, je dois le dire. Mais de l'autre, je dois respecter le mandat qui m'a été confié de défendre l'intérêt général du secteur et du plus grand nombre.

Le plus « simple » serait de privilégier mon accord, mon intérêt personnel, et d'utiliser, comme un autre président de syndicat le fera, ma fonction pour être le faux nez des intérêts de Canal+, quoi qu'il en coûte pour la profession, en améliorant ainsi ma position personnelle.

Un deuxième choix est de quitter la présidence des syndicats pour ne pas risquer de subir les conséquences individuelles de la bataille qui se profile.

Mais je sais alors que celle ou celui qui prendra la relève n'aura certainement pas les mêmes scrupules que moi. Je décide donc de rester présidente, d'affronter les risques et de faire de la défense de l'intérêt général dans ses aspects non corporatistes (j'y tiens) de la profession une priorité.

C'est ce qui m'anime, car je sais qu'à travers l'arrivée de TPS se joue une autre valeur qui fait partie de celles qui fondent la démocratie. La démocratie, c'est préserver la possibilité de choix. Ce que ne permet pas un monopole.

Je tente donc une nouvelle fois la franchise.

Je décide d'aller trouver Pierre Lescure et Alain De Greef pour leur dire :

« OK, il y a un nouvel acteur. Le temps du monopole est révolu. Vous n'y pouvez rien. Mais ce qui est important, c'est de trouver le chemin d'un accord interprofessionnel qui garantisse aussi une protection à Canal+. C'est l'intérêt de tous. »

Effectivement, TPS ne propose pas de concurrencer Canal+ frontalement en achetant uniquement des « premières fenêtres » (le fait de diffuser un film un an après la sortie en salle), qui coûtent très cher, mais de panacher avec beaucoup de secondes fenêtres. Canal+ a donc le sentiment qu'ils vont permettre à un film d'exister en l'achetant très cher et que TPS pourra par la suite le récupérer derrière, mais « en solde ». S'offrant par ailleurs avec quelques films achetés plus cher en « premières fenêtres », diffusés donc en première exclusivité, une vitrine de « promotion ».

Ils n'ont pas tout à fait tort, et ce raisonnement fonctionne. Et il est important de préserver les intérêts de Canal, car ils représentent en grande partie les intérêts de la profession, vu sa place dans le secteur. Pourtant, ce raisonnement est aussi plus émotionnel que réel. Car il est aussi possible de réguler ce « panachage », et Canal+ a suffisamment de poids pour peser. La première chose à faire, c'est d'obtenir des garanties sur une période d'exploitation suffisamment longue pour la première fenêtre de Canal+.

Je propose donc la stratégie suivante.

Aujourd'hui, la protection de Canal est d'un an. Canal peut diffuser un film un an après la sortie en salle, et la chaîne en clair gratuite – comme TF1, M6 ou France Télévisions – et accessible à tout le monde peut diffuser un an après Canal, soit deux ans après la sortie salle, lorsqu'elle l'a coproduit. Il faut donc s'assurer que cette protection d'un an soit inchangée et que ce soit les chaînes en clair qui acceptent de reculer leur diffusion pour laisser passer une seconde fenêtre de six mois pour TPS.

Tous deux me disent que je n'y arriverai jamais : cela fait dix ans que les chaînes en clair refusent de reculer leur fenêtre de diffusion des films et demandent au contraire à l'avancer.

Ils me donnent néanmoins officiellement leur feu vert.

J'ai le sentiment d'avoir trouvé une solution qui à la fois préserve les intérêts de Canal et fait naître un second marché pour les films français. Tout le monde est gagnant.

Mais je reconnais qu'il reste un obstacle majeur : pourquoi les chaînes en clair accepteraient-elles effectivement de reculer leur fenêtre de diffusion, ce qui est contraire à l'optimisation de leurs investissements ?

En six mois, j'obtiendrai pourtant l'impensable : l'accord des chaînes en clair pour un recul. Il y a en effet pour elles une opportunité : elles sont toutes au capital de TPS et feront un arbitrage entre leurs propres différents intérêts, ceux des filiales cinéma des chaînes et ceux de la chaîne payante TPS.

L'intérêt de la filiale cinéma de la chaîne en clair qui a investi est de récupérer son investissement au plus vite, l'intérêt de la chaîne est de diffuser également au plus vite. Donc de refuser le recul. Mais l'intérêt des actionnaires de TPS est d'avoir accès à cette deuxième fenêtre. Dans le cas contraire, TPS est condamnée avant même d'avoir existé.

Le choix sera ainsi fait par l'ensemble des chaînes d'accepter le recul de la fenêtre d'exploitation des films sur les chaînes gratuites de vingt-quatre à trente mois.

Mais ce que je ne sais pas, c'est que, si Pierre Lescure et Alain De Greef m'ont donné le feu vert, c'est uniquement parce qu'ils n'ont jamais cru que j'obtiendrais un recul des chaînes en clair. Et ils m'en veulent « à mort » d'avoir réussi.

Lorsqu'ils apprennent que l'accord est trouvé, je suis « convoquée ».

Nous sommes en plein Festival de Cannes. Exactement le 18 mai. Je m'en souviens, car c'est le jour de mon anniversaire. Je suis attendue sur le « bateau Canal » amarré dans le port de la ville. C'est là que, pendant des années, Canal+ organisera des déjeuners et des dîners, comme d'autres acteurs du secteur le font d'ailleurs.

Je suis reçue avec le bazooka. La guerre est déclarée.

Alain De Greef me dit : « On va être pires que Christini dans *Dobermann*[48]. » Le ton est donné et il durera des années. Ils ne laissent aucune place aux explications. Ils

48. Christini est le très méchant personnage incarné par Tchéky Karyo dans le film *Dobermann*.

refusent d'admettre qu'ils trahissent leur propre parole à mon égard.

J'avais été transparente. On avait trouvé un accord. J'ai réussi ce qu'ils estimaient impossible et ils se retournent contre moi.

Je ne regretterai jamais d'avoir de mon côté respecté ma parole même si certaines et certains estimeront que je suis à nouveau très naïve. Je suis surprise et choquée, oui, je l'avoue, mais toujours pas résignée. Je me bats et j'obtiens une concession : que l'on prenne un mois pour mesurer et objectiver l'impact de la seconde fenêtre qu'ils prétendent délétère pour Canal. Un nouvel accord est ainsi passé entre nous.

En fait, ce sera de nouveau un accord de dupe, car ils cherchent à gagner du temps pour s'organiser. Cette longue et douloureuse expérience m'apprendra qu'il ne faut jamais pour autant renier ses valeurs sous prétexte que le jeu est déloyal quand les autres trichent. J'aurai par la suite à vivre bien souvent ce genre d'expérience jusqu'au jour où j'écris ces lignes, mais je resterai fidèle à ce serment que j'ai passé à l'époque avec moi-même, quel qu'en soit le prix, car il a une valeur bien supérieure à toutes ces péripéties.

Pendant ce fameux mois de juin, Canal+ s'organisera pour se mettre en position d'obliger la profession à plier car, individuellement, les producteurs ne pourront pas résister. Ils ont besoin à très court terme de l'argent de Canal+ pour financer leurs films. Un film sans Canal peut difficilement obtenir d'autres financements. D'où, paradoxalement, la nécessité de desserrer l'étau Canal qui, certes, participe de fait et indéniablement au financement de la diversité, mais entretient un clientélisme délétère, une épée de Damoclès qui pèse sur chacun, une forme d'asservissement qui abîme cette même diversité car les films ne sont pas toujours choisis pour de bonnes raisons.

Mais cette situation permettra à certains, présidents de syndicats ou producteurs et productrices « ami·es », d'avoir ainsi l'assurance pendant des années d'avoir au moins un voire deux films par an financé par Canal en échange de « services rendus ». TF1 et le service public n'échapperont pas non plus à cette tactique. Seule M6 s'en préservera.

Canal+ organise donc avec Alain Terzian[49] la manœuvre consistant en la création d'un nouveau syndicat afin de fracturer le BLIC. C'est ainsi qu'est créé le BLOC (le Bureau de liaison des organisations cinématographiques), le syndicat en ce temps des « amis » de Canal+.

Le 15 juin, alors que je suis censée retrouver les équipes de Canal pour connaître les résultats objectifs de l'étude d'impact, ils annoncent la création du BLOC dans la presse. La scission entre le BLIC et le BLOC est ainsi entérinée. Je reçois un coup de téléphone du secrétaire général de l'époque qui me dit : « Nous avons un nouvel interlocuteur. Nous n'avons plus besoin de nous voir. » Nous n'aurons donc jamais d'étude d'impact de la deuxième fenêtre.

C'est ainsi que la guerre que Canal+ me livrera pendant plusieurs années a démarré : Sylvie Ruggieri, qui était alors la directrice de la communication de Canal+, m'a appelée pour me lire la première sentence : « Sache que dorénavant Pierre ne te dira plus bonjour. »

Cela paraît totalement ridicule, mais confirme qu'il s'agissait d'une technique d'ostracisation et que cette dernière fonctionnait a priori efficacement sur d'autres.

Au plus fort de la bataille avec Canal+, Nicolas Seydoux est venu me dire sur un ton très sec, sans réplique : « Frédérique, Pierre Lescure ne me dit plus bonjour, ce

49. Producteur de cinéma français. Il est président de l'Académie des Césars de 2003 à 2020.

n'est pas acceptable. Vous devez changer de comportement et nous devons changer de ligne. » Il entendait malheureusement par là que nous devions céder. Je ne suis pas sûre que Nicolas Seydoux se soit rendu compte à ce moment-là de l'énormité du propos.

De la même manière que certains députés de la majorité hésitent à affirmer leurs convictions et à prendre des risques. De quels risques s'agit-il en l'occurrence ?

Le risque, c'est celui qu'une ou un ministre ne vous dise plus bonjour, c'est de ne plus être invité dans un ministère, de ne plus être consulté, que l'on ne réponde plus à vos messages ?

Et pire encore, qu'un ministre détourne la tête ostensiblement quand il vous voit pour montrer à tout le monde que vous êtes devenu persona non grata ?

Ce qui entraînera en cascade le renoncement de celles et ceux qui pensent qu'elles ou ils n'existent que dans le regard des autres. Tous les pouvoirs, quels qu'ils soient, de gauche ou de droite, car cela a trait uniquement à la nature humaine, ont abusé de cette technique. Mais Emmanuel Macron et certains de ses ministres l'ont portée au plus haut.

On vous fait comprendre que vous ne pourrez plus « travailler », tout simplement « être », parce que vous n'avez pas obéi à une injonction qui vous révulse parce qu'elle vous éloigne de vous-même. Et plus vous acceptez de choses qui vont à l'encontre de vos convictions, plus vous vous trouvez vous-même des excuses pour le faire, plus il y a de banalisation à ce comportement, plus il devient indolore et plus vous entrez dans le déni. Vous vous êtes petit à petit éloigné de vous-même, vous avez trahi vos engagements fondamentaux mais vous ne le sentez plus, vous ne le ressentez plus. Même pas mal. On s'habitue à tout.

Ce qui est profondément triste, c'est qu'il existe des millions de personnes sur la planète qui sont privées de leurs libertés réelles parce qu'on les leur a retirées, parfois avec violence et jusqu'à la mort, mais que là, dans la situation que je décris, c'est nous qui renonçons à l'exercice de notre propre liberté.

Mais revenons à la bataille qui se livre sur le plan professionnel… Ils me font savoir par l'intermédiaire d'amis communs que la guerre sera totale. Avec moi bien sûr, mais avec la profession en général si nous maintenons nos positions.

Ils vont d'ailleurs utiliser une arme de destruction massive : le prochain renouvellement de la convention qui lie Canal+ au cinéma, qui interviendra l'année suivante[50].

Pierre Lescure signifiera alors que s'il y a le moindre accord sur la seconde fenêtre, ou le moindre accord général avec TPS, Canal remettra ses obligations en cause, du fait du simple constat de l'existence d'une concurrence.

Donc la menace est totale et fait trembler toute la profession.

En tant que présidente des syndicats, je tente d'expliquer que, si nous cédons, nous n'aurons pas d'accord avec TPS et nous aurons tout de même également une remise en cause par Canal+ de ses obligations. La double peine.

J'arrive à convaincre car je ne suis pas complètement seule. Ce combat, je le mène en même temps avec l'ARP[51] et son délégué général, Pascal Rogard. Pascal est aussi le délégué général de la Chambre syndicale des producteurs. L'implication des talents et les compétences de Pascal joue-

50. Le niveau des obligations d'investissement de Canal+ dans le cinéma et leurs modalités sont effectivement fixés pour cinq années dans un accord incontournable.

51. L'ARP, ou Société civile des auteurs, réalisateurs et producteurs, est fondée en 1987 à l'initiative du réalisateur Claude Berri. Sa mission est de défendre la diversité des films français et européens, l'indépendance de l'auteur-réalisateur-producteur et la transparence économique de la production cinématographique.

ront bien sûr un rôle plus que déterminant. Jusqu'alors, ce sont la plupart du temps les auteurs et les réalisateurs qui ont eu le courage de résister. Pascal est jusqu'alors le « redouté » directeur général de la Société des auteurs et compositeurs dramatiques (SACD), et le rôle qu'il a joué dans tous les combats menés depuis tant d'années maintenant au nom de la « diversité culturelle » n'est plus à démontrer.

Si j'obtiens le feu vert de mes pairs pour avancer sur un accord avec TPS, il m'est toutefois demandé que je sois systématiquement accompagnée par une personne qui veillera à ce que nous ne nous fâchions surtout pas avec Canal+. Dans tous les rendez-vous qui suivront avec Canal+, Jean Labé, qui préside à l'époque la Fédération nationale des cinémas français et qui est chargé de me « surveiller », commencera invariablement par rappeler à Canal+ tout ce que le cinéma lui doit.

Il faut faire acte d'allégeance en début de chaque réunion. Or si le cinéma doit beaucoup à Canal+, Canal+ doit aussi beaucoup au cinéma, qui a notamment accepté de tendre la main lorsque la chaîne a failli disparaître en 1984.

En effet, Canal+, qui démarre tout juste et est alors loin d'être un des financiers majeurs du cinéma, sera sauvée in extremis grâce à l'amitié de François Mitterrand et d'André Rousselet.

À chaque réunion, j'aurai droit également au petit couplet de Pierre Lescure concernant mon attitude inacceptable, suivi des hochements de tête entendus de Jean Labé.

Cela n'avait aucune importance. C'était juste pathétique, cette allégeance de cour si « française », mais s'il fallait en passer par là pour continuer les négociations d'un accord général avec TPS, soit.

Je me retrouverai dans la même situation avec Édouard Philippe et ses collaborateurs quelques années plus tard en tant que députée, comme nous l'avons vu.

Pierre Lescure restera par la suite seul à bord alors que ses amis ont été licenciés les uns après les autres.

À la première réunion, le ton est donné : Pierre Lescure exige que TOUT ce qui est négocié avec TPS lui soit restitué. Jean Labé acquiesce. Nous donnerons donc systématiquement tout le contenu de nos négociations avec TPS à Canal+. Surréaliste mais vrai.

Pierre Lescure commettra toutefois deux graves erreurs.

C'est souvent ce que sont amenés à faire celles et ceux qui sont aveuglés par leur propre pouvoir et la peur de le perdre. Ils manquent de discernement. Et en général, ils font le choix de la « sécurité », celui de s'appuyer sur les pires travers de la nature humaine pour conforter un pouvoir, acquis pourtant souvent dignement au départ, mais dont ils abîment l'essence lorsqu'il s'agit de le conserver, aveuglés par l'ego ou la peur, ou les deux.

Celles et ceux qui oublient ou n'imaginent tout simplement pas qu'il suffit de quelques personnes voire d'une pour résister et venir gripper les machiavéliques mécanismes dits pourtant de « génie ».

La première erreur, il la commettra face aux négociations avec TPS.

Pierre Lescure est convaincu que les puissants actionnaires de TPS feront un gros chèque pour affronter Canal+. Il est obnubilé par ça. Il n'a pas compris que le naufrage de la Cinq est passé par là et que les actionnaires n'ont aucune envie de perdre des centaines de millions de ce qui reste encore des francs.

Ils mettront ce qu'il faut, mais pas plus. Or l'objet de la convention porte, comme avec Canal+, non sur des montants en valeur absolue (ce sera le cas bien plus tard avec l'arrivée d'Orange dans les contenus), mais sur des pourcentages du chiffre d'affaires, donc des sommes en valeur absolue assez faibles (puisque la chaîne TPS est récente) même si ce que TPS investira dépasse le simple pourcentage du chiffre d'affaires. Elles ne sont donc pas suffisantes pour mener la guerre face à Canal et sa capacité d'investissement.

Celui qui fait un film avec TPS sait qu'il ne pourra plus travailler avant longtemps avec Canal. Cela en refroidit donc plus d'un de vendre un film à TPS.

Donc lorsque nous venons annoncer que nous sommes proches de la signature d'un accord avec TPS, Pierre Lescure exige qu'on lui détaille ses modalités.

Ce que je fais puisque c'est la condition posée par mes pairs pour que je continue à mener les négociations. Entre-temps, nous avons réussi à obtenir de TPS une avancée très importante.

TPS a annoncé vouloir jouer sur les prix de ses offres aux abonnés, un abonnement bien moins cher que Canal+. Ce qui signifie que l'équivalent en valeur absolue du pourcentage du chiffre d'affaires peut baisser dangereusement sans que nous puissions maîtriser quoi que ce soit. En contrepartie, nous avons donc obtenu un minimum garanti par entrée. Une véritable innovation qui restera l'alpha et l'oméga de tous les accords ultérieurs avec les chaînes payantes et plus tard les plateformes.

L'opérateur peut pratiquer les prix qu'il veut pour l'abonnement, la rémunération due au cinéma ne sera pas la variable d'ajustement, car son niveau est dorénavant garanti.

Nous expliquons tout cela à Canal+, le fait que TPS s'est aligné sur les pourcentages de chiffre d'affaires Canal+, même s'ils ne seront pas calculés de la même manière du fait de modèles d'affaires différents, et la mise en place d'un minimum garanti par entrée.

Pierre Lescure n'écoute pas vraiment.

Il est toujours obnubilé par le cash que TPS serait prêt ou non à mettre sur la table. Il balaie d'un revers de main ce que nous venons de lui expliquer et nous demande, fébrile : « Vont-ils mettre 50 millions sur la table ? » Nous lui expliquons que non : ils ne recommenceront pas l'expérience tragique de la Cinq. Ils n'iront pas au-delà de la capacité raisonnable d'amortissement des investissements de la chaîne qui vient de naître.

Pierre Lescure nous répond : « Alors, c'est bon. »

Je lui redemande pour être sûre, donc nous « pouvons » signer ?

Je sais que la réponse à cette question est primordiale, car s'il ne donne pas le feu vert, les syndicats que je représente et qui composent le BLIC ne signeront pas par peur des représailles.

La réponse est : « Oui. »

Et effectivement, il sera signifié par Canal aux différents syndicats qui composent le BLIC et le BLOC qu'ils peuvent signer la convention avec TPS.

Pour Pierre Lescure, si TPS n'est pas capable d'aligner du cash, il n'y a donc rien à craindre. Je n'en reviens pas. Il n'a rien compris aux conséquences pour Canal+ de la signature de cet accord, et personne de son entourage ne relève.

Le feu vert obtenu, tout le monde se détend, Marc Tessier qui préside à cette époque le CNC m'appelle pour me féliciter.

Mais avec Pascal Rogard, nous savons que nous devons aller vite avant que Canal+ ne réalise que cette signature impactera directement sa stratégie de remise en cause de ses engagements du simple fait de l'existence de TPS.

Si nous signons cette convention avec TPS, jamais Canal+ ne pourra remettre en cause ses propres obligations en prétextant que la concurrence n'est pas loyale, puisqu'il y a une convention avec TPS qui organise les conditions d'entrée sur le marché de la télévision payante dont certaines dispositions sont supérieures aux obligations actuelles de Canal+.

Donc non seulement Canal+ ne pourra réduire ses obligations, mais dans la mesure où les pourcentages du chiffre d'affaires sont similaires, voire supérieurs, pour TPS, même s'ils ne produisent bien sûr pas les mêmes montants en valeur absolue du fait de la taille de la chaîne, ils seront dans l'obligation d'augmenter leurs propres pourcentages et d'intégrer de nouvelles obligations comme le minimum garanti par entrée âprement discuté et qui vient de voir le jour.

Car par principe toute régulation doit s'appliquer de la même manière à tous ceux qui ont le même profil et sont sur le même marché.

Il reste toutefois quelques points à négocier avec TPS pour que rien ne nous soit reproché.

Nous appelons TPS en leur disant : « Si vous dites "OK" sur tous les points qui restent en discussion, on peut signer vite. Il n'y aura jamais plus une telle opportunité. »

Pour mémoire, il doit rester la clause dite de « diversité », qui doit s'aligner sur le principe de celle de Canal.

« Si vous continuez à négocier, tout peut se défaire. À vous de choisir. »

Ils choisiront de dire « OK » sur les points laissés en suspens et de signer vite.

Nous prévenons tous les syndicats qui composent le BLIC que nous avons obtenu satisfaction sur tout et qu'il faut signer. Avec l'accord de Canal, tous et toutes signent en mars 1999 le premier accord TPS/BLIC et ARP.

Dans les heures qui suivent, Patrick Le Lay m'appelle pour me dire qu'il veut profiter de sa conférence de presse du lendemain sur un autre sujet pour annoncer l'accord de TPS avec le monde du cinéma.

La conférence de presse a lieu. Et là, je pense que tout le monde se réveille un peu avec la gueule de bois. Pierre Lescure réalise son erreur. Tous les patrons de syndicats composant le BLIC m'appellent, anxieux : certaines et certains veulent retirer leur signature, m'expliquant qu'ils n'avaient en fait pas bien compris. À chacun, je répondrai, y compris à Marc Tessier qui m'appelle à 22 h le soir même en hurlant, prétextant de son côté aussi ne pas avoir bien compris ce qu'il appelait il y a quelques jours encore un « très bon accord » :

« C'est un bon accord pour le cinéma, non ? C'est notre mission, non ? On dirait que quelqu'un vous a appelé et vous a passé un savon. Cette personne ne peut s'en prendre qu'à elle-même. Vous avez signé, c'est trop tard et c'est très bien pour le cinéma français. »

La deuxième erreur, Pierre Lescure la commettra face au Conseil de la concurrence, devant lequel TPS a mis Canal+ pour abus de position dominante, exercé en obligeant par exemple les producteurs à céder leur seconde fenêtre à TPS lors de la signature du contrat concernant la première fenêtre d'exploitation.

Je serai amenée à y témoigner et à apporter des preuves significatives de l'abus de position dominante de Canal+. Car ce qui est récurrent, c'est qu'une personne ou une société en situation de position dominante pense qu'elle a raison quoi qu'elle fasse, et multiplie les actes objectifs et concrets qui vont se retourner contre elle.

C'est aussi ce qui domine chez certaines et certains politiques. On parle souvent d'un sentiment d'impunité, mais en fait, c'est pire. C'est le sentiment sincère que la loi n'est pas faite pour soi, une arrogance, un manque total de discernement, un aveuglement puis un déni.

Combien de fois n'avons-nous pas entendu cette petite voix en nous qui nous dit « non, il ne faut pas faire cela ». Cette petite voix, il faut toujours l'écouter. Vous savez que si vous ne le faites pas, si vous trouvez de multiples raisons pour justifier ce qui ne seraient que des petits accrocs à l'exemplarité, vous serez amené à les additionner et à en faire de plus gros.

C'est le moment précis où il faut véritablement prendre sur soi et dire « non ». C'est un réflexe et une habitude qu'il faut prendre. Car si vous trouvez une justification pour une toute petite chose, souvent sous la pression de vos proches, vous vous habituerez à en trouver pour des choses plus importantes. Et puis un jour vous n'avez même plus de warning intérieur, et ce que vous faites vous paraît « normal » : vous passez alors dans le déni.

Nous en reparlerons à la fin de ce livre, mais combien de personnes ai-je vues défiler avec ce type de raisonnement et qui s'estiment déshonorées lorsque l'accroc, qui cette fois est énorme, est dévoilé ? Le réveil est brusque.

On verra ce travers à l'œuvre dans plusieurs circonstances que je relaterai, car le processus est toujours le même, et c'est de cela qu'il faut prémunir la société dans l'exercice du pouvoir.

Car ce à quoi nous sommes aussi confrontés, c'est au fait que l'exemplarité est en France un concept très élastique. Mais il ne faut pas se servir de cette « élasticité » très française pour s'exempter de ce que l'exemplarité a de profondément nécessaire pour maintenir la confiance. Seule la confiance confère le pouvoir d'agir et d'influer sur le réel.

Mais pour revenir à cette deuxième erreur commise par Pierre Lescure, Canal+ sera donc sanctionnée pour abus de position dominante par le Conseil de la concurrence. Alors que cette condamnation était attendue du fait de l'existence de faits objectifs évidents comme des clauses écrites dans les contrats, Pierre Lescure avait laissé entendre qu'elle était inenvisageable… et avait ajouté qu'en revanche si Canal+ était condamnée, ce serait tout simplement la preuve que la loi n'était pas bonne et qu'il fallait la changer…

Fin de la démonstration. Et il a trouvé bien sûr des piliers du secteur pour défendre cette approche délétère.

Pourtant, accepter ce raisonnement alors que l'on savait que Canal+ allait être condamnée, c'était accepter la suite du raisonnement de Pierre Lescure, qui défendait l'idée qu'en cas de condamnation, il faudrait donc conclure que, face à la concurrence de TPS, les obligations envers le cinéma devaient obligatoirement être reconsidérées à la baisse.

Lors de la condamnation de Canal+, je m'exprimai dans *Écran total*, une des publications incontournables de la profession avec *Le Film français*, en indiquant que j'estimais que c'était une bonne chose que le droit de la concurrence en tant que droit antitrust donc anti-position dominante puisse s'appliquer à notre secteur. Qu'il n'était pas question, du fait de la concurrence, de réduire les obligations de Canal+, mais qu'il fallait simplement s'assurer que les éventuels concurrents aient les mêmes obligations pour garantir une concurrence loyale. Ce que nous avions mis en place avec la signature de la convention avec TPS.

Pendant le procès, Pierre Lescure apprendra l'existence de mon témoignage et le fait qu'il a été décisif.

Ce témoignage et cette interview déclencheront alors sa colère. Pierre Lescure est souvent en colère. J'ai remarqué que c'est souvent un excès naturel, mais aussi une méthode d'intimidation de beaucoup d'hommes lorsqu'ils n'ont pas d'arguments valables. Ils se mettent en colère et pour tenter de calmer cette colère, beaucoup sont prêts à renoncer à ce à quoi il était pourtant légitime de prétendre, pour ne pas « irriter » davantage. À l'époque, Pierre Lescure n'avait d'ailleurs qu'à froncer les sourcils pour que tout le monde se demande ce qu'il devait faire pour calmer son ire et lui faire plaisir. Phénomène de cour très français qui se répète devant tous les présidents de la République, qui sont devenus entre-temps, sans exception, grâce aux pouvoirs conférés par la Cinquième République, des petits monarques en puissance. Et malheureusement les femmes parvenues à des postes de pouvoir n'échappent pas non plus à ces travers.

La colère de Pierre Lescure est donc froide. Et un journaliste me rapportera ainsi ses propos : « J'ai déjeuné avec Pierre Lescure. Ils ont décidé de te tuer. » J'avais effectivement signé mon arrêt de mort, mais nous avions contribué, avec Pascal Rogard et l'ARP présidée à l'époque par Claude Lelouch, à sauver les obligations de Canal+ et à les étendre à TPS. C'est tout ce qui importait et tout ce qui compte encore aujourd'hui. Car c'est la base sur laquelle sont venus se fonder tous les accords ultérieurs jusqu'à aujourd'hui avec l'arrivée d'Orange puis des plateformes.

Ils veulent donc « me tuer ». Ils vont effectivement tout faire en ce sens.

Au Festival de Cannes en mai 2000, le nouveau directeur général de Canal+ est Denis Olivennes. En général, on l'appelle lorsqu'il faut dégraisser ou fermer et solder les comptes. Je n'ai alors plus aucune fonction syndicale et il ne me connaît pas personnellement.

Je monte les marches avec Manuel Munz, le producteur à succès notamment de *La vérité si je mens*, qui a eu l'outrecuidance de signer des films avec TPS et à qui

Canal a donc aussi déclaré la guerre. Ils sont en train de lui intenter un sombre procès (qu'il gagnera) à travers lequel ils lui demandent trois millions de francs. C'est énorme pour un producteur indépendant, mais Studiocanal n'y va pas de main morte à cette époque.

Manuel a fait l'ENA et Polytechnique. À l'ENA il était dans la même promotion que Denis Olivennes. Comme ce dernier est juste devant lui sur les marches de Cannes, il en profite pour lui dire : « Denis, tu as vu que Studiocanal me fait un procès, tu vas m'arranger ça, j'espère ? » Olivennes se retourne et lui dit froidement : « Ils ont décidé de te tuer et je ne peux rien pour toi. » Un meurtre virtuel sur le tapis rouge.

Mais l'histoire ne s'arrête pas là. Le soir a lieu un dîner en l'honneur de Canal+ au Carlton qui réunit toute la profession. C'est l'UPF, le syndicat de producteurs de cinéma dirigé pendant des années par l'indéboulonnable Alain Terzian, que seul le mouvement Me Too parviendra à ébranler vingt ans plus tard, qui l'organise. L'« ami » de Canal+.

Je suis avec Agnès Mentre. Agnès est française. Elle vit avec son mari à New York et elle est l'une des puissantes acheteuses de films pour Harvey Weinstein, que l'on ne présente plus, donc pour Miramax. Elle me dit : « Viens avec moi, on va au dîner Canal. » Je lui dis que c'est impossible, que je ne peux venir à un dîner pour lequel je n'ai bien sûr pas reçu d'invitation et auquel personne n'a envie de me voir. Elle me répond : « Mais non, Denis est un copain, viens avec moi ! »

Les cicatrices sont encore vives et c'est une situation plutôt absurde, surtout que je viens d'assister à cette scène improbable sur les marches. Mais je me dis alors : « Pourquoi pas, affrontons. »

Nous entrons dans l'immense pièce où se tient le dîner. On me fusille du regard, les murmures se font interrogatifs,

« Mais qu'est-ce qu'elle fait là ? » Agnès se dirige vers la table d'honneur où se trouvent Denis Olivennes et Nathalie Bloch-Lainé, alors la grande prêtresse du cinéma, responsable des acquisitions de films pour Canal+.

Il reste une place pour Agnès à côté de Denis Olivennes. Je rappelle que Denis Olivennes ne me connaît pas physiquement. Il me propose alors de m'asseoir à côté de lui sur sa propre chaise en se serrant un peu. La scène est totalement surréaliste, il est vrai. Je m'assois. Je sens que tout le monde se dit, y compris Nathalie Bloch-Lainé qui est en face, « on a dû louper un épisode ? » Il se retourne alors vers moi et me dit : « Comment vous appelez-vous ? »

« Frédérique Dumas. »

Il réalise. Il se décompose et se recompose aussi vite et me lâche froidement :

« Vous vous prenez pour qui ? Pour Gaumont ? Vous savez, il y a les gros et les petits, et les petits, on les écrase. » Je le regarde droit dans les yeux et lui réponds : « Oui, mais les petits, c'est aussi des grains de sable, et les grains de sable, cela peut bloquer la machine, la preuve. »

À cette époque, la convention a été signée avec TPS et Canal+ a été condamnée.

Après cette réplique, je me lèverai bien sûr et quitterai le dîner, laissant Agnès qui n'avait pas cru au niveau de haine déclenchée, effarée. Mais la roue a aussi tourné et Pierre Lescure comme Denis Olivennes ont dû quitter Canal+.

Je dois aussi avouer que tout le monde ne s'est pas non plus mal comporté avec moi pendant cette période. Mais celles et ceux qui m'ont soutenue ouvertement sont à compter sur les doigts de la main. Je voulais donc en profiter pour rendre hommage à Patrice Chéreau et remercier Nicolas Boukhrief, dont j'avais produit le premier film, *Le Plaisir et ses petits tracas*.

Le prix est à chaque fois cher à payer, mais je ne regrette pas mes décisions, et s'il était facile de résister tout le monde le ferait. Je serais aussi naïve d'imaginer que mes actions ne provoquent pas de réactions. Le plus important, c'est d'en tirer chaque fois un peu plus de force pour continuer à se battre et à avancer. Et un jour, peut-être, trouver les moyens de réunir toutes celles et ceux qui résistent face à la pression et qui ensemble pourraient déplacer des montagnes.

Pour cela il faut détenir du pouvoir, car sans pouvoir, on ne peut rien changer ni influencer, mais il est essentiel de s'engager à exercer un pouvoir de nature différente, qui réunit au lieu de nous éloigner les uns des autres et de nous perdre. Imaginer que nous ne sommes pas tous reliés, que ce que nous faisons aux autres nous ne faisons pas à nous-mêmes, est pour moi la première source d'aveuglement.

Détenir du pouvoir n'a rien à voir avec récupérer des « petits pouvoirs ». Pour revenir à l'époque de la bataille Canal+/TPS, se déchaîner publiquement contre moi était ainsi alors un bon moyen de récupérer un contrat sur un film.

Il faut se rappeler qu'en ces temps-là, le pouvoir de Canal+ était absolu.

Il l'était moralement. « Être Canal », c'était être tout simplement dans l'air du temps. Et il est vrai que l'esprit Canal des débuts, largement porté par Alain De Greef, était un formidable appel d'air et une vraie bouffée d'oxygène. Le pouvoir économique de Canal sur le monde du cinéma était sans partage puisque Canal+ était tout simplement en situation de monopole et pesait environ 200 millions d'euros d'aujourd'hui.

Il l'était politiquement. On connaît les liens d'André Rousselet avec François Mitterrand et les coups de pouce politiques de ce dernier.

Bref, tout était verrouillé. La dépendance était entière et a fait littéralement péter les plombs à certaines et certains.

Telle une marque au fer rouge, les conséquences de mon long et douloureux combat ne vont pas se faire attendre longtemps.

Tout d'abord Canal+ n'achète plus vos films, élémentaire me direz-vous. Ensuite, c'est le service public qui n'achète plus vos films. Vous ne pouvez plus non plus travailler avec les circuits Pathé, Gaumont, UGC, Europa, « amis » de Canal+. Vous ne pouvez plus travailler avec Artmedia, qui était alors la plus grande agence artistique, donc difficile de « monter » un casting. Comme me l'expliquera par la suite Bertrand de Labbey : « Vous savez, je ne pouvais pas faire autrement. » Si le patron de la plus grande agence artistique estime qu'il ne peut pas faire autrement, on imagine mal l'esprit de résistance s'incarner chez d'autres acteurs plus fragiles. Bref, difficile de continuer à faire votre métier. Mais cela ne s'arrête pas là.

Sur le plan social, on vous raye de la carte, vous n'êtes plus invitée aux avant-premières, vous disparaissez comme par magie des membres de l'Académie des Césars et Alain Terzian qui règne en maître sur les « listes » vous explique qu'il n'y est vraiment pour rien. À Cannes, tout le monde s'écarte de vous au cas où une personne travaillant pour Canal+ vous apercevrait en discussion. Et puis il y a aussi celles et ceux qui décident d'aller encore plus loin, en apportant un bout de votre scalp à Pierre Lescure. C'est une petite phrase en faveur de Canal+, et contre moi, lâchée dans une interview, encore mieux un communiqué de presse. C'est plus chic, et là, cela vaut très cher et on est sûr d'avoir le financement de son prochain film. Alors beaucoup craquent. Comme en politique.

Malgré les batailles remportées sur le plan de l'intérêt général, on me demande en juin 1999 de quitter la présidence de la chambre syndicale, car « on ne peut pas bâtir la paix avec celles qui ont mené la guerre ».

Soit, je l'accorde, cela peut s'entendre. Mais ce sera fait avec une violence et une inélégance sans nom, avec des scènes à jamais gravées dans ma mémoire.

Oubliant que sans ces deux victoires, l'accord avec TPS et la condamnation devant le Conseil de la concurrence, il n'y aurait peut-être aujourd'hui qu'un champ de ruines pour la diversité du cinéma français.

Il faut juste se rappeler les pensées de Marc Aurèle, que rien de cela n'est grave, que tout passe. Mais cela permet aussi d'avoir toujours en tête qu'un combat que l'on ne mène pas, c'est un combat que l'on perd toujours.

Nous allons donc gagner la bataille de l'intérêt général, mais ce seront ensuite pour moi, à titre personnel, trois ans très difficiles pour faire aboutir la plupart de mes projets. C'était l'objectif de Canal. C'est pourtant dans ces conditions que je parviendrai à produire notamment *No Man's Land* de Danis Tanović en montant une coproduction avec trois autres pays. Le film obtiendra l'oscar du meilleur film étranger en 2002.

De longues années très difficiles suivront. Mais il y a toujours un espace pour inventer et créer un nouveau chemin.

En 2017, cette époque viendra se rappeler à moi dans ses aspects les plus vils. Certaines et certains cherchent à savoir qui pourrait être ministre de la Culture ; des noms sont poussés, le mien apparaît. Pendant que d'autres à l'inverse s'emploient à ce que cela ne soit surtout pas le cas. Je n'ai pas, vous l'avez maintenant compris, la réputation de celle avec laquelle on peut trouver de « petits arrangements ».

J'ai donc des ami·es et des ennemi·es. Parmi eux, la haine tenace et froide de Pierre Lescure. Lors d'une conversation avec un conseiller en communication proche de François Hollande et d'Emmanuel Macron, mon interlocuteur me racontera que Pierre Lescure a écrit un mail pour expliquer pourquoi il ne faut surtout pas que je sois ministre. Il m'avoue qu'il ne peut m'en révéler le contenu tellement ce qui est dit est monstrueux… Il ajoutera cette remarque terrible, « pendant la guerre ce genre de "témoignage"… », sans finir sa phrase.

Mais il n'y aura bien sûr pas que Pierre Lescure pour raconter les pires horreurs.

Et il y en a pour les croire, et Brigitte Macron sera l'une des premières.

CHAPITRE 7

François Bayrou

Dès 2001, lors de la campagne présidentielle de 2002 j'ai rejoint avec enthousiasme l'équipe autour de François Bayrou pour travailler à l'élaboration du programme culture. Un programme bien accepté par le milieu culturel. Nous n'avons pas à rougir de nos orientations, dont certains aspects ont été repris par les présidents de la République successifs, comme la place à donner à l'éducation artistique et culturelle ainsi que la défense unanime de l'exception culturelle et la préservation du modèle de régulation inventé par la France. Toutes deux devenues, dorénavant, des piliers, y compris au niveau européen.

C'est donc avec fierté que je suis devenue porte-parole culture du candidat pour les présidentielles de 2002. L'élection écrasante de Jacques Chirac au second tour pour faire barrage au Front national lui a donné une telle majorité que l'espoir d'un gouvernement ouvert sur les différences est passé aux oubliettes.

Je ne m'attarderai pas sur cette période.

J'ai aimé cette campagne où un candidat que l'on appelait « monsieur 4 % » parce qu'il ne décollait pas dans les sondages a finalement fait un score honorable de 8 %.

Le début d'un chemin, puisqu'il fera près de 19 % aux présidentielles de 2007. J'ai aimé cette idée de « troisième voie » qui se dessinait alors après la création de l'UMP, ce parti unique, contre l'idée duquel je m'étais toujours battue. Être au début d'une aventure lorsque personne n'y croit encore.

L'idée était déjà de rassembler et d'éviter d'être enfermé dans le dogmatisme idéologique qui refuse de prendre en compte l'aspect non binaire et non linéaire de la vie. Comme François Bayrou l'avait cruellement rappelé lors de la première université d'été de l'UMP face à des militants remontés : « Si on pense tous la même chose, c'est qu'on ne pense plus rien. » Cette volonté de rassembler des personnes qui ne pensent pas toutes la même chose, de tenir compte de toutes les dimensions d'une problématique, m'avait laissée penser que l'on pouvait faire de la politique autrement… Déjà… Le troisième homme, la troisième voie. Ce mirage.

La déception a été à la hauteur de l'attente. Sa prétention, son indifférence, sa volonté de ne rien devoir à personne et de voir les gens comme ses « sujets », voire des objets, sa liberté là encore revendiquée au mépris de celle des autres, ont souvent fait obstacle à son intelligence. Une intelligence certaine, une culture certaine.

Une confiance absolue en Marielle de Sarnez (mais pouvait-il faire autrement…) qui, devenue son bras droit, avait achevé d'éloigner les plus indépendants d'esprit. La liberté pour soi-même, l'asservissement pour les autres. Encore une fois.

Pour ma part, cela a été trois ans d'investissement à 100 %. Je ne regrette rien, mais je n'ai pas non plus envie d'y consacrer plus que deux anecdotes suffisamment représentatives.

Je ne vais certes pas résumer François Bayrou à ces scènes de la vie. Mais il est important de raconter ce qui se passe derrière le miroir, derrière « la légende ».

Première anecdote. En 2002, je suis marquée par la lecture d'un livre de Jeremy Rifkin sur l'hydrogène[52]. Il prédit l'épuisement des ressources en pétrole ou la fin de l'extraction facile et bon marché à une époque où ce sujet est absolument tabou. Il écrit un livre remarquable d'intelligence et de prospective. Il explique comment toutes les civilisations depuis l'Antiquité sont toujours tombées sur une problématique liée à l'énergie. Et il prédit la pertinence du recours à l'hydrogène. Ce qui me fascine, c'est bien sûr l'idée d'une énergie qui rejette tout simplement de la vapeur d'eau. Mais c'est aussi une énergie qui peut permettre de changer de logiciel, de changer de modèle. Elle n'est pas la seule et le mix énergétique est absolument nécessaire, mais Jeremy Rifkin prévoit avant tout le monde « l'internet de l'énergie ». Une énergie qui pourra à terme être autoproduite et rendre chaque citoyen plus indépendant, plus souverain. Un « internet de l'énergie » qui préfigure ce que pourrait être un « internet de la politique ». C'est bien cette vision-là qui me conduira à devenir vice-présidente du groupe d'étude sur l'hydrogène et, en tant que députée, à déposer une proposition de loi sur l'autoconsommation collective et individuelle. Mais vingt ans après, l'ensemble de la classe politique semble avoir compris l'intérêt de l'hydrogène.

De mon côté, je suis avant tout conquise par les visionnaires. Il me semble qu'un homme d'État doit aussi savoir

52. Jeremy Rifkin, *L'Économie hydrogène*, Éditions La Découverte, Paris, 2002.

prendre des décisions pour le long terme, anticiper, avoir une vision bien avant tout le monde. J'appelle François Bayrou pour lui en parler. Je lui dis : « S'il te plaît, je ne te demande pas souvent quelque chose. »

Il est vrai qu'il trouve toujours une excuse pour décaler les moments d'aborder les choses compliquées et parler du fond en invoquant qu'il n'a « pas le moral ».

Je lui dis donc : « S'il te plaît, lis ce livre. Cela te permettra de montrer que tu souhaites vraiment tracer un nouveau chemin, que tu prends en compte les enjeux du futur, que tu choisis des réponses pertinentes même si elles sont de moyen et long terme. »

Aujourd'hui, l'hydrogène est devenu un passage obligé, mais à l'époque peu de pays dans le monde misent sur cette technologie de manière massive. C'est le cas de l'Islande, qui bénéficie de la géothermie, ou de l'État du Massachusetts et bientôt de la Californie.

Les objections sont multiples. C'est cher, c'est encombrant, c'est dangereux, ça peut exploser, bref mille raisons de ne pas y aller, de ne même pas étudier...

Je suis convaincue que la troisième voie est celle-là, celle de pionniers, celle de « l'imagination raccordée au bon sens » et à l'expérimentation. Ce n'est pas celle de ceux qui prennent leur « prétention » ou leur capacité à « prendre leur risque » pour du courage.

De la vanité d'un côté, de l'inconséquence de l'autre.

Je ne lui demande pourtant d'ailleurs... que de lire un livre... Mais la réponse tombe : « Écoute, c'est sympa, mais l'hydrogène, Nicolas Hulot dit que cela ne marchera pas donc je n'ai pas besoin de lire ce livre. »

Car contrairement à sa réputation, François Bayrou n'est pas quelqu'un qui travaille beaucoup. En tout cas, s'il peut éviter, il évite. Comme le premier de la classe qui pense qu'il pourra toujours s'en sortir.

Voilà comment quelqu'un qui prétendait se présenter à la présidence de la République démontre qu'il est certainement un homme politique, mais qu'il ne sera jamais un homme d'État. À l'époque, j'en veux aussi terriblement à Nicolas Hulot, qui distribue ainsi les bons et les mauvais points et qui ne reconnaîtra que l'hydrogène a un intérêt qu'en 2020 ! Et c'est pourtant à François Bayrou qu'Emmanuel Macron confiera une fonction de haut-commissaire au plan chargé de la prospective des vingt prochaines années… Cet homme dont personne n'a encore entraperçu en ce début d'année 2022 la moindre grande idée…

Autre anecdote. Nous sommes en mars 2002, en pleine campagne des présidentielles, et c'est la nuit des Oscars. Le film que j'ai produit, *No Man's Land*, réalisé par Danis Tanović, a donc été sélectionné dans la catégorie meilleur film étranger.

Je ne peux me rendre à Hollywood pour la cérémonie malgré la nomination, pour une raison simple : François Bayrou m'a confié la production de son clip de campagne, que j'ai accepté de produire à prix coûtant. Je suis donc responsable de sa réalisation tant sur le plan artistique que financier. La loi veut que, pour permettre à chaque candidat aux élections présidentielles d'arriver sur la ligne de départ en partie à égalité, l'État via le CSA accorde des moyens de production en nature qui sont aussi des passages obligés. Il s'agit des moyens de tournage de l'intervention du candidat dans le clip de campagne (moyens matériels et humains) et des moyens de postproduction (montage et mixage notamment). Le jour où ces moyens sont attribués est un jour fixe. Pour François Bayrou, le jour attribué pour le montage est le même que celui de la cérémonie des Oscars à Los Angeles !

Je n'ai donc pas le choix. Le montage est déterminant. Je dois être là, d'autant plus que je sais que l'entourage de François Bayrou, c'est-à-dire Marielle de Sarnez, veut y mettre son grain de sel. Je laisse mon associé au sein de ma société de production aller seul à la cérémonie. Nous finissons le travail de montage vers 4 h du matin. Je me couche épuisée. À Los Angeles, les Oscars ne sont pas encore révélés, mais je dois impérativement me coucher, car je dois me lever deux heures plus tard pour travailler sur l'intervention que fera François Bayrou lors d'une table ronde culture organisée par l'ARP au cinéma des Cinéastes, près de la place de Clichy.

Le lendemain, en me levant, j'apprends la nouvelle. Ma messagerie sera bientôt pleine. Des messages de félicitations arrivent de toute part. François Bayrou fait immédiatement un communiqué de presse. Il est sincèrement bluffé et heureux pour moi. Il m'appelle et me dit, tu te rends compte, un oscar ! Non, je ne me rends pas vraiment compte. Mais la campagne présidentielle sera nourrie de cette association entre la porte-parole culture du candidat et l'oscar du meilleur film étranger. Un film fort qui, à travers une fiction d'une heure trente sur le conflit qui s'est déroulé en ex-Yougoslavie, permet de mieux comprendre ce que toutes les images dont nous ont abreuvés les journaux télévisés pendant ces cinq longues années de guerre n'ont pas permis.

Couchée à 4 h 30 du matin et levée à 7 h. J'ai rendez-vous vers 11 h 30 avec François Bayrou pour lui donner une note que je viens de rédiger sur « l'exception culturelle ». Il doit participer dans quelques heures à un débat face aux auteurs, aux talents, aux créateurs organisé par l'ARP. Il doit un minimum savoir de quoi il parle. En fait, il est déjà convaincu de savoir. Je lui donne la note et lui propose de la lui expliquer. Il me répond : « Pas besoin, je la lirai en dix minutes. Attends-moi là. »

Je ne suis pas allée aux Oscars pour terminer son clip de campagne. Je me suis levée pour lui préparer cette note et il s'enferme dans son bureau en me laissant en plan. C'est François Bayrou. On doit s'estimer heureux de travailler avec lui. Cela doit nous suffire. On devrait même payer pour le faire, a-t-il l'habitude de nous dire, en plaisantant à moitié.

Mais le droit d'auteur, c'est complexe. Le droit voisin, c'est très complexe. Le droit social du droit d'auteur, c'est hyper complexe. La chronologie des médias, il faut la comprendre pas simplement intellectuellement mais économiquement. L'exception culturelle aussi, car elle repose sur des directives européennes et des acquis. Oui, tout cela est complexe. On ne s'en imprègne pas en dix minutes. On verra d'ailleurs que les députés de la majorité feront la même erreur sur ce sujet au début du mandat. Imaginer qu'ils savent par essence.

Vers 13 h, il sort de son bureau un peu égaré. Je comprends qu'il vient juste de prendre connaissance de la note et qu'il réalise que l'exercice ne sera pas aussi simple qu'il le pense. Le débat commence vers 14 h. On a encore le temps, mais il refuse que je lui explique et, bravache, me dit comme un premier de la classe : « Je vais m'en sortir ! »

On arrive au cinéma des Cinéastes. C'est bientôt son tour. La salle est bourrée à craquer. Tout le monde de la culture est là.

Il commence à comprendre qu'il risque de ne pas être du tout au niveau. Les autres candidats, eux, ne s'en sont pas trop mal sortis, a priori.

La première question le refroidira très vite. Elle arrive tel un uppercut qui resterait suspendu dans un ralenti redoutable : « Vous êtes pour le droit d'auteur ou pour le copyright ? »

Pour celles et ceux qui connaissent, la réponse est hyper simple. Mais il est, je le sais, bien incapable de répondre. Il me lance un regard perdu. On sent un flottement. Tout le monde le perçoit. Et bien sûr, je sais que la réponse aura des conséquences énormes. Heureusement, je suis au premier rang et lui souffle en articulant sans bruit : « droit d'auteur. »

Je le vois déchiffrer péniblement sur mes lèvres. J'accentue ma mimique, ce qui ne passe pas inaperçu. Et finalement, au grand soulagement de tout le monde, il répond : « droit d'auteur ».

Le public est gêné, plutôt consterné. Un ange passe. Sa prestation sera sur toute la longueur lamentable. Hors sujet du début à la fin. Indéfendable. Il a l'aplomb de ceux qui ne savent pas qu'ils ne savent pas et qui pensent que cela ne se verra pas.

Comme à son habitude, il repartira comme un coq, sans la moindre gêne, trouvant tout de même tous ces gens un peu pédants. Tous ces « cultureux », comme Valérie Pécresse aime aussi à les appeler par démagogie, pour se donner un côté « près du peuple ». Quant à Emmanuel Macron, il les a totalement zappés pour les mêmes raisons avant de déverser les centaines de millions d'euros du plan de relance à l'approche des échéances électorales.

Je quitterai donc définitivement l'aventure François Bayrou en décembre 2005.

Sur le fond, par rapport aux combats menés depuis toujours, je ne pouvais accepter son comportement totalement démagogique concernant la propriété intellectuelle au moment où le phénomène du piratage montait en puissance. Sur le plan politique et humain, les déceptions commençaient à sérieusement s'accumuler. Un événement précipitera mon départ.

Au bureau politique de la Nouvelle UDF de décembre 2005, l'objet principal est l'éjection de Gilles de Robien[53], qui a commis un crime de lèse-majesté. Il est devenu entre-temps ministre de l'Éducation. Or, pour François Bayrou, il ne peut pas y avoir à l'UDF un autre ministre de l'Éducation que lui-même ! La problématique Gilles de Robien est ancienne, après la victoire de Jacques Chirac en 2002, des miettes sont proposées à l'UDF, qui est réduit à peau de chagrin depuis la création de l'UMP. Il a donc été décidé qu'aucun UDF n'irait au gouvernement. C'est une bonne décision. Mais Gilles de Robien, député, qui avait aussi été le directeur de campagne de François Bayrou, a accepté, quant à lui, d'entrer comme ministre de l'Équipement et des Transports au gouvernement de Jean-Pierre Raffarin, bravant la consigne.

Mais il est aussi amer. À la fin de la campagne, il m'avait d'ailleurs fait cet aveu : « Tout ce que je faisais, Marielle le défaisait dans l'heure qui suivait. » Il a été loyal jusqu'au bout de la campagne. Il n'a pas jeté l'éponge, mais ne se sent donc à titre personnel aucune obligation pour la suite. François Bayrou lui en veut et les autres aussi, mais il décide toutefois de ne pas l'exclure. Je suis un peu surprise, car soit François Bayrou l'excluait à l'instant et cela avait une signification politique, soit il ne le faisait pas et il ne pouvait plus jamais le faire. Il devait alors assumer. Gilles de Robien reste donc, et au gouvernement et à l'UDF. Mais lorsque François apprend qu'il va devenir ministre de l'Éducation du gouvernement Dominique de Villepin, là, son sang ne fait qu'un tour.

53. Gilles de Robien a été ministre de l'Éducation nationale, de l'Enseignement supérieur et de la Recherche, ministre de l'Équipement, des Transports, du Logement, du Tourisme et de la Mer, président de l'UDF à l'Assemblée nationale et maire d'Amiens.

Pourtant, il a lui-même refusé d'entrer dans ce gouvernement remanié en 2005 alors que l'exécutif sort de l'échec du référendum sur la Constitution européenne, que la Chiraquie est affaiblie et qu'un contrat de gouvernement aurait pu être passé.

Lorsque je lui demanderai : « Pourquoi tu n'y vas pas en négociant un vrai contrat avec nos idées et des ministres UDF qui pourraient peser et en disant haut et fort que tu démissionneras si le pacte n'est pas respecté ? »

Il me répondra : « Il n'y a pas grand-chose à faire pour le pays en deux ans, et si je veux démissionner, les autres n'abandonneront jamais leurs portefeuilles, je serai seul. »

Ce à quoi je rétorquerai : « Ce n'est pas une réponse d'homme d'État qui a décidé de tout faire pour aider son pays, ce n'est pas non plus celle d'un chef, s'il sait déjà que ses troupes ne le suivront pas. »

Je pense pour ma part qu'il faut tenter l'expérience, être transparent sur le contenu du contrat dès la prise de fonction et les conséquences de son non-respect. Mais cela ne l'intéresse pas.

Il m'avoue, pire encore, que c'est assez pratique d'être dans l'opposition, que cela l'arrange que l'UMP ait retrouvé la majorité absolue au Sénat. On s'oppose sans conséquence. Je suis énormément déçue.

Quand viendra ce bureau politique de l'UDF, qui durera presque cinq heures, tout le monde s'acharnera sur Gilles de Robien, qui restera stoïque. Je pense alors que si je ne dis rien, j'aurai honte toute ma vie. Je lève la main. François et Marielle me font signe qu'ils ont vu. Mais je sais qu'ils vont tout faire pour ne pas me donner la parole. Alors je décide de garder la main levée. François me donne finalement la parole. Là, je dis tout ce que j'ai sur le cœur, au-delà aussi de ce qui se joue ce jour-là. Que l'on a perdu notre âme, et que j'ai, ce jour-là, sur le fond comme sur la forme, le sentiment d'assister à un Politburo[54]. Que nous sommes loin du rassemblement promis. Me voilà huée et sifflée. Cela aurait dû me faire perdre mes moyens, mais le contraire se produit. Cela me rend imperturbable. En sortant, je vais au café à côté pour encaisser seule. François et Marielle arrivent dans ce même café quelques minutes après. Ils me voient et tournent les talons. C'est fini.

Je ne reverrai plus François Bayrou pendant dix ans. Nous nous recroiserons pour la première fois dans un restaurant japonais où je déjeune en compagnie de Vincent Lindon. Lui aussi a accompagné François Bayrou, c'était la campagne de 2007. Lui aussi a été profondément déçu.

François Bayrou, c'est souvent une déception avant tout humaine, comme Emmanuel Macron.

En 2017, après avoir répété sur toutes les ondes pendant des semaines qu'Emmanuel Macron est le candidat de la finance internationale et qu'il est un hologramme, François Bayrou va d'ailleurs se rallier à lui. À l'époque, je fais partie de celles et ceux qui pensent profondément qu'il doit faire ce choix, car il n'y en a pas d'autre. J'écris alors une tribune que je lui enverrai, intitulée « En avoir ou pas ». Sans vouloir être impolie, je pense qu'il est d'une certaine façon au soir de sa vie politique et qu'il est face à un choix fondamental. À la différence de ce que tout le monde pense, il n'y a pas eu d'accord préalable entre les deux hommes même si beaucoup se sont targués de cela. François Bayrou le premier. Les journalistes Gérard Davet et Fabrice Lhomme dans *Le Traître et le Néant*[55] ont confirmé ce à quoi j'ai assisté.

54. Bureau politique de l'URSS, 1917-1991, connu pour son autorité rigide et punitive qui se superposait à celle du gouvernement officiel.
55. Éditions Fayard, Paris, 2021.

La grande force d'Emmanuel Macron à cette époque désormais lointaine, c'est de ne faire aucun « petit arrangement » ni avec un parti ni avec une personne. Sa grande liberté, il l'acquiert car ainsi il ne doit rien à personne. C'est alors à mes yeux une bonne chose, car je crois que si l'on veut être exemplaire, il faut être libre. Je prends aussi cela pour du courage, ce que cela est en partie. Je suis alors encore persuadée d'avoir affaire à un homme intègre et exemplaire capable de devenir un homme d'État. Malheureusement, Emmanuel Macron ne se servira de cette liberté chèrement et courageusement acquise que de manière verticale, pour décider seul et vider de leur substance tous les contre-pouvoirs, définir à sa propre échelle ce qui est bien et ce qui ne l'est pas, comme si tout cela procédait de ce qu'il pense.

Mais jusqu'au dernier moment (François Bayrou doit faire une conférence de presse pour annoncer s'il se présentera ou pas), il n'y a pas d'accord. Ce sont deux hommes face à face, tous les deux ont un mental fort. Comme au poker, l'un des deux devra mettre le genou à terre. Au fond, François Bayrou n'a pas le choix, mais sa prétention peut lui faire prendre la mauvaise décision. Et ce sera un arrachement pour lui de renoncer, comme il le confiera plus tard. Même s'il tentera de réécrire l'« Histoire ». Emmanuel Macron veut réaliser le rêve que François Bayrou n'a pas concrétisé. Pour moi comme pour beaucoup, c'est une possible renaissance de cet idéal auquel nous aspirons. François Bayrou aurait pu jouer ce rôle, celui de la vigie, celui qui empêche que les engagements ne soient pas respectés, que les promesses de cœur soient abandonnées.

Après quatre ans de mandat, après que le groupe MoDem à l'Assemblée nationale aura adopté tous les projets de loi ou les propositions de loi de la majorité, François Bayrou déclarera : « Je soutiens Emmanuel Macron dans tout ce qu'il fait. » Comme beaucoup d'autres, il est tenu.

Politiquement, François Bayrou cède à la « maison commune ».

Il a abandonné depuis longtemps les points forts du contrat passé avec Emmanuel Macron en mars 2017, notamment l'introduction d'une dose de proportionnelle. La seule bataille qu'il fallait encore avoir un dernier courage de livrer avant de se résigner.

Cette fois-ci, il a bien passé un contrat, mais restera ce que l'on appelle « loyal » en politique, en réalité « servile ».

Car s'il y avait un combat qu'il fallait mener jusqu'au bout, c'était bien celui-là. Refonder cette Cinquième République sans contre-pouvoirs institutionnels bien réels et bien vivants, reposant sur la bonne volonté de celui qui exerce le pouvoir de ne pas en abuser. Cela mène soit à l'asservissement, soit à la violence et à la démesure, soit à la résignation.

Et pour les citoyens, aucun moyen réel et reconnu d'exprimer sa différence en dehors de consultations totalement artificielles, du Grand Débat à la Convention citoyenne sur le climat en passant par une démocratie représentative privée de tout pouvoir de faire la loi et de tout pouvoir réel de contrôle.

CHAPITRE 8

Le métier de productrice

En 1993, je me lance avec passion dans la production avec Noé Productions.

Mon premier film sera le détonnant *Dobermann*, le premier film réalisé par Jan Kounen, avec Vincent Cassel, Monica Bellucci et Romain Duris. La question m'a souvent été posée : « Mais c'est quoi finalement être productrice ou producteur de cinéma ? »

Et très souvent les deux questions qui s'ensuivaient étaient : « C'est celui qui finance le film ? Il faut avoir beaucoup d'argent ? »

Laissez-moi vous raconter cet univers, pour celles et ceux qui ne le connaissent pas de l'intérieur.

C'est l'occasion d'éclairer ce qu'est ce beau métier selon mon point de vue et ce qu'il représente pour moi.

Chaque producteur a sa manière bien à lui d'exercer ce métier, chaque film est un prototype.

Il y a autant de profils de producteurs et productrices qu'il y a par exemple de profils d'éditrices et d'éditeurs ou de labels artistiques.

Chacun construit son profil «éditorial», ce qui va le définir, devenir sa marque de fabrique.

Il est, en effet, plus facile de comprendre ce qu'est le monde de la production en le comparant à un autre monde assez proche, qui est celui de l'édition littéraire. Tout le monde comprend qu'un éditeur, c'est avant tout quelqu'un qui fait des choix artistiques. Certains choix sont plus commerciaux qu'artistiques, d'autres plus artistiques que commerciaux, et d'autres sont comme le veut la célèbre formule à la fois «populaires et de qualité». D'Actes Sud à Massot en passant par Gallimard, Grasset et Flammarion, il y a une ligne éditoriale qui caractérise chaque maison d'édition. Elles sont nombreuses et diverses. Elles sont des centaines. Dans le cinéma, c'est pareil. Ce sont toujours des choix.

Le choix d'un sujet (original ou adaptation d'un livre), le choix des auteurs, d'un scénariste, d'un réalisateur, qui peut aussi avoir les deux casquettes. Les choix que l'on va faire ensemble avec le réalisateur, comme le casting qui donnera « une couleur » au film.

Le choix de l'équipe, du directeur photo au chef costumier, du scripte aux figurants.

Puis le film devra être « budgété », car il faut savoir combien il coûtera. On lance alors une pré-préparation, ce qui permet de faire une étude de faisabilité. Les « repérages » en font partie (le choix des endroits où le film sera tourné) pour tout ce qui n'est pas tourné en studio. Le choix de tourner en studio ou en décor naturel fait partie d'un autre choix, à la fois artistique, financier et d'organisation du travail. Les repérages se font généralement en équipe réduite, réalisateur, chef opérateur, directeur photo, premier assistant et directeur de production (un des boulots les plus difficiles à mes yeux avec celui de premier assistant car pris entre deux feux, celui de l'artistique d'un côté et celui de la rationalisation et des choix budgétaires de l'autre). Il y a tant de profils différents pour ces deux postes qu'il est impossible de généraliser, mais on peut dire pour résumer que c'est au directeur de production qu'il appartient, lorsque tout sera réuni, que le financement sera en place, de tenir le budget en tournage puis en postproduction, pour le compte du producteur, de garder les équipes soudées, face aux différents aléas. Et il y en a...

C'est au premier assistant au moment du tournage qu'il appartient à la fois de « tenir le plateau » et d'aider le réalisateur à mettre en place ses plans, de se débrouiller pour que cela fonctionne.

Pour budgéter correctement un film, il faudra aussi établir un plan de travail. Le premier assistant y jouera un rôle majeur.

Le plan de travail consiste à décrire précisément ce qui sera tourné chaque jour, et surtout comment cela sera tourné. Un long plan-séquence, un travelling, une caméra à l'épaule, des contrechamps, des valeurs de plan différentes (gros plan ou plan large), les choix sont illimités...

On fait alors ce que l'on appelle un « découpage ». On coupe littéralement le film en un nombre infini (ou plutôt fini) de plans. Chaque plan fera par la suite l'objet de plusieurs prises, une, deux ou vingt-cinq... C'est encore un choix. Déterminer le nombre de plans qui sera tourné par jour permet d'avoir une idée du temps de tournage. Et souvent il faudra trouver des astuces pour réduire le temps de tournage. Car conserver une équipe entière pendant des semaines, c'est cela qui coûte souvent le plus cher. Et le temps, cela a un coût. D'où les risques de délocalisation et l'importance des crédits d'impôt pour garder la France attractive. De nombreux pays mettent en place des crédits d'impôt, appelés « *tax shelters* ». Chaque pays fait en sorte qu'il soit le plus attractif dans ses critères.

En « intérieurs » comme en « extérieurs », le plan de travail ne suit pratiquement jamais la chronologie de l'histoire, car il faut optimiser les décors. On ne quittera pas un décor sans avoir tout fait pour tourner tout ce qui doit y être tourné. Et les décors intérieurs, naturels ou en studio, peuvent servir de *cover set*, de repli quand il pleut et que l'on ne peut pas suivre le plan de travail de départ.

Ensuite, il faudra financer le film. Scénario, réalisatrice ou réalisateur, casting, les choix musicaux, le choix des chefs de poste ou de département, le coût du film. Globalement tous les ingrédients sont prêts pour présenter le projet aux partenaires financiers.

Bref, mieux on est préparé, mieux on peut articuler exigences artistique et financière. L'anticipation est une nécessité absolue. Du début jusqu'à la fin, un film de cinéma est à la fois Art et Industrie, car le cinéma coûte cher en comparaison d'un livre, un tableau ou même une œuvre musicale. Il faut donc « monter le financement » avec de bons partenaires et très souvent le producteur est amené à mettre ses frais généraux et ses salaires producteur en participation. Il ne se paiera alors que si le film fonctionne.

Un film dont le financement est totalement « couvert », y compris les imprévus, est rare pour un producteur indépendant. Une fois le financement réuni, la préparation officielle peut commencer. Souvent sur plusieurs mois. Il faut construire les décors, fabriquer les costumes, faire les essais lumières et caméras. Bref, que tout soit fin prêt pour le premier jour de tournage. Le tournage est à mes yeux l'un des moments les plus magiques, car là, le rêve commence à prendre chair, là l'alchimie se fait ou ne se fait pas, l'esprit d'équipe prend corps ou ne prend pas.

C'est donc aussi un des moments où l'on n'a pas le droit à l'erreur. Même si le numérique peut maintenant permettre d'en corriger certaines, mais cela a un prix. C'est le moment où la pression s'exerce de manière très forte.

Le tournage est un moment unique, en huis clos, que va vivre avec intensité toute une équipe à la fois soudée et confrontée à toutes sortes d'incidents, d'accidents, de pressions, à la fatigue, et soumise donc à toutes les affres de l'âme humaine. C'est au moment du tournage, dans cette forme d'urgence, que se révèlent sans fard les personnalités. Ce sont aussi des moments de création, de passions et de joie intenses. En fait, tout est intense. Et ce bonheur de créer et de fabriquer est irremplaçable.

Certains producteurs ne mettent pas les pieds sur un tournage, ou vont seulement à la cantine déjeuner avec les comédiens et l'équipe caméra. Un tournage, il est vrai, peut faire peur. Pour un producteur, on est chez soi, mais en fait pas tout à fait chez soi. On a coutume de dire – de manière imagée, je vous rassure – qu'« avant le tournage le producteur a le pistolet sur la tempe du réalisateur ». Il décide ou non de lancer le tournage. Une fois le tournage commencé, c'est le réalisateur qui récupère le pistolet et le pose sur la tempe du producteur. Quant au moment du montage, chacun a un pistolet dans sa poche… Il vaut mieux donc s'entendre au mieux et surtout se comprendre dès le départ. Et ne jamais avoir à sortir le pistolet. C'est bien sûr cet idéal qui est recherché.

J'aime y passer un certain temps pour comprendre ce qui s'y vit, échanger avec les équipes machino, électro ou déco. Ne pas y rester trop longtemps non plus, au risque de se faire aspirer et de ne plus avoir de recul. Bref, un mélange subtil et complexe. Il faut savoir être là dans les moments difficiles pour trouver les solutions. Il faut savoir être là aussi dans les bons moments lorsqu'un plan a été particulièrement réussi, surtout celui qui n'était pas vraiment prévu. C'est une véritable aventure humaine.

Pendant le tournage, le film va donc commencer à se fabriquer, mais il est loin d'être fini.

Ensuite, il va falloir le monter, le finaliser, le promouvoir et le sortir dans les salles de cinéma pour l'offrir aux spectateurs. Pratiquement tout repose sur « les entrées » du mercredi à 14 h et jusqu'à la dernière séance. C'est incroyable que tout repose sur une seule journée, sur ce démarrage. Et c'est aussi le nombre d'entrées en salle qui donnera sa valeur télévisuelle au film de cinéma. C'est-à-dire le montant qu'une chaîne de télévision acceptera de mettre sur la table pour acheter le film après les premiers passages télévisés. En effet, les premières diffusions télé auront généralement permis de financer la production donc la fabrication même du film. Un financement type de film, c'est en général un achat de droits de télévision payante (Canal+ ou OCS en première et deuxième fenêtre de diffusion), une coproduction et un achat de droits de diffusion par une chaîne gratuite (TF1, France TV et M6), un « minimum garanti » sur le nombre d'entrées en salle, les ventes du film à l'étranger ou l'exploitation vidéo (devenue VOD) que l'on estime pouvoir réaliser. Un minimum garanti, c'est une avance sur des revenus futurs qui est consentie et qui sera récupérée lors de l'exploitation du film.

Quand on est producteur et que l'on n'a pas une fortune personnelle, on peut tout perdre.

Cela apprend l'humilité face aux événements. On sait que tout peut arriver à tout moment. Il y a certaines assurances, bien sûr, mais elles ne couvrent pas tout.

Mais il y a aussi des producteurs qui ne mettront jamais les mains dans le cambouis et qui ont les moyens de perdre de l'argent. C'est comme dans tous les métiers.

Pour celles et ceux qui exercent ce métier, il semblera peut-être que j'ai simplifié, mais pour les néophytes, j'espère que cela leur aura permis de le comprendre un peu mieux de l'intérieur.

Ce que j'avais aussi envie de raconter, c'est que productrice indépendante, quand on l'a été, on le reste toute sa vie au fond de soi. C'est une manière d'aborder la vie, d'être au plus près de l'acte de création, d'innover, bâtir, fabriquer, construire avec les autres.

Il faut maîtriser en partie le droit et les montages financiers, la négociation, mais il faut aussi avoir le plus possible du nez pour identifier les talents encore naissants, les œuvres « inédites ». Et il faut aussi aimer mettre les mains aux fourneaux de la fabrication. C'est aimer le travail d'équipe, c'est aller chercher le meilleur en chacun.

Être producteur indépendant, c'est aussi être confronté au réel. C'est ne pas pouvoir dire : « Ce n'est pas ma faute, c'est celle des autres. »

Vous ne pouvez jamais vous défausser. Lorsque vous vous retournez, il n'y a personne. Vous devez assumer. Vous subissez toutes les conséquences des décisions que vous prenez ou que vous ne prenez pas.

C'est cela qu'ont fini par comprendre les députés En marche de la commission culture de l'Assemblée nationale en acceptant enfin de préserver les conditions de l'indépendance du producteur, dans le projet de loi sur l'audiovisuel qui a fini par voir le jour en juin 2021. Projet de loi qui a considérablement réduit ses « ambitions »... et heureusement d'ailleurs, vu la nature de ces fameuses ambitions !

Producteur, productrice, cela représente pour moi une métaphore de ce que devrait être l'action politique : cela oblige à avoir à la fois de la créativité et de la rigueur. C'est mêler des contraires, non en les opposant, mais en les réconciliant ou en les dépassant. C'est comprendre à quel point le temps de préparation est fondamental, que ce qui se passe en amont détermine ce qui se passera en aval. C'est à la fois l'anticipation et la vision.

Je ne prétends pas que j'ai réussi tout cela, mais c'est ce vers quoi j'ai essayé de tendre.

Mieux un film est préparé, anticipé, plus il sera réussi dans toutes ses dimensions. Être bien préparé permet de donner plus de liberté de création, plus de place à l'imagination. C'est parce que vous maîtrisez un grand nombre d'éléments en amont que vous pourrez plus facilement avoir de choix par la suite, jusqu'à prendre même la décision de vous écarter de vos premiers choix. Non parce que vous le subissez et que vous devez reculer, mais en pleine connaissance de cause, pour avancer. Cela vous apprend à ne pas faire de coupes claires dans le plan de travail, celles qui se verront automatiquement à l'écran. Travers que l'on peut comparer aux rabots budgétaires sur les politiques publiques. Il est essentiel de faire du sur-mesure, de conclure un contrat social avec les équipes, de prendre ce temps et de laisser aussi la vie apporter des solutions que l'on n'aurait même pas imaginées.

C'est le contraire de ce qui se produit en politique, la volonté de tout contrôler directement, de ne pas faire confiance en pensant que l'on sait mieux, et d'être sans cesse dans la réaction, sans véritable vision autre qu'un cap abstrait et conceptuel.

Dans ces cas-là, on fait mal les choses et l'on s'épuise, car on ne réalise pas toute la chaîne de collaborations qui permet d'imaginer et de créer, dans le réel.

Chaque film est une expérience renouvelée. Il n'y a pas de confort définitif. Seule l'expérience permet de ne pas réitérer des erreurs grossières et d'aborder de plus en plus de situations différentes sans anxiété particulière.

Mais cela reste un éternel recommencement et il faut garder beaucoup d'humilité, marier rigueur et lâcher-prise, maîtriser le temps court et penser le temps long.

Chaque producteur, chaque productrice a une approche personnelle de son métier, et loin de moi l'idée de généraliser. C'est mon approche, celle que j'ai toujours cherché à avoir.

Et c'est ce dont nous aurions besoin en temps de crise : de la rigueur, du professionnalisme, de l'expérience de terrain, de celles et ceux qui acceptent de descendre dans la mine, de mettre les mains dans le cambouis et de « fabriquer ».

La plupart des hauts fonctionnaires, en tout cas ceux qui nous dirigent et qui estiment former l'élite de la nation, n'ont jamais ni créé ni fabriqué. Ils ne rendent aucun compte sur l'atterrissage des dispositifs conceptuels qu'ils proposent. Ils administrent. C'est bien aussi pour cela qu'il y a eu désindustrialisation en France. Le mépris de la « fabrication ».

La plupart du temps celui qui conçoit intellectuellement, administre et exécute la demande politique ne sait pas ce que signifie « fabriquer », « créer », ce qui permet aux choses de prendre forme dans la vraie vie.

Il ne peut pas comprendre pourquoi cela ne marche pas, car il ne sait tout simplement pas comment cela fonctionne. Et il en va de même de la plupart des responsables politiques, qui n'ont pas mis les mains dans le cambouis. Faire un tour « dans le privé », dans une banque ou dans un grand groupe, ce n'est pas aller mettre les mains dans le cambouis. Dans bien des cas, dans certains postes et certaines fonctions, c'est juste gagner mieux sa vie, apprendre à séduire, à manipuler et à s'assurer un réseau. Ce n'est pas « fabriquer » du réel. Je ne me sens pas « ennemie » de la finance, qui est aussi là pour financer les idées, les projets et leur fabrication. Mais je suis réfractaire à tout ce qui détourne cette finance de l'investissement dans le réel. C'est le mal absolu qui nous ronge.

CHAPITRE 9

Noé Productions

Canal+ d'un côté et de nombreux partenaires du cinéma de l'autre ont décidé de me couper les vivres. J'ai « osé » affronter Canal+...

Je me suis battue, mais je n'ai pas réussi à sauver ma société du dépôt de bilan. Il me faut maintenant lutter pour ne pas la liquider.

Mon dernier espoir était un accord avec TF1. J'avais eu de longues discussions avec Patrick Le Lay. Il s'intéressait à ma société et à celle de Daniel Toscan du Plantier[56], Euripide.

Daniel me disait souvent : « Je ne sais pas comment tu fais pour assumer publiquement d'être en redressement judiciaire. Moi, j'ai honte. » Je lui répondais alors pour lui remonter le moral : « Tu sais, aux US, cela s'appelle le "*chapter eleven*" et c'est vécu comme une deuxième chance. Être mis en redressement judiciaire, c'est être autorisé à geler toutes ses dettes pendant un temps donné pour

56. Producteur de cinéma, il a produit notamment des films comme *La Cité des femmes*, de Federico Fellini, *À nos amours*, *Van Gogh* ou encore *Sous le soleil de Satan*, de Maurice Pialat, etc.

trouver une solution. C'est une seconde chance qui vous est donnée. C'est donc une formidable opportunité. »

Je savais aussi que j'étais dans cette situation parce que certains avaient mis leurs menaces à exécution et m'avaient coupé les vivres pour avoir osé « résister ». Je ne lui disais pas à quel point j'étais effrayée. À quel point je m'endormais tard en sachant que le matin, je me réveillerais épuisée, avec un poignard planté dans le plexus. Planté à tel point que quelquefois, je n'avais pas envie de me coucher pour ne pas avoir à me réveiller et ressentir cette vive douleur. Que pendant des années, je ressentirais encore les cicatrices. J'ai aussi compris à ce moment-là ce que voulait dire ne plus avoir goût à la vie, qu'elle vous échappe, qu'il y a le néant. Mais vos enfants sont là et vous savez que vous devez continuer. Trois ans de combat, quatre ans de galère. Sept ans de ma vie.

Je n'ai jamais parlé à personne des angoisses qui m'ont traversée. Tout d'abord parce qu'il y a bien pire et que ce serait indécent. Et puis, parce que cela n'aurait pas servi à grand-chose. D'ailleurs, on m'a toujours dit : « Toi, de toute façon, tu t'en tires toujours. »

Néanmoins, je reconnais que j'ai des ressources en moi qui me permettent d'être résiliente. C'est une vraie chance et j'en mesure l'importance. J'ai aussi pu bénéficier du soutien de ma famille pour ne pas abandonner.

Cela me permet de me relever et de prendre en considération et en empathie celles et ceux qui ne peuvent le faire, avec le devoir de leur apporter mon soutien si cela est possible.

Ces expériences me permettent de comprendre ce que d'autres peuvent éprouver.

Mais cette période verra aussi mon couple exploser.

Mais revenons à Noé Productions, Patrick Le Lay, alors PDG de TF1, me propose de m'aider. On se voit deux fois à son bureau au siège de Bouygues à Paris. Il ne se passe pas grand-chose. Il me met entre les mains de son homme de confiance, qui n'inspire d'ailleurs pas vraiment confiance. Et puis il me donne rendez-vous à son bureau à TF1 et me dit : « Bon, je ne peux rien faire. Frédérique, il va falloir déposer le bilan, liquider la société. Vous devez de l'argent à la banque. Ce n'est pas grave, elle s'en remettra.

Il va falloir que vous vous jetiez à l'eau et que vous appreniez à nager dans la tempête. »

C'est direct, je ne lui en veux pas, je suis dans la période dite « suspecte ». TF1 ne peut pas se permettre d'investir à un tel stade. Je suis juste anéantie, car bien sûr un espoir était né. À présent, je suis en face du mur, celui de la dure réalité. Sur le chemin du retour à mon bureau, François Bayrou m'appelle. Il sent que cela ne va pas très bien. Je lui explique pourquoi. Il ne répond rien. Dans ces moments-là, vous êtes seule et vous le savez.

Nous sommes un lundi de janvier 2001, Philippe, le comptable, entre dans mon bureau et me dit : « Marc [mon associé] ne voulait pas que je te le dise, mais vendredi la banque a rejeté pour la première fois des chèques. » Je comprends que la situation est très grave et que mon associé ne m'a pas prévenue qu'elle se dégrade depuis des mois maintenant. Nous nous étions partagé les tâches et j'ai fait la grave erreur de faire confiance à ses compétences et de ne pas installer de garde-fous. J'étais chargée de l'artistique et des montages financiers, lui de la production exécutive et de la gestion au quotidien de la société, ce qui impliquait les relations avec les établissements bancaires et de crédit.

Il n'est bien sûr pas responsable du fait que, de partout, on va nous couper les vivres, mais il est responsable de ne pas avoir alerté plus tôt en confondant « trésorerie » et réels revenus, pensant qu'avoir des marges de manœuvre financières suffisait. Il a attendu qu'il n'y ait plus de liquidités. Il n'a prévenu personne et a même demandé au comptable de me taire la situation.

Je n'ai plus aucune marge de manœuvre, je suis face au mur. Je le fais donc venir, je lui signifie qu'il s'agit d'une terrible trahison. Je suis gérante majoritaire, donc responsable pénalement. Nous devons de l'argent à des fournisseurs. Nous allons les planter et trahir tous ceux qui nous ont fait confiance. Il pleure et me dit qu'il ne veut pas appeler les fournisseurs. Je vois qu'il sera incapable de faire quoi que ce soit. La colère monte en moi. Mais je garde mon sang-froid et je lui demande en revanche très tranquillement de tout simplement quitter mon bureau. Je l'informe que je lui retire toutes ses délégations. Il disparaîtra sans attendre et me demandera de l'argent pour que je puisse récupérer ses parts de la société dont j'avais besoin de disposer pour trouver des partenaires. Jusqu'au bout, il n'assumera rien et je serai par ailleurs contrainte à les lui racheter.

C'est la première fois que je me retrouve dans la situation de devoir demander de l'argent à mes parents, avec qui les rapports sont très difficiles, et de contracter ainsi un emprunt auprès d'eux. Même si je reconnais que c'est aussi une chance de pouvoir le faire. D'autres ne l'ont pas. Mon autre associé partira lui aussi de son côté en emmenant deux talents avec lui. Les rats quittent le navire… Patrick Le Lay avait raison : j'allais devoir apprendre à nager dans la tempête. Je ne suis pas en mesure de garder Philippe, le comptable, qui n'est plus parmi nous aujourd'hui. Je resterai seule avec Mathieu Bompoint, jeune recrue talentueuse, qui le prouvera par la suite et qui acceptera de m'accompagner pour relever le défi.

Pour celui qui n'a jamais vécu cela, il faut savoir qu'à partir du moment où vous déposez le bilan, vous passez en fait dans un autre monde. Vous êtes seul·e et vous ne savez pas vraiment vers qui vous tourner. Mon administratrice judiciaire, Carole Martinez, qui a été géniale jusqu'au bout, me dira lorsque je parviendrai au final à ne pas liquider la société :

« Cette année, il y a eu 4000 dépôts de bilan, et sur ces 4000 sociétés environ 400 seulement ont été mises en redressement judiciaire, 40 réussiront à ne pas être liquidées. Tout se joue dans la tête. Il faut à la fois un mental et de la chance. » Pas seulement… Mais ça compte !

En tout cas, pour revenir à ce jour de janvier 2001, je suis seule. Nous sommes lundi soir.

Je ne sais pas qui appeler. Je tombe dans l'inconnu et le temps m'est compté.

Je ne peux pas parler à mon mari. Cela m'obsède. Il me faut d'abord une idée de la route que je dois emprunter. Devant moi, il n'y a plus rien, le vide. Je fixe les jouets des enfants.

Lasse, j'estime qu'il vaut mieux dormir. Demain sera un autre jour. Il est toujours plus facile de se battre contre l'adversité lorsqu'il fait jour.

Nous sommes mardi matin. Je prends mon courage à deux mains. Je me rends au bureau. Je sais que je dois agir et ne pas paniquer. Je saisis mon téléphone et appelle l'organisme de crédit. Je leur dis tout. Première belle surprise. J'entends Denis Offroy, le patron alors de Cofiloisirs, me dire : « Écoute, merci de ton appel, tu as toujours été honnête avec nous, viens nous voir, on t'invite à déjeuner, on va tout faire pour t'aider. » Il ne s'agit pas que de bons sentiments bien sûr, c'est dans leur intérêt de récupérer l'argent des crédits et donc que l'activité se poursuive, mais un peu d'humanité dans ces moments-là, ça change tout. Nous nous retrouverons le lendemain avec Denis, Maud Leclair et Sylvie El Sayegh pour réfléchir ensemble. Je ne suis plus seule. Et nous formerons par la suite avec mon avocate et mon administratrice judiciaire, Carole Martinez, une équipe de choc jusqu'au dénouement. Déjà, ils me trouveront effectivement la bonne avocate, Corinne Bénichou, qui deviendra une amie. On l'appelle, elle est sur les pistes de ski, mais elle revient dans une semaine et elle a des mots rassurants. Je comprends effectivement que le soutien psychologique dans une telle situation c'est au moins 50 %; c'est ce qui vous permet de tenir.

La banque, quant à elle, réagira moins bien; il est vrai qu'à la différence de l'organisme de crédit elle n'a aucune garantie et sait qu'elle ne récupérera pas son argent. Je ne leur dois pourtant pas tant d'argent que cela pour une entreprise, un million de francs, soit 150000 euros. Et j'ai toujours en tête la phrase de Patrick Le Lay, « la banque s'en remettra », mais cela me hante. J'ai des scrupules que d'autres n'ont pas; je leur dois bien cet argent et cela peut impacter les personnes qui m'ont fait confiance, j'en suis consciente. J'apprendrai alors qu'il vaut mieux finalement devoir beaucoup d'argent aux banques, car pour ne pas perdre ce qu'elles ont accepté de donner, lorsqu'il s'agit de gros emprunteurs, honnêtes ou moins honnêtes, elles sont prêtes à tout faire pour vous aider.

Je ne m'étendrai pas sur les longs mois qui ont suivi. Avec cette équipe, j'ai donc réussi à ne pas liquider la société et à me trouver en redressement judiciaire. Nous sommes en avril 2001, j'ai jusqu'au 2 octobre. Six mois pour trouver une solution, dont deux mois d'été. Six mois où vous savez que chaque jour compte, mais que vos interlocuteurs quant à eux y sont indifférents.

Avec les deux mois d'été, je n'ai véritablement que quatre mois.

Un long travail mené à nouveau avec TF1 pour mettre en place un plan de redressement s'effondrera sous mes yeux. Le 18 juin, je suis censée présenter ce plan au juge-commissaire, mais Patrick Le Lay ne répond plus à mes appels depuis quelques jours. Pascal Delarue, chargé de la négociation chez TF1, me dit pourtant que tout est prêt et qu'il ne manque plus que la signature de Patrick Le Lay. Ce dernier ne répondra plus jamais à mes appels jusqu'au jour où, quelques mois après, je lui laisserai ce message : « Ça y est ! Je m'en suis sortie toute seule, je voulais que vous le sachiez. » Il me rappellera pour me dire qu'il est heureux pour moi et qu'il est désolé d'avoir été lâche. Il me raconte alors qu'après un article d'Emmanuel Schwartzenberg en dernière des « pages saumon » du Figaro qui indiquait qu'il était en train de racheter deux sociétés en redressement judiciaire, la mienne et celle de Daniel Toscan du Plantier, il a reçu un coup de téléphone de Martin Bouygues, lui disant : « Vous faites quoi là avec des entreprises en redressement judiciaire ! Arrêtez tout de suite. » Pourtant, l'avantage du redressement judiciaire c'est qu'il n'y a plus de période « suspecte ». Tout est devenu transparent. Il n'y a donc pas d'autre risque que celui d'un investissement classique. Mais il n'a pas osé me le dire et n'a plus répondu à mes appels. Me le dire, c'était avouer qu'il n'avait pas le pouvoir qu'on lui prêtait.

J'apprendrai donc encore autre chose.

Que souvent le pire pour des hommes dits de pouvoir, c'est de ne pas en avoir autant que cela et de devoir faire semblant. Et le seul qui ne m'ait pas menti, c'est Didier Lombard lorsqu'il dirigeait Orange.

Pour ma part, je pense que lorsque l'on comprend que l'on n'aura pas le pouvoir de faire avancer ses idées alors il faut renoncer aux postes de pouvoir que l'on vous a proposés. Renoncer à être président ou directeur général d'une société ou ministre par exemple. Mais c'est une des choses les plus difficiles à faire, comme on le voit. Car c'est aussi perdre les attributs du pouvoir. Pourtant, les souffrances et les renoncements qui s'ensuivent sont terribles. On en sort souvent abîmé. Et on ne peut alors pas revenir en arrière.

Le plus paradoxal, c'est qu'au moment même où je vis ces difficultés, je me retrouve à la fois récompensée d'un oscar à Hollywood et porte-parole culture du candidat à l'élection présidentielle François Bayrou. Je viens effectivement d'obtenir l'oscar du meilleur film étranger pour *No Man's Land* face à *Amélie Poulain*, soutenu par le puissant Harvey Weinstein dont on disait que rien ne lui résistait... Quelques semaines après, je suis devant le tribunal de commerce. Je suis convaincue que les juges ne seront pas tendres avec moi : un oscar, porte-parole d'un candidat à l'élection présidentielle, je ne suis pas sûre que cela joue en ma faveur. C'est pourtant tout le contraire qui va se passer. Le président du tribunal a vu beaucoup de mes films. Il me demande pourquoi je suis là, après un oscar. C'est effectivement difficile de comprendre qu'il n'y a aucun lien entre une telle récompense prestigieuse et la situation économique d'une société que le principal acteur du secteur a décidé de « tuer » (professionnellement bien sûr).

Retour à Noé. Le 18 juin, je sais qu'il me sera impossible de trouver un plan B.

TF1 a renoncé, sans que je sache pourquoi à ce moment-là. Cela ne pourra que dissuader d'autres partenaires éventuels. De plus, l'été arrive. Rien d'essentiel ne peut se passer pendant cette période, surtout au mois d'août. Le temps du redressement judiciaire n'est pas le temps de la vie. Septembre. La rentrée. Un mois à peine pour trouver une solution. Et déjà ce sera le 2 octobre… La date couperet. Je décide de lâcher prise. De ne plus penser à rien. Nous partons en vacances dans les Alpes. Curieusement, je suis calme. Le calme avant la tempête ? L'œil du cyclone ? Ou ce calme qui survient lorsque vous avez lâché prise, et que tout redevient possible même si vous n'en savez rien. Il est temps de poser le sac à dos. Je me suis battue. J'ai refusé entre-temps le poste qu'on m'offrait à Arte pour reprendre la filiale de coproduction. C'était une planche de salut. Je ne remercierai jamais assez Richard Boidin et Jérôme Clément. Car dans ces moments-là, recevoir du soutien, c'est précieux. Mais cette opportunité se présentait trop tôt pour moi. Je ne voulais pas abandonner le terrain avant d'avoir livré bataille. Il y avait des créanciers à rembourser. Je savais aussi inconsciemment et intimement qu'accepter un poste où la liberté est relative, car les décisions sont prises in fine par le conseil de surveillance, ne correspondrait pas à ma nature.

Toujours cette petite voix intérieure, comme on l'appelle souvent, qui me rappelle qui je suis vraiment. De mon côté, je vais donc d'abord choisir d'assumer les conséquences de mes actes. Entre la sécurité et la liberté, je vais choisir la liberté.

Pourtant, devant moi, il n'y a même plus de chemin. C'est fini. « Canal m'a tuer », pour paraphraser la célèbre formule d'André Rousselet[57]. Il semble que je n'ai plus ma place sur l'échiquier du cinéma. Et c'est à ce moment que se produit l'inimaginable ! Fin août, l'administratrice judiciaire m'appelle pour m'informer qu'elle a reçu une proposition d'une personne en dehors du cinéma qui s'intéresse à Noé Productions et qui veut me rencontrer. Je dis oui, bien sûr.

57. Référence à l'affaire Omar Raddad.

CHAPITRE 10

Les années Orange, 2005-2014

Emmanuel Gauthier, qui faisait à l'époque partie de la « division contenu » de France Télécom, m'appelle un jour de novembre 2005 : « France Télécom[58] étudie l'idée d'aller plus franchement dans les contenus. Il y a des idées de noms de personnalités qui circulent à qui on pourrait demander de réfléchir à la stratégie, mais l'idée plus intéressante serait plutôt d'avancer avec quelqu'un qui a des expériences multiples, de ne pas faire toujours appel aux mêmes, car on n'est pas sûr qu'ils inventent le monde de demain. Et surtout on doit aussi pouvoir avoir confiance. Car tout ce que l'on dit est immédiatement répété à Canal+. Même s'il ne s'agit pas d'agir contre Canal+, on ne pourra pas avancer sans garder la confidentialité. Toi, tu as su montrer ton indépendance face à Canal+, j'ai donné ton nom, et si tu es d'accord, ils vont te recevoir. »

À ce moment-là, Canal+ n'a plus le pouvoir moral et économique absolu sur le secteur qu'il a longtemps eu, même si TPS a été rachetée entre temps... par Canal+. Néanmoins, sa place reste déterminante et c'est un vrai

58. France Télécom a changé de nom en 2013 pour devenir Orange.

partenaire pour le cinéma. Le Conseil de la concurrence a encadré le rapprochement. L'habitude de ne plus être en monopole a été prise. Et la relation de Canal+ au cinéma et du cinéma à Canal+ reste aussi une belle histoire qui est loin d'être terminée. Depuis un moment, Canal+ et les chaînes en clair se sont associées pour défendre le « contenu » qu'ils prétendent être les seuls à représenter contre les « méchants » opérateurs de Télécom, accusés d'être des géants, complices du piratage, et notamment contre celui qui domine le marché, France Télécom/Orange.

À la fois ce coup de téléphone me stimule, c'est un vrai défi, passionnant ; à la fois, je reste attachée à mon métier de productrice qui est d'être au cœur de la création et de la fabrication. Je ne sais pas encore qu'ayant remonté une société de production, Inga Films, accueillie dans les locaux de LGM[59] par Jean-Baptiste Dupont et Cyril Colbeau-Justin – qui nous a quittés depuis à la suite d'une longue maladie –, je ne parviendrai pas à monter les projets de film qui me tiennent le plus à cœur, que la vindicte de Canal+ me poursuit toujours. À ce moment-là, je développe plusieurs de ces projets. Je ne remercierai jamais assez Jean-Baptiste de m'avoir permis de « survivre ». Je lui dois énormément et il le sait.

À l'époque, je sais aussi qu'une partie de moi aspire à voir plus large, à emprunter des chemins qui permettent de voir le monde différemment. Je me rends alors compte que mes différentes expériences me permettent de concilier une grande partie de ce qui me tient à cœur : participer à l'invention du futur qui s'écrit devant nos yeux, élargir mon horizon tout en restant proche du concret. J'ai envie de proposer une stratégie adaptée qui permette de

59. Société de production créée par Jean-Baptiste Dupont et Cyril Colbeau-Justin.

faire d'Orange un partenaire à part entière de la diversité culturelle, un partenaire incontournable du monde qui se dessine, où les frontières entre ce que l'on appelle « les tuyaux » et « les contenus » s'estompent, renforcer ainsi la diversité des acteurs auxquels le monde de la création peut s'adresser, raconter le monde à travers un profil éditorial qui fait place à la diversité, à la créativité et à l'innovation. Je sais aussi que cela ne peut se faire qu'au prix d'un certain équilibre. C'est de cet équilibre, de cette régulation, de sa nature et de son niveau, de cette subtilité que dépend la diversité. La diversité, c'est le choix. C'est mon mantra, car c'est l'essence même de la démocratie.

Je décide donc de relever avec passion ce nouveau défi. Je souhaite faire une proposition complète, à la fois une analyse de la situation, partir des constats et déterminer quelle est la meilleure stratégie, mais aussi son mode d'exécution. Ne pas être en compétition systématique avec ceux qui se voient comme des concurrents, mais le plus possible en complémentarité avec les acteurs du secteur, ne pas vouloir faire ce que d'autres savent faire mieux que nous et enfin proposer la manière dont il faudra communiquer pour être compris.

C'est l'opportunité d'inventer un modèle. C'est profondément ce qui me motive.

Alors je plonge. J'ai l'opportunité là de concrétiser ce en quoi et ce à quoi je crois.

Mais il y a d'abord les obstacles à franchir : France Télécom, qui deviendra Orange, est à cette époque perçue comme le géant qui veut écraser les petits, y compris les acteurs historiques qui ne sont pas si petits que cela. France Télécom est accusée d'être la complice du piratage, de ne pas rémunérer les contenus qui lui servent de produits d'appel.

Il est par ailleurs toujours difficile de comprendre et visualiser quelque chose qui n'existe pas encore, ici l'arrivée du plus puissant opérateur de télécommunication dans les contenus. D'où les crispations. À l'époque, c'était perçu comme inopportun, les quelques tentatives avaient jusque-là toujours échoué, donc c'était devenu inconcevable. On l'a vu pour « la deuxième fenêtre » de télévision payante qui est devenue une évidence aujourd'hui. On l'a vu concernant les offres légales par abonnement qui restent alors des concepts théoriques alors qu'aujourd'hui tout le monde sait ce qu'est Netflix ou Amazon Prime. On le sait et on le comprend plus facilement aujourd'hui parce qu'on l'a éprouvé.

Enfin, il est essentiel de ne pas jouer les gros bras. Inutile de faire peur aux uns ou aux autres. On sort d'une terrible guerre qui a duré plus de dix ans entre TPS et Canal, l'idée n'est pas de souffler sur les braises. Il faut d'abord exister, sans tout prétendre bouleverser, devenir légitime et rassurer. Non pas par les mots mais par les actes. Construire la confiance sur des bases solides.

Je propose donc alors à Orange tout simplement la création d'un outil de coproduction à l'image de Studiocanal. C'est ce qui se rapproche le plus de ce que nous pouvons faire de pertinent sans déclencher de guerre. Cela nous permet de ne pas être en concurrence frontale avec la chaîne Canal+ comme on aurait pu l'être avec la création immédiate de chaînes de cinéma payantes. Il s'agit d'investir de manière significative pour financer directement la création, dans un univers où la concurrence est la norme. Il existe de nombreux acteurs sur le marché comme les grands circuits Gaumont, Pathé ou UGC et les outils de coproduction des chaînes de télé. Il s'agit avant tout d'être un outil de financement supplémentaire ou complémentaire pour la production indépendante, de ne pas devenir producteur délégué afin de ne pas prendre de droits excessifs aux producteurs indépendants et de ne pas devenir non plus distributeur physique afin de préserver la distribution indépendante.

Je pensais que, s'il était normal de détenir le mandat de distribution avec les risques financiers qui y sont associés (les frais d'édition qui consistent à financer les copies, les frais de publicité, de promotion), il était judicieux de ne pas investir dans la « distribution physique », qui consiste d'une part à proposer une stratégie de distribution et de marketing, à placer les copies dans les salles, et qui d'autre part nécessite une grosse équipe de programmation, une force de vente[60]. Enfin cela nous donnait du fait du partage du risque distributeur un accès aux recettes dès le premier euro de récupération de l'investissement.

Le fait de séparer le mandat de « distribution physique » en salle du mandat de distribution sur le simple plan juridique sera en effet également une première pour un studio et deviendra une forme de modèle d'investissement par la suite pour d'autres acteurs.

Je proposerai aussi un concept nouveau qui sera difficilement compris au départ : travailler avec tout le monde, y compris ma propre concurrence. Au début, lorsque je vais soumettre cela à mes concurrents, ils me riront effectivement tous au nez : « Comment imagines-tu une seule seconde que nous allons travailler ensemble ? Tout d'abord, tu n'existes pas encore, on ne va tout de même pas t'aider à exister ? »

Ou encore : « OK, mais c'est nous qui décidons de tout et c'est à nos conditions. »

60. Cela avait par ailleurs d'autres avantages, choisir le meilleur profil de distributeur en fonction du type de film (chaque distributeur a sa marque de fabrique comme un éditeur), ne pas alourdir un nouvel entrant avec des frais généraux incompressibles (nous obligeant à « alimenter » la machine).

Ou bien : « On ne va pas faire quelque chose qui pourrait peut-être gêner Canal+. »

Ou bien : « On ne va tout de même pas se partager les succès. »

Je leur rappelle la cruelle réalité. 1) Nous allons bien exister sur le marché. 2) L'investissement dans les films « frais » est rarement rentable. Seule la constitution d'un catalogue de films sortis en salle depuis plus de trois ans, exploitables sur tous supports en France et à l'étranger, ou le fait d'être propriétaire de salles de cinéma, permet d'amortir les pertes subies par des films nouveaux. Chaque film est un prototype. Il n'y a pas de recettes, comme semblent la plupart du temps le penser ceux qui font leurs premiers investissements dans le cinéma. Nous ne sommes pas les Américains qui peuvent « industrialiser » leur cinéma. Alors comme j'ai fait le choix que nous ne soyons jamais des concurrents en matière de distribution physique, pourquoi ne pas partager les risques en matière de production, de coproduction ou de codistribution ? Si UGC, Gaumont, Pathé, TF1, SND me disent donc tous « non » au début, les studios américains quant à eux comprennent et jouent le jeu. Universal, avec qui je coproduirai notamment *Gainsbourg*, le premier film de Joann Sfar, puis Warner, avec *The Artist* de Michel Hazanavicius, puis Paramount.

Le premier Français à accepter finalement de se jeter à l'eau sera le PDG de Pathé, Jérôme Seydoux. Pas vraiment d'ailleurs à ce stade pour de vraies bonnes raisons. Mais il sera tout de même le premier à faire le pas : la productrice du premier film de Riad Sattouf, *Les Beaux Gosses*, ne réussit pas à boucler son plan de financement. Elle sait que si nous sommes deux à partager le risque, elle pourra obtenir non pas deux fois plus, mais néanmoins un peu plus, et elle parvient à convaincre Jérôme Seydoux de nous y associer. En effet, ce dernier hésite à investir. Le film est perçu comme « trash », et par ailleurs, il s'agit d'un premier film, plus risqué donc, mais il aime bien Anne Dominique et lui fait confiance. Alors pourquoi ne pas partager le risque ? Riad est un auteur de BD reconnu, mais cela n'en fait pas obligatoirement un réalisateur. Comme pour tout premier film, il y a une part d'intuition, une part de rationalité, une part d'imprévu et une part de chance. Mais le film ne coûte « que » quatre millions d'euros environ et notre investissement est limité alors, pour Jérôme Seydoux, c'est presque un non-risque.

Le film sera un succès. Il est même devenu culte. Il révélera le jeune acteur Vincent Lacoste, dont la singularité est devenue incontournable. Jérôme Seydoux ira jusqu'à me dire lors de la fameuse soirée « chiffres » qui se tient le soir du premier jour de sortie d'un film : « Vous y croyiez, vous ! J'avoue que je n'y croyais pas du tout. » Ce sera le début d'une longue collaboration entre nos deux sociétés.

Et comme nous sommes en France, où le réseau compte, la décision de Jérôme Seydoux rendra « politiquement correct » le fait pour les autres acteurs de coproduire avec Orange Studio.

Les autres acteurs du secteur vont donc s'engouffrer dans la brèche : UGC, TF1 International. Seul Gaumont, à travers Nicolas Seydoux et Sidonie Dumas, sa fille, refusera toujours et ne se résoudra jamais à « partager ». Pour Gaumont, qui se vit comme la plus vieille maison du cinéma français, Orange Studio, c'est « nouveau riche ». Pourtant cette notion de partage du risque entre concurrents potentiels et de dématérialisation de la distribution est une pratique qui sera utilisée par la suite par d'autres et qui deviendra usuelle dans le secteur.

Il en va de même pour les audits. J'ai instauré, dès le départ, que chaque producteur soit audité. Auditer à la tête du client, ce qui se pratiquait jusqu'alors, était assez périlleux et rendait l'exercice presque impossible en cas de succès d'un film. Comment « oser » auditer un producteur ou une productrice à succès ? En France, c'est inconcevable. Mais ne pas auditer du tout donnait par ailleurs à quelques-uns la faculté de franchir les lignes en toute impunité. Car soulignons tout de même que, malgré les idées reçues, peu de producteurs ou productrices de cinéma trahissent leurs engagements. La petite minorité qui le faisait jetait ainsi un voile de suspicion sur l'ensemble de la profession. Une injustice de plus à laquelle il fallait à mes yeux remédier. J'ai donc été la première à intenter un procès à des producteurs en vue ou à en menacer un autre dit « intouchable » dont le réseau était tentaculaire. Le premier procès a été gagné. Il portait sur deux millions d'euros « détournés » de leurs objectifs. Le second n'a pas eu lieu, car le producteur a lui-même renoncé à ne pas respecter ses engagements.

J'allais aussi tomber de ma chaise à bien des égards concernant l'attitude de l'État qui s'affiche « protecteur » et « exemplaire », garant de l'intérêt général. En tentant un jour d'aider un producteur à résister à l'organisme de crédit privé qui lui tordait le bras, je me suis entendu dire par le directeur général de l'IFCIC[61], qui apporte une garantie de 50 % des crédits, et alors que l'État aurait dû jouer son rôle de régulateur : « Tu te prends pour qui ? Pour le chevalier blanc ? » Démontrant ainsi que la complaisance et la connivence souvent dénoncées, mais jamais reconnues sont pourtant bel et bien une part de la réalité. De mon côté, je ne renonçais toutefois pas à défendre ce producteur indépendant avec cette idée naïve, dira-t-on, qu'un plus gros doit protéger un plus petit en cas d'agression, voire de dépeçage.

Et convaincue que c'est bien l'addition de tous ces comportements qui fait monter ce sentiment d'injustice

61. L'organisme d'État qui garantit les crédits accordés par les organismes privés en matière de cinéma.

et d'iniquité qui nourrit ce que l'on appelle avec mépris le « populisme » que l'on prétend dénoncer.

Combien de fois j'entendrai des phrases comme celle d'un intellectuel de gauche en vue alors que j'avais refusé de couvrir les écarts de son producteur : « Vous êtes procédurière. »

Et « Vous êtes méchante. » Pourtant c'est le mal absolu dont nous souffrons. Le renversement des valeurs. Certains subissent des contrôles tatillons et hors d'âge qui les mettent en péril quand d'autres franchissent la ligne jaune allègrement en toute impunité.

Avoir le bras long est effectivement une garantie d'impunité. Les exemples prouvés et démontrés sont légion, mais restent le plus souvent au niveau de la presse d'investigation.

Je ne compte pas les appels que j'ai reçus pour trouver un arrangement à des situations anormales. Des ministres en exercice, d'anciens ministres et d'autres interventions indirectes de personnages puissants où l'on vous fait bien comprendre les risques que vous prenez à ne pas consentir. Ce mal bien français n'est pas lié aux « Gaulois réfractaires », mais bien à celles et ceux qui détiennent le pouvoir et le confisquent, réfractaires à toute forme d'exemplarité et de responsabilité. Ma vie est jalonnée de ces obstacles. Je les ai toujours affrontés et j'ai toujours accepté d'en subir les conséquences. Il n'y a donc pas lieu de se plaindre.

Et je sais aussi maintenant qu'il peut y avoir d'autres chemins plus apaisés.

En décembre 2005, je m'attelle donc avec enthousiasme à ma nouvelle tâche, la préfiguration d'une stratégie d'investissement dans les contenus pour Orange. Et je rends au bout de trois mois une note stratégique. Elle convient à l'équipe de la division contenu, dirigée à l'époque par Patricia Langrand, Hervé Payan et Jérôme Soulet, qui décident de la porter au plus haut niveau. Mais il reste à franchir les différentes strates et avoir l'oreille du grand patron. Et bien sûr, il ne se passe rien pendant plusieurs semaines. Jusqu'au jour où Jean-Jacques Bertrand, un ingénieur X Télécom[62] qui était au cabinet de François Léotard avec moi, m'appelle comme il a l'habitude de le faire de temps en temps. Nos déjeuners sont espacés mais rituels depuis trente ans. J'aime beaucoup Jean-Jacques. Il est fidèle, hyper intelligent, féru de théologie et de quantique.

Jean-Jacques est un ingénieur créatif et espiègle. Il gère à cette époque des fonds d'investissement pour le compte de la BNP. Lorsqu'il doit investir dans le secteur du cinéma et de l'audiovisuel, il a l'habitude de me demander mon avis. Cette fois-ci, en fin de conversation, je lui glisse confidentiellement que j'ai élaboré une stratégie dans les contenus pour France Télécom, mais que rien ne bouge. Je lui demande si cela l'intéresse de regarder. Il me répond : « Mais tu sais, je suis très proche de Didier Lombard[63]. Ce dernier m'appelle régulièrement de manière informelle pour me demander mon avis sur les sujets du secteur. Si tu veux que je te monte un rendez-vous ! Il n'y a aucun problème. »

C'est inespéré ! Mais ne souhaitant pas le décevoir, je lui propose de lui montrer d'abord le document stratégique que j'ai établi ainsi que le business plan afin qu'il me donne son avis. Il accepte et je les lui envoie dans la foulée.

Son retour est complètement enthousiaste.

Deux jours après, un rendez-vous était fixé. Je m'en souviendrai toujours. J'arrive dans le bureau de Didier Lombard. Il est assez « impressionnant » physiquement. Il me fait asseoir à la table de réunion en face de lui : « Allez-y, je vous écoute. »

62. Polytechnicien et ingénieur du corps des télécommunications.
63. Président-directeur général de France Télécom de 2005 à 2011.

Je déroule ma présentation. C'est compliqué parce qu'il est assis en face de moi et qu'il ferme les yeux. Je ne sais pas s'il s'ennuie, s'il dort ou s'il se concentre. Il ne bouge pas un cil. Au premier abord, ce n'est pas quelqu'un de commode et surtout il peut vraiment être très maladroit. Cela lui jouera des tours, on le verra. Ses réflexions peuvent être très brutales et créer un climat inconfortable pour son interlocuteur. Même si je comprendrai que se cachent, comme c'est souvent le cas, une grande sensibilité, une grande timidité et une grande fidélité derrière ce masque. Je finis ma démonstration. Silence. Il ouvre alors les yeux et la sentence tombe : « Je vais le faire ! » Et alors il s'anime, s'emballe même, il m'explique qu'il veut participer au financement de la création, devenir un véritable acteur du secteur. Que c'est à la fois une priorité culturelle, économique et politique. Que la « diversité culturelle », cette exception française, ça compte et que France Télécom doit prendre ce tournant. Il me raccompagne et me dit sur le pas de la porte : « Je vais demander à ce que vous soyez appelée et que l'on avance. Jean-Jacques m'a dit que vous étiez la meilleure, il avait raison. »

Je repars et je me dis deux choses au fond de moi, que Jean-Jacques a exagéré bien sûr, mais je comprends à quel point sa recommandation a de la valeur, et que ma présentation tenait aussi la route. Et je me dis aussi dans le même temps, je l'avoue : Didier Lombard m'a dit OK, mais cela ne se fera sans doute pas. Souvent, les enthousiasmes d'une fin de journée sont douchés après une nuit de sommeil. Aucun opérateur de télécommunication n'a alors pris la décision d'investir dans le contenu sauf en Corée du Sud. C'est un gros pari, peu de personnes peuvent le relever et il faut savoir l'expliquer. J'ai par ailleurs, comme on l'a vu, l'habitude de promesses non tenues y compris par les big boss, surtout par les big boss. Mais là, tout va se passer de manière différente et très vite.

Le dimanche après-midi, Jean-Yves Larrouturou, alors secrétaire général d'Orange, m'appelle pour me dire : « Didier m'a demandé de vous appeler pour qu'on avance. »

Une petite équipe se constitue au sein de la division contenu et nous préparons ensemble le document qui sera présenté au comité d'investissement du groupe le 16 novembre 2006. Didier Lombard est convaincant, et même les plus réticents finissent par nous suivre. Le feu vert est donné.

Louis-Pierre Wenes, le patron de France Télécom France, est le plus réticent. Il a la réputation d'être assez dur et cette réputation ne l'aidera pas pour la suite. Mais c'est un homme franc, intègre, qui dit les choses en face. Il ne fait rien par-derrière. Il donne son accord et il sera à partir de ce moment-là une des personnes les plus exigeantes du conseil d'administration de Studio 37, alias Orange Studio[64], la filiale cinéma. Il deviendra ainsi au fil du temps un de ses plus fervents défenseurs. Jean-Yves Larrouturou, Gervais Pellissier alors directeur financier puis directeur général délégué, Elie Girard alors directeur de cabinet de Didier Lombard puis directeur exécutif chargé de l'international seront, à cette époque, de vrais soutiens. Ils seront tous les trois des administrateurs exigeants, mais ils protégeront toujours Studio 37, qui en a bien besoin face à ceux qui ne voient pas d'un très bon œil cette intrusion d'Orange dans les contenus ou ceux qui, en interne, sont prêts à tout pour récupérer le pouvoir sur la filiale. Ils resteront donc des soutiens sans faille… jusqu'à l'arrivée de Stéphane Richard en 2011. Je comprends alors que seul Didier Lombard protégeait Orange Studio et sa directrice générale. À l'arrivée de Stéphane Richard, qui

64. Pourquoi 37 ? Tout simplement parce que nos bureaux à l'époque sont au 37, rue du Cherche-Midi, à Paris.

a Studio 37 dans la ligne de mire dès le départ, je perdrai alors un à un tous mes soutiens. Certains se retourneront même contre moi personnellement.

Didier Lombard érigera également en principe ce qui me tient le plus à cœur et qui résonnera très longtemps en moi, car c'est la première fois non seulement que l'on me choisit pour cette raison-là mais surtout que l'on me fera confiance constamment en respectant ce principe fondateur. Il m'explique qu'il me posera une condition pour donner le feu vert au lancement de ce qui deviendra Studio 37. Je m'attends au pire. Quelle exigence peut à ce point conditionner l'existence du futur Studio 37/ Orange Studio ? « La condition, me précise-t-il, c'est que vous soyez vraiment indépendante. Vous serez jugée sur vos résultats, mais je ne veux pas que l'on se mêle de vos affaires. Chez Orange, ils n'y connaissent rien. Et je ne veux pas à avoir à gérer des interventions politiques. Donc vous aurez des règles de gouvernance, vous aurez des "*terms of reference*", des "*authority limits*". Je vous propose de participer vous-même à l'élaboration de vos règles de gouvernance avec Jean-Yves. Vous serez auditée chaque année. Mais je veux que les décisions artistiques vous reviennent au studio. »

Je réponds : « C'est tout ce que j'attends. Être libre a priori et responsable a posteriori. »

Et lui de conclure : « Donc vous êtes libre a priori, mais je veux aussi pouvoir vous couper la tête quand je veux, si vous ne respectez pas vos engagements. »

Cela a le mérite d'être clair et cela me plaît. À moi de faire mes preuves, à moi d'inventer Studio 37, d'établir des règles de gouvernance, de les respecter. Je serai responsable de mes succès et de mes échecs, dans le cadre des engagements pris, de part et d'autre.

Pour être bien sûre que l'on se comprenne bien, que je ne défends pas le fait d'obtenir une liberté sans limites pour mes décisions, je vais m'attarder sur ce que signifie réellement « l'indépendance » dont il est question et que m'a accordée Didier Lombard. Je n'ai pas demandé à décider de tout, toute seule, sans règles et sans limites. Bien au contraire. Mais j'ai demandé plus de liberté en amont et plus d'évaluation et de contrôle en aval. J'ai demandé à détenir un pouvoir suffisant, celui qui permet de prendre des décisions et des risques dans un domaine où intuition et raison doivent trouver un certain équilibre ; et à entourer toutefois ce pouvoir de contre-pouvoirs pertinents et non castrateurs. C'est pourquoi je préfère parler de garde-fous.

Je rêve de concilier deux exigences : bâtir un outil au service d'Orange et des missions qui m'ont été attribuées et bâtir l'outil de coproduction que j'aurais aimé avoir comme interlocuteur lorsque j'étais productrice indépendante. Ce qui implique une compréhension de ses partenaires que sont les producteurs indépendants, pour qui trois choses sont fondamentales :

- la compréhension du projet artistique ;
- la nécessité d'avoir une réponse rapide et motivée, qu'elle soit positive ou négative, le temps, c'est de l'argent pour des acteurs dont la trésorerie est tendue ;
- des contrats équilibrés et honnêtes.

Car je suis également convaincue que l'argent seul ne permet pas (ou en tout cas pas toujours) de signer les meilleurs films. Le profil éditorial, la réputation artistique et la confiance comptent aussi. C'est ce que je dirai aux directeurs exécutifs d'Orange lorsque Jérôme Seydoux leur dira lors d'un déjeuner : « Je pourrai toujours mettre un zéro de plus que vous. »

Je recommande aussi bien sûr tout de même une enveloppe financière suffisante attribuée au studio pour investir et devenir un véritable partenaire incontournable. J'ai l'habitude d'expliquer que lorsque l'on dispose d'un outil de coproduction, ce n'est pas comme au restaurant, on ne choisit pas les films sur un menu. Il y a de la concurrence pour signer les films et les talents et il y a des risques importants puisque chaque film est un prototype.

Il sera donc décidé d'investir à l'époque 30 millions d'euros par an dans les nouveaux films et 15 millions dans l'acquisition de films de catalogue. Gervais Pellissier, directeur financier, a en effet enfin accepté l'idée de permettre la constitution d'un catalogue, même s'il ne comprendra jamais l'intérêt comme il le dit d'« immobiliser du cash ». Je lui ai pourtant expliqué que, le film de cinéma étant un prototype, il représente un risque, que l'exploitation d'un catalogue permet des revenus réguliers qui amortissent les pertes potentielles. Et comme Orange démarre de zéro, il faut commencer à constituer ce catalogue très vite. Car là encore, il y a concurrence et peu de gros catalogues de films sont à vendre. Les producteurs qui ont réalisé un gros succès peuvent être tentés pour des raisons fiscales de vendre leur société et d'en remonter une autre. Il faut donc savoir repérer les opportunités et savoir acheter. Une proposition trop basse ne sera pas acceptée. Une proposition trop haute repoussera l'amortissement à très long terme. Si j'évoque ce « différend », c'est qu'il prendra toute son importance quelques années plus tard[65].

65. Peu après l'arrivée de Stéphane Richard, Gervais Pellissier obtiendra que l'on supprime les investissements catalogue, que l'on avait d'ailleurs eu beaucoup de mal à réaliser jusqu'alors, confrontés à des règles de groupe inadaptées pour une telle activité. Et il sera bien sûr également un des premiers, voire le premier à reprocher les pertes sur les films frais et plus particulièrement les pertes sur les films auxquels il aura pourtant lui-même donné son feu vert. Nécessaire feu vert car concernant des investissements supérieurs à mes « *authority limits* ». Lorsque l'on met un pied dans cette activité, la constitution d'un catalogue significatif est pourtant devenue depuis longtemps incontournable. Chaque studio a investi jusqu'alors des sommes très importantes pour en constituer un. Studiocanal, qui détient le plus gros catalogue, a même dû provisionner une perte considérable dans les années 90 liée notamment à la constitution de ce catalogue certainement payé trop cher. Mais aujourd'hui, comme le veut la formule, le catalogue de Studiocanal « crache du cash ». Et un catalogue à l'heure des Netflix et autres Amazon Prime, c'est précieux. Le bon sens de chacun l'aura compris.

En novembre 2006, la décision de créer un outil de coproduction est prise par France Télécom. En mars 2007, Studio 37 voit le jour, et deux ans après, France Télécom, qui deviendra officiellement Orange en 2013, est devenue un véritable partenaire du cinéma. La guerre TPS/Canal n'est plus qu'un souvenir désagréable. Il devient alors possible de lancer des chaînes cinéma. Ce sera Orange Cinéma, qui deviendra Orange Cinéma Séries puis OCS après le rachat par Canal. C'était le prolongement naturel de la création de Studio 37/Orange Studio. Pour le lancement de Studio 37, j'avais proposé de faire profil bas, de l'annoncer à travers un simple communiqué de presse où nous en disions le moins possible pour attendre les réactions.

J'avais par ailleurs moi-même passé un coup de téléphone à certains acteurs du secteur – comme TF1, M6, Canal+ – pour les prévenir.

Mais lorsqu'il s'agira de lancer la chaîne cinéma et la chaîne sport, ce dont se chargera la division contenu d'Orange, sans d'ailleurs que j'y sois associée du tout, l'envie de communiquer de Patricia Langrand sera plus forte que tout. Et Didier Lombard décide que l'annonce du lancement de la chaîne Cinéma Séries se fera en grande pompe à Cannes lors du MIPCOM[66] en présence du patron américain de Warner, dont il s'imagine pouvoir contrebalancer l'image ainsi donnée par l'annonce d'un partenariat avec un des producteurs indépendants français importants du secteur.

Le remède est pire que le mal. Comme une traînée de poudre, la nouvelle se répand. Le géant Orange va faire des gros chèques et déstabiliser le secteur. Il va « acheter » les producteurs français. En tout cas, en ce temps, pour Canal+, c'est vécu comme une nouvelle déclaration de

66. Marché international des programmes de communication.

guerre. Ils sont persuadés là encore qu'Orange mettra des dizaines de millions d'euros sur la table. On parle déjà de distorsion de marché. Ces craintes résonnent étrangement lorsque l'on voit aujourd'hui la manière dont Amazon s'achète son offre SVOD (vidéo à la demande). Mais c'est surtout ridicule, car jamais France Télécom/Orange ne fera cette erreur, et n'a même imaginé la faire.

Mais le mal est fait et la guerre est rallumée. Studio 37 subira des rétorsions immédiates. Le message est alors passé à demi-mot par Canal aux producteurs que ceux qui travailleront avec Studio 37 pourraient ne plus avoir accès aux préachats de Canal+. Ce n'est pas écrit, bien sûr, même si dans une interview, c'est avoué relativement clairement et c'est dit aux producteurs dans le huis clos du bureau. Or personne ne peut se permettre de perdre Canal+ comme partenaire. Les producteurs comprennent que la chaîne de cinéma d'Orange ne pourra pas investir dans autant de films que Canal+. Ils ne souhaitent donc plus prendre le risque de travailler avec nous. Je comprends que la guerre peut à nouveau repartir, pour de simples erreurs de communication. Mais je sais aussi qu'il faut tout faire pour y mettre un terme très vite.

Refuser de préfinancer les films coproduits par Studio 37 est une pratique anticoncurrentielle. Mais en attendant, personne ne peut le prouver. Il s'agit de ce qui pourrait être qualifié à nouveau d'abus de position dominante, celui qui se pratique sans contrainte autre qu'un message savamment glissé lors d'un rendez-vous.

Tout le monde se souvient que Canal a été sanctionnée par le Conseil de la concurrence pour avoir organisé contractuellement une telle « interdiction ». Ils ne vont pas faire deux fois la même erreur. Mais si, cette fois, ils s'apprêtent à le faire sans l'écrire, de manière impulsive. Qui pourra se plaindre… ?

De mon côté, j'estime qu'il n'est pas possible de revivre un tel climat. Et je décide de donner une longue interview au *Monde*. J'avais pourtant « inauguré » le fait de ne communiquer qu'une fois par an : lors du Festival de Cannes, au cours d'un déjeuner avec les journalistes, et sans exclusivité. Là, je sais qu'il faut éteindre le début d'un incendie. Je préviens le service communication d'Orange que je donnerai donc une interview exclusive au *Monde*. Finalement, pour la première fois, Orange aura le beau rôle face à un Canal hégémonique qui persuadait l'ensemble de ses interlocuteurs qu'Orange allait remettre en cause l'exception culturelle, prétendant que l'opérateur de télécommunication n'accepterait pas de se voir imposer des obligations d'investissement. Pure « fausse information », et par ailleurs stupide vu qu'Orange s'est pliée jusque-là à toute la réglementation du secteur et est détenue à 25 % par l'État. Mais la guerre, c'est aussi la propagande. Didier Lombard a toujours travaillé dans le service public et a toujours dit qu'il respecterait la réglementation lorsque les chaînes existeront. Personne ne veut l'entendre. Et les chaînes n'existent pourtant pas encore physiquement. La seule chose qui a eu lieu, c'est une conférence de presse deux mois avant, au printemps, annonçant un lancement à l'automne. Mais tout le monde s'engouffre dans la brèche et crie au loup avec une mauvaise foi absolue ou par ignorance.

La tempête semble à nouveau se lever. Je suis passée une fois par là. J'ai donc une idée de ce qu'il faudrait faire.

Dans cette interview, je dis avec toutes les précautions juridiques possibles mais de manière claire qu'effectivement, si jamais Canal+ n'achète aucun film de Studio 37 pendant plusieurs mois, cela constituera à terme les éléments d'un potentiel abus de position. Je mets tout cela au conditionnel. Mais je cite donc également les propos d'un dirigeant de Canal+ interviewé dans un quotidien, qui a, quant à lui, proféré une menace à peine voilée.

La parution de l'article du *Monde*[67] aura l'effet d'une bombe. Chez Canal+, c'est un avertissement qui rappelle de cruels souvenirs, et je reçois immédiatement un appel de Manuel Alduy. « Ne t'inquiète pas, ce ne sera pas le cas, nous allons continuer à acheter des films coproduits par Studio 37. » L'incendie est donc très vite circonscrit, plus vite que je l'imaginais. Je suis soulagée.

En revanche, c'est à l'intérieur d'Orange que cela déclenche une véritable tornade, au service de communication et chez Xavier Couture[68] qui m'accuse de « faire la guerre à Canal+ ». Tout le contraire bien évidemment de cette guerre qu'ils avaient déclenchée eux-mêmes, lui en tête, lors de la conférence de presse conduite avec le patron de Warner où ils s'étaient tant vantés du lancement des chaînes cinéma et du partenariat avec un producteur français établi.

J'avais moi-même poussé à ce partenariat, essentiel pour une chaîne qui démarrait, mais je n'avais jamais imaginé que Orange communiquerait. Cette obsession de la médiatisation. Et concernant cette interview au *Monde*, je réalise que ce n'est pas son contenu qui préoccupe Xavier Couture, le résultat étant plutôt positif, mais le fait qu'il n'en soit pas à l'origine et surtout que j'aie moi-même fait la une bien malgré moi. Sa soif de pouvoir et de médiatisation est telle que je me retrouve « convoquée » chez Didier Lombard en présence de

67. « Canal+ essaie de dissuader les producteurs de venir nous voir », propos recueillis par Nicole Vulser, *Le Monde*, le 22 mai 2008.
68. Dirigeant et producteur de télévision français. Ex-PDG de Canal+, ex-Endemol, ex-Orange en 2002-2013.

Xavier Couture qui, tel un enfant de douze ans, est allé me dénoncer au big boss, en inventant un véritable conte, ma soi-disant volonté de me médiatiser au détriment du groupe. Un procédé si éculé, mais si utilisé par celles et ceux qui voient dans le comportement des autres le reflet de leur propre motivation et de leurs propres turpitudes. Un procédé aujourd'hui très « En marche ». Me voilà tout de même incendiée par Didier Lombard, qui ne me reproche donc pas moins que de provoquer la guerre avec Canal. Néanmoins dans ses propos, je devine peu à peu qu'il n'a pas lu l'interview et qu'il n'a pris connaissance que du titre : « Canal+ essaie de dissuader les producteurs de venir nous voir. »

Encore confrontée aux mensonges et à l'autoritarisme, et donc à l'injustice, il y a quelque temps encore, j'aurais pu perdre mes moyens. Mais j'ai gagné en assurance, les larmes m'empêchant de m'exprimer ne montent plus « aussi haut » dans l'œsophage et je parviens à les stopper avant que la voix ne s'étrangle. Je peux donc mieux me défendre ou plutôt tout simplement me défendre. Je remercie d'ailleurs Didier Lombard de me laisser l'espace pour le faire, car la plupart des hauts dirigeants ou dirigeantes, généralement égocentriques et paranoïaques, ne vous laissent pas cette possibilité. J'ai donc là tout le loisir d'expliquer à Didier Lombard que c'est bien tout l'inverse de ce qu'il pense qui s'est produit. Cette interview, à peine donnée, a déjà permis de mettre un terme à une guerre qui couvait et d'expliquer pour la première fois qui est et ce que fait véritablement Orange dans le cinéma et la télévision. Je lui explique que si le titre de l'article est fort, l'interview a permis pour la première fois à Orange de répondre aux attaques sur le fond et que mes propos maîtrisés et étayés juridiquement ont de plus immédiatement mis fin aux éventuelles menaces de Canal. Canal+ qui avait pourtant très mal vécu la médiatisation du lancement à venir des chaînes cinéma Orange. Bref, que j'ai réparé le mal fait. En prenant un risque, certes, mais mesuré.

Il se calme et me lance tout de même cette petite pique : « Vous êtes comme Patricia Langrand[69], vous voulez exister dans la presse. » Je prends très mal cette « boutade » qui se veut alors amicale. S'il y a bien une chose qui me caractérise, c'est de ne parler dans la presse que lorsqu'il y a quelque chose d'important, et je le lui exprime ouvertement. Il se radoucit : « OK, j'ai compris. » Il a surtout compris que c'est une énième tentative de Xavier Couture de récupérer le pouvoir sur Studio 37. Xavier Couture ne laissera d'ailleurs jamais tomber.

Je passerai ainsi mon temps à éteindre les feux qu'il allume contre moi dans la presse. Un jour, c'est pour mettre en avant l'échec commercial d'un film. L'autre, pour lancer des rumeurs comme quoi je vais être « éjectée dans les quinze jours » (trois ans avant mon départ d'Orange…). Et certains journalistes relaient. Le jour où j'aurai le malheur de dire à l'une de ces journalistes qu'elle ne fait pas son boulot en ne relayant que les dires de Xavier Couture sans les confronter, ce sera fatal. Les journalistes tiennent la plume. Le jeu est inégal, car j'ai moins d'entregent que Xavier Couture et je n'ai pas de temps à y consacrer.

Mais j'ai aussi la chance d'avoir un contact direct et de confiance avec Didier Lombard, qui m'a toujours protégée quand cela était nécessaire, et qui m'a toujours dit en face, de manière claire et franche, ce qu'il souhaitait que je corrige. La confiance mutuelle et le respect nous

---

69. Elle avait été révoquée peu de temps avant. Xavier Couture, qui était alors son conseiller, avait pris sa place en me demandant à l'époque mon soutien. Soutien que je lui avais accordé, ne connaissant pas encore le personnage.

permettaient d'avancer. Il n'était pas facile, mais il essayait au moins d'être le plus juste possible et de faire preuve de discernement. C'est la seule fois de ma vie, je l'avoue, où j'ai eu une vraie protection. Pas au sens d'être protégée quoi que je fasse, loin de là : Didier Lombard était dur et exigeant ; mais au sens d'être protégée contre les intrigues.

Cela n'avait jamais eu lieu avant et cela ne s'est jamais reproduit depuis.

Il faut le dire. S'il y a des films comme *The Artist*, c'est grâce à Didier Lombard. S'il y a des films dits « politiques » comme *Welcome* de Philippe Lioret, *L'Ordre et la Morale* de Mathieu Kassovitz, c'est grâce à Didier Lombard. Il était fier de Studio 37 et il venait à toutes les avant-premières. Il était conscient qu'il fallait aussi gérer des pertes, mais il était aussi conscient que les films frais ne pouvaient à eux seuls rentabiliser. « Si vous en réussissez un sur dix commercialement, c'est déjà bien », m'avait-il dit. J'ai bien sûr tout fait pour dépasser cette « tolérance » qui reposait néanmoins sur une véritable statistique du secteur. On en a réussi plus d'un sur dix, mais on a aussi bien sûr réalisé des pertes. Pertes moins importantes que celles d'acteurs de poids du secteur qui investissaient sans compter, en faisant perdre beaucoup d'argent à de nombreux fonds d'investissement. Il était logique et cohérent. De mon côté, j'étais claire, je ne cachais rien, à la différence de certains, comme me l'a signifié le service des audits : « Tu es pratiquement la seule filiale qui ne nous ment pas. » Toutes mes projections, mes estimations commerciales ont été présentées de manière transparente en conseil d'administration. Je tenais à ce que ce soit un lieu vivant, pas une simple chambre d'enregistrement. La transparence permet qu'il n'y ait pas de mauvaises surprises pour moi comme pour Orange. Je m'oblige à tout expliquer, à tout montrer et à partager. Les avis de toutes celles et ceux qui sont autour de la table – ce sont les plus hauts cadres d'Orange – sont les bienvenus et l'ambiance est sympathique. Ils sont exigeants, mais ils sont constructifs. Tous les gros investissements dépassant les deux millions d'euros sont quant à eux soumis au comité d'investissement d'Orange, appelé à donner un avis, suivi ou non par le président d'Orange. Tous les avis ont été positifs et ont été suivis.

Tous mes investissements obtiendront donc leur feu vert selon les règles de gouvernance en vigueur. J'élaborerai des projections commerciales réalistes et pas des projections pour « enfumer » comme d'autres avaient pris l'habitude de le faire.

Cette liberté qui, je le répète, était encadrée selon des règles claires, ne va pas durer plus de quatre ans. Tout va donc changer avec l'arrivée de Stéphane Richard. Studio 37 est immédiatement dans le collimateur. Sa garde rapprochée veut reprendre le contrôle en direct, et c'est bien l'indépendance telle qu'elle était conçue par Didier Lombard qui sera visée. Mars 2011, des articles commencent à évoquer le fait que Stéphane Richard pourrait se séparer des investissements dans les contenus. Les chaînes pourraient être cédées à Canal+ et Studio 37 vendu à Gaumont.

Des petites phrases sont lancées dans la presse, comme le fait qu'il serait indécent d'être au Festival de Cannes alors que des salariés d'Orange se suicident[70] ! Pourtant

70. En 2020, Didier Lombard sera couvert d'opprobre. Il est impossible de sortir indemne de cette broyeuse qu'a été le procès au pénal intenté aux trois dirigeants d'Orange qui avaient mis en place le plan de suppression de 20 000 postes en deux ans, Didier Lombard, Louis-Pierre Wenes et Olivier Barberot. Ils seront tous les trois condamnés pour « harcèlement moral institutionnel ». Les trois dirigeants d'Orange ont en effet payé pour leurs propres actes ou non-actes, mais aussi pour l'inconstance, l'inconscience et le cynisme des dirigeants politiques. Des politiques qui veulent à la fois des

le Festival de Cannes, comme on l'a vu, n'est pas qu'une vitrine, c'est aussi un marché et, par conséquent, c'est une obligation professionnelle. Mais l'allusion aux paillettes, pour démagogique qu'elle soit, fait mouche. On me fait savoir que mes jours sont comptés. Même si je ne vois toujours rien venir, tout président est légitime à changer de stratégie et donc de cadre dirigeant, mais le minimum est de l'exprimer clairement et de l'expliquer.

Je sais aussi qu'il y a une certaine logique, à vouloir se séparer des personnes proches de son prédécesseur même si cela n'est pas toujours justifié. Je suis réaliste. Mais ce qui m'importe, c'est l'avenir en soi d'Orange Studio.

Impossible de savoir ce que Stéphane Richard veut véritablement. C'est un énarque, inspecteur général des finances, qui s'est enrichi à la suite d'un LBO[71] dans l'immobilier lorsqu'il était à la Générale des eaux et qui a un puissant réseau. Je n'en dirai pas plus. Mais quel que soit le président de la République ou le Premier ministre ou le ministre de l'Économie, il sera soutenu. La suppression démagogique annoncée de l'ENA ou des grands corps ne changera rien à ces situations d'entre-soi et d'impunité, elles prendront simplement une autre forme encore plus opaque.

Elie Girard, qui a succédé depuis à Thierry Breton à la tête d'Atos qu'il a quittée récemment, est encore un vrai soutien à ce stade. Il glisse, dans un des discours de Stéphane Richard, une phrase qui protège Studio 37 pour quelques mois. Mais j'aime que les choses soient claires. Je décide alors de demander un entretien à

économies et des simplifications qui passent par des suppressions d'emplois souvent massives qui ne peuvent être conduites qu'« à la hache », mais aussi la « paix sociale », et donc conduisent aux petits arrangements avec certains représentants de syndicats qui empêchent toute transformation saine.

71. De l'anglais *leveraged buy-out* : c'est une technique financière d'achat d'entreprise. On parle aussi d'acquisition par emprunt ou de rachat d'entreprise par endettement.

Stéphane Richard, que j'obtiens. Je lui expose pourquoi il doit garder Studio 37. Je ne protège pas seulement mon poste, même si bien sûr je souhaite continuer à faire ce qui me passionne. Il s'agit surtout d'un outil au service de la diversité culturelle pour laquelle je me suis sans cesse battue et qui pèse bien plus qu'il ne le pense sur le plan culturel comme sur les plans économique, social et politique. Je lui explique qu'un rachat sans conditions comme il l'envisage des chaînes Orange par Canal+ sera impossible, que l'Autorité de la concurrence ne pourra pas laisser faire. Il ne semble pas convaincu, mais c'est pourtant ce qui arrivera. Les règles de la concurrence sont en fait souvent très peu intégrées culturellement, surtout celles qui concernent les métiers dans lesquels un groupe se diversifie et qu'il connaît encore mal. Plus tard, ce sera selon des règles bien précises qu'un « rapprochement » entre les chaînes d'Orange et Canal+ pourra finalement avoir lieu. Le secteur, il faut le connaître de l'intérieur pour le comprendre. Cela ne s'improvise pas. Mais lorsque vous venez expliquer cela, vous passez un peu pour « l'emmerdeuse ». Car lorsqu'une femme gêne, c'est généralement ce qualificatif qui est malheureusement utilisé. Si c'est un homme, on lui prêtera du caractère, et cela deviendra une qualité. Mais femme ou homme, l'égalité de genre est alors retrouvée, si vous ne dites pas à la personne ce qu'elle a envie d'entendre, vous avez des chances d'être très vite perçue comme « ingérable ». Ce qu'est alors par définition toute personne qui n'est pas servile[72]. Mais concernant la filiale de coproduction, lui

72. Le même scénario se reproduira avec Alexis Kohler, Emmanuel Macron et la majorité au sein de la commission des Affaires culturelles de l'Assemblée nationale. Tant que l'on ne connaît pas ce secteur, on pense que tout est simple. Tout le monde a son avis sur le foot comme tout le monde a son avis sur la télévision et le cinéma. Pourtant ce ne sont pas que des « vitrines », ce sont aussi des métiers, qui procèdent d'un équilibre entre plusieurs dimensions.

rappelant les erreurs de Jean-Marie Messier, je parviens à le convaincre en partie de ne pas la condamner tout de suite. Il accorde un sursis d'un an à Studio 37 : « Vous êtes tranquille pour un an, je ne m'en occuperai pas avant et je vais confier le dossier à Elie Girard. »

À ce moment-là, c'est plutôt une bonne nouvelle pour moi. J'ai d'excellentes relations avec Elie Girard. D'autres me confient que la femme de Stéphane Richard, qui est productrice, joue aussi un rôle et qu'en tout cas il l'écoute. Je pense naïvement que c'est plutôt une bonne nouvelle d'avoir affaire à quelqu'un qui connaît le milieu, même si elle n'a aucun rôle officiel. Je suis plutôt soulagée, car je suis convaincue qu'il vaut mieux connaître ce métier de producteur pour en juger. J'apprendrai plus tard qu'elle a finalement plutôt mal vécu que son mari intervienne sur un périmètre qu'elle estime être le sien, car elle ne pourra jamais en bénéficier directement. Les filiales d'Orange ne peuvent bien sûr pas financer les projets de films de la femme du président. Ce qu'elle omet de dire, c'est que cela lui donnera d'autres ouvertures, avec d'autres studios, qu'elle n'aurait jamais eues sans la place qu'occupe son mari.

Cependant, j'ai compris assez vite que Stéphane Richard me fera difficilement confiance. Il ne se rendra d'ailleurs jamais aux avant-premières de Studio 37 comme d'Orange Studio, y compris lorsqu'il s'agira de celle de *The Artist*, ou de fêter les cinq oscars obtenus.

Studio 37/Orange Studio, c'est l'œuvre de Didier Lombard. Il faut donc tout faire pour le faire oublier. Une unique avant-première trouvera grâce à ses yeux : celle de *Ce que le jour doit à la nuit*, adapté du roman de Yasmina Khadra et réalisé par Alexandre Arcady, mais uniquement, je l'apprendrai alors, parce qu'il espère y rencontrer Nicolas Sarkozy...

À la suite de l'entretien avec Stéphane Richard, je suis plutôt soulagée, car je crois encore à cette époque qu'Anne

Richard pourra être une alliée et qu'Elie Girard est un soutien solide.

Mais tout va s'avérer très vite beaucoup plus compliqué. Tout d'abord un sursis n'est qu'un sursis et Anne Richard n'est pas une productrice expérimentée. Elle n'a finalement encore jamais rien produit directement à ce moment-là et elle agira davantage contre moi qu'en ma faveur, critiquant chacun de mes choix. Elle ne me connaît pas et le fait sans méchanceté. Mais elle le fait. Quant à Elie Girard, il doit plaire au nouveau pouvoir et sera conduit directement ou indirectement, bien plus tard, sous la pression, à me demander de faire des choses que « je ne pourrai pas faire ».

Tout deviendra progressivement un enfer. La parenthèse de la construction et de la confiance s'est refermée. Une nouvelle stratégie sera définie par Elie Girard. Un expert est missionné pour l'élaborer. Je participe avec enthousiasme à la réflexion, car il s'agit tout de même de sauver Studio 37. Enfin, il me semble que l'on sort de l'immobilité. Mais ce qui sera proposé, in fine, c'est une stratégie qui repose sur des hypothèses totalement théoriques. Totalement hors sol, une approche purement conceptuelle mais qui présente bien. L'idée présentée comme géniale est pour résumer la suivante : Orange Studio devra alimenter les besoins des chaînes Orange, au prix fixé par Orange. Ainsi on ne pourra pas perdre d'argent. Puisque l'un fixe les prix et que les montants correspondent aux obligations d'investissement liées à la régulation. Ceci donne l'illusion que tout est très simple. Mais comment ne pas y avoir pensé plus tôt ? J'explique que cela n'est pas possible à mettre en place. Il y a déjà une impossibilité juridique. Orange Studio ne peut pas alimenter à 100 % les chaînes d'Orange. C'est le b.a.-ba du droit de la concurrence et des accords passés avec la profession. Par ailleurs, dans la pratique, il existe de multiples obstacles. La concurrence existe, donc le prix n'est pas fixable au montant qui nous arrange. Le film peut ne pas correspondre à l'idée que l'on s'en est fait au moment de l'investissement avant le tournage. Enfin, certains films coproduits par Orange Studio peuvent avoir besoin d'être vendus à l'international pour se rentabiliser, ce qui n'est pas ce qui est demandé à un film diffusé en priorité sur les chaînes Orange. La nature du film qui passe à la télévision n'est pas toujours celle de celui qui se vendra bien à l'étranger et vice versa. Bref, ce sont deux centres de profit différents qui obéissent à des règles différentes ; on va aller droit dans le mur avec une telle stratégie théorique. Serge Laroye, le nouveau patron de la division contenu qui a remplacé Xavier Couture, même s'il reconnaît en aparté le caractère hors sol de la stratégie a, quant à lui, tout avalisé. Cela déplace le centre de décision sur les investissements à faire par Orange Studio chez lui, donc il adhère. On estime donc une fois de plus que je suis « ingérable » puisque je suis la seule à émettre des observations et que bien sûr « je veux garder le pouvoir ». Ils ont tous fait soit l'ENA, soit HEC, Polytechnique ou X Télécom, donc ils sont forcément plus intelligents que moi.

Et que vaut l'expérience ?

Une fois ces réserves énoncées, je consens toutefois à mettre en place cette nouvelle stratégie dans ce qu'elle a de possible et notamment plus de synergies entre les chaînes et le studio. De plus, je ne veux pas porter la responsabilité de son échec en étant accusée de mauvaise volonté, ayant été la seule à la « critiquer ».

Je demande également un nouvel entretien avec Stéphane Richard afin de le rassurer, car je sais que mes propos ou mes positions sont largement déformés et instrumentalisés pour faire de moi un bouc émissaire. Il accepte. Je comprends qu'il ne s'attend effectivement pas à ce que je lui confirme que je mettrai en place la stratégie proposée par Elie Girard. Je lui explique que je ferai tout pour que cette stratégie fonctionne quelles que soient mes réserves de départ, mais dans les limites du possible. Je me refuse à lui cacher ce que j'en pense au fond et lui explique que la rentabilité qu'affichent les nouvelles orientations est impossible à atteindre.

Mais je sens que, de toute façon, il l'assimile à une résistance de principe. Je réalise qu'il est très difficile pour un acteur de se diversifier dans un métier qui n'est pas du tout le sien, car ses raisonnements et ses analyses ne sont pas adaptés et il est incapable de se rendre compte du fonctionnement du réel. Et si la méfiance est de plus au rendez-vous, c'est fini. Lors de cet entretien, je lui fais savoir également que le changement de nom est une bonne idée. Il lui semble qu'il est temps que le nom Studio 37 soit abandonné au profit d'Orange Studio. Il semble surpris que je ne fasse pas d'objection. Quelqu'un a dû lui dire que je m'opposais avec force à ce simple changement. On en est là.

C'est exactement la même ambiance que je retrouverai une fois élue députée. Face au pouvoir et à la peur de le perdre, la nature humaine est finalement assez prévisible. Il est de mise de prêter aux autres ses propres intentions.

2012 est une année difficile, mais 2013 s'annonce comme un cauchemar et 2014 un enfer. Mais ce seront aussi des leçons de vie, des leçons à nouveau de lâcher-prise. En 2013, les N-1 de Stéphane Richard ont déserté le conseil d'administration d'Orange Studio. La fameuse stratégie miracle n'a pas fonctionné. Le budget est revu à la baisse. Pourquoi pas. Mais de manière brutale. Les investissements dans les catalogues qui auraient pu garantir l'équilibre à long terme comme le prévoyait le business plan sont purement et simplement supprimés. Gervais Pellissier est très fier d'avoir obtenu cette victoire. Il oublie donc immédiatement l'engagement initial qu'il avait pris envers moi de compenser l'absence de revenus de catalogue en acceptant de comptabiliser des pertes. C'était plus que prévisible...

La situation se durcit. On ne me demande même plus mon avis. Elie Girard m'en veut de l'échec de sa stratégie. Je reconnais qu'il était bien intentionné au départ parce qu'il voulait absolument s'occuper des contenus et qu'il voulait sincèrement contribuer à sauver Orange Studio. Mais face à un tel fiasco de sa stratégie, difficile pour lui de reconnaître et d'assumer qu'il s'est tout simplement planté. Et c'est donc à moi qu'Elie Girard en voudra et à qui il fera porter le chapeau. Je sais que je perds un allié. Et Stéphane Richard a d'autres préoccupations que de savoir qui est vraiment responsable de quoi. Par essence, je suis la saltimbanque et Elie Girard, centralien et harvardien, ne peut être que plus compétent. Orange Studio n'est plus « indépendant », mais Orange Studio est bel et bien totalement « isolé ». Je n'ai plus accès à personne. Seules mes « *authority limits* » me permettent de survivre au-dessus du niveau de la mer, mais je sais qu'elles seront inévitablement à un moment remises en cause.

Comme je le disais, Stéphane Richard a d'autres préoccupations. La situation s'est compliquée. Il a été mis en examen en juin 2013 pour « escroquerie en bande organisée » dans l'affaire Bernard Tapie/Société générale. Il le sera un peu plus tard une nouvelle fois pour « détournement de fonds publics ». Il a été placé en garde à vue pendant 72 heures et a fait un léger incident cardiaque. On le dit assez traumatisé. Son renouvellement doit avoir lieu en avril 2014. La situation est très tendue. Delphine Ernotte, qui est à la tête d'Orange France, envoie dans la foulée un mail surréaliste aux salariés d'Orange. Elle y explique qu'Orange France est engagée dans une démarche de « *compliance* » dont le premier programme porte sur la prévention de la corruption et invite chacun à être à ce titre exemplaire… Femme, proche de l'Élysée, elle se voit déjà le remplacer et ne s'en cache pas. Aucun affect à nouveau. Il sera reconduit malgré sa mise en examen. Il aura à la fois le soutien d'Emmanuel Macron, d'Alexis Kohler et de Manuel Valls. Une fois reconduit, il semble avoir décidé de « s'occuper » de Delphine Ernotte. Mais il est alors difficile de se séparer de la seule femme directrice exécutive d'Orange.

Xavier Couture a quitté Orange très confortablement en 2013, mais il dispose dorénavant d'un contrat à titre personnel avec Stéphane Richard qui a recours à ses services et à son réseau du fait de sa nouvelle situation. C'est d'ailleurs dans le cadre de ces nouvelles fonctions que Xavier Couture m'appellera pour me demander de renoncer à coproduire le film de Bertrand Bonello *Saint Laurent*, interprété par Gaspard Ulliel : il déplaît à Pierre Bergé, qui soutient un autre film le montrant sous un jour meilleur, réalisé par Jalil Lespert et interprété par Pierre Niney. En écrivant ces lignes mes pensées vont vers Gaspard Ulliel, que l'on vient de perdre si tragiquement. Un magnifique Yves Saint Laurent, un grand acteur, discret et humain.

Il deviendra par ailleurs le conseiller de Delphine Ernotte, lorsqu'une fois Stéphane Richard reconduit, il deviendra difficile à cette dernière de rester chez Orange et que l'idée de sa candidature à la présidence de France Télévisions voit le jour.

Elle a demandé inlassablement la suppression de Studio 37 puis d'Orange Studio, mais rassurons-nous, elle aime le théâtre, son mari est un artiste… et surtout il faut bien la caser. Les protections jouent à plein. Elle sera donc nommée en 2015 présidente de France Télévisions par le CSA sous la présidence d'Olivier Schrameck, dans des conditions qui seront portées devant la justice et attendent d'être jugées six ans après… Cette affaire pourrait connaître très prochainement des suites judiciaires.

En effet, sa nomination a fait l'objet d'une plainte au pénal déposée par le syndicat CGC de France Télévisions, emmené par le pugnace Jean-Jacques Cordival, qui a déjà à son actif la condamnation de Patrick de Carolis dans l'affaire Bygmalion. Mais depuis le dossier n'a pas bougé de sa pile. On est en France. Elle sera reconduite entre-temps en 2020 par le CSA. Ne trouvant aucun problème d'éthique à être à la fois présidente de France Télévisions et membre rémunéré du conseil d'administration de Suez. Car le plus important pour Edouard Philippe et Alexis Kohler c'est qu'« elle fait le job ». C'est-à-dire les économies demandées quel que soit l'endroit où elles atterrissent. Elle est aussi fortement soutenue par l'actuel commissaire européen Thierry Breton. L'Europe est devenue son leitmotiv et on attend toujours le grand Netflix européen qu'elle avait promis d'édifier.

En juillet 2013, je prends donc enfin la décision de quitter moi-même Orange Studio même s'il est hors de question pour moi de le faire à n'importe quelles conditions. Ce n'est pas une décision simple lorsque vous avez pensé et créé cet outil, que vous l'avez fait vivre. Mais c'est la vie. C'est ma vie. Il me faut à nouveau quitter ce que j'ai créé. Il y a des points de non-retour. Mes conditions sont avant tout le timing et la possibilité de partir avec des films en développement, comme le veut la tradition dans le secteur, pour redevenir productrice indépendante et ne pas repartir totalement de zéro.

Le 13 juillet 2013, je demande un rendez-vous à Stéphane Richard. Il est aimable, me tutoie. C'est nouveau. Il me parle de sa garde à vue qui l'a fortement marqué. Je crois naïvement que la confiance peut s'installer. Je pense que ce sera le cas si je lui annonce que je pars et que je ne serai donc plus un caillou dans sa chaussure. Je lui parle alors très franchement : « Je pense qu'il est temps pour moi de partir. » J'explique que les désaccords se multiplient, que je ne parviens pas à comprendre ce qu'il veut vraiment, que nous n'avons pas d'échanges, et que c'est compliqué pour moi de continuer ainsi. Qu'en revanche, il est le patron, et que c'est donc à moi de partir si je ne suis plus en phase. Je ne rentre pas dans les détails. Il est inutile de soulever les sujets qui fâchent ; j'en ai dit assez et je suis viscéralement convaincue que cela va définitivement lui prouver que je ne cherche pas à lui nuire. Que s'il sait que je vais partir, les quelques mois qui restent seront apaisés puisqu'il a obtenu ce qu'il voulait sans le demander. Je lui dis juste que j'aimerais partir après le Festival de Cannes, donc en mai 2014. Pour deux raisons, le temps de finaliser les engagements pris qui ont été avalisés par Orange. Le temps de rassurer tout le monde, les producteurs mais aussi les équipes et de ne pas donner le sentiment de quitter le navire alors qu'il est menacé. Cela compte beaucoup pour moi. Ne pas simplement me « sauver » dans tous les sens du terme. Je veux avoir tout fait pour garder le navire à flot. Je sais aussi que de partir sans finaliser les négociations des contrats avec les producteurs peut les faire gravement déraper, et cela à la fois contre l'intérêt d'Orange et contre l'intérêt des producteurs. Bref, je continue à « vouloir bien faire » malgré tout, jusqu'au bout. Je pense aussi que certains des films qu'Orange Studio a coproduits pourraient éventuellement être sélectionnés à Cannes et que cela peut donc être un beau et bon moment pour moi de partir. Dans tous les cas, c'est un moment identifié et qui a de la signification. Je n'ai pas renoncé à mon métier de productrice, que j'aimerais retrouver. Je m'emballe et je me prends même à lui conseiller un successeur. Je vois qu'il se crispe. Je ne cherchais pas à lui dire ce qu'il devait faire, mais juste à lui donner le sentiment que tout cela continuait à me tenir à cœur.

Je sors. Stéphane Richard m'embrasse. C'est la première fois. J'ai le sentiment du devoir accompli et enfin de l'apaisement. En ce qui concerne le ressenti de Stéphane Richard, il y aura pourtant une énorme erreur d'appréciation de ma part.

Qu'ai-je dit, quelle erreur ai-je faite lors de cet entretien, avec qui a-t-il parlé ensuite ? De quoi a-t-il eu peur ? Je ne sais pas.

Un conseil d'administration est donc convoqué en septembre pour entériner les décisions de juillet. Tout est gelé. Pierre Louette[73], qui a repris l'activité en charge des contenus, présent aux Rencontres cinématographiques de Dijon en octobre, évoque publiquement la possibilité de remettre en cause l'existence même d'Orange Studio. Je ne pourrai jamais raconter ici ce qui se passera lors du conseil d'administration d'Orange Studio qui va suivre, car les délibérations sont confidentielles. Ce qu'Orange saura me rappeler régulièrement par la suite, sous forme de lettres recommandées menaçantes.

Christine Albanel m'apprend en marge du conseil qu'une enquête pour « harcèlement moral », rien que ça, va être déclenchée contre moi et que je vais bientôt être convoquée. Le directeur des ressources humaines d'Orange, Bruno Mettling, me convoque effectivement. Il m'explique assez gentiment, je dois le dire, que cette enquête va être lancée contre moi mais que je n'ai pas à m'inquiéter, qu'il s'agit d'un cabinet extérieur indépendant. Qu'ils sont obligés d'y recourir depuis que les suicides ont été médiatisés. Je vois qu'il n'a pas conscience de l'artificialité de la demande d'enquête qui a été instruite par la direction financière d'Orange. Je lui réponds que je n'ai pas à m'inquiéter car il n'y a aucune

73. Ex-PDG de l'AFP (2005-2010), ex-directeur exécutif et secrétaire général France chez Orange.

matière à harcèlement, d'autant que j'ai toujours protégé mes salariés. Mais surtout j'explique à Bruno Mettling que le double reporting auquel elle était assujettie, envers moi et envers Orange, la plaçait ainsi que ma directrice juridique face à de véritables conflits de loyauté. Que c'est bien cette position intenable qui peut éventuellement s'apparenter à du harcèlement de la part de celles et ceux qui ont décidé de telles règles. Enfin, s'il y a harcèlement et double hiérarchie, qui harcèle, moi ou Orange ? Et qui harcèle qui, puisque je ne peux plus bouger le petit doigt ? Je n'entendrai plus jamais parler de cette enquête.

En revanche, Bruno Mettling me stipule dans le même entretien que je vais devoir partir. Je lui dis que je suis tout à fait d'accord puisque je l'ai moi-même proposé à Stéphane Richard en juillet. Je lui parle donc de mes souhaits : partir après le Festival de Cannes, avec des projets de films en développement et une première option pour Orange Studio de les coproduire. Mais je le préviens tout de même que je suis sûre maintenant que c'est bien Stéphane Richard qui veut ma peau et vite, même si je ne comprends pas pourquoi puisque j'ai joué franc jeu avec lui. Bruno Mettling est persuadé du contraire. Il pense qu'il s'agit uniquement d'une compétition entre directeurs exécutifs à la veille de l'éventuel renouvellement du président d'Orange qui doit intervenir en avril 2014. À ses yeux, je paie les conséquences de l'hystérie de ce moment sur fond de mise en examen. Il me rassure, me dit de ne pas m'inquiéter. Il va appeler « Stéphane » et tout ira bien. Je pourrai partir sereinement.

Je sais bien que les décisions qui pourraient s'apparenter quant à elles à du harcèlement me concernant et qui ont été prises ne peuvent venir que de Stéphane Richard. Mais ce que je comprends alors c'est qu'il s'agit bien d'une décision purement personnelle de sa part me concernant, inexplicable rationnellement, et que même le

DRH du groupe ne semble pas au courant des raisons de cette décision. Tout semble absurde même si bien réel. Je viens de recevoir une prime exceptionnelle accompagnée d'un courrier de Christine Albanel qui me félicite pour ma contribution aux résultats d'Orange. J'ai reçu pendant l'été des mails de félicitations internes. Mais Stéphane Richard nourrit une véritable colère froide à mon égard et personne ne semble encore le savoir. Mais il va bien falloir se rendre à l'évidence. Bruno Mettling me rappellera le lendemain pour me dire : « Tu as raison, c'est bien Stéphane personnellement qui veut ta tête et c'est sans appel. Il est inflexible et il veut que tu partes maintenant sans faire ton préavis. On respectera ton contrat, ta clause de sortie, ton préavis te sera payé, mais tu pars immédiatement et sans projets de film. » C'est en quelque sorte me condamner à ne pas reprendre mon métier, car il faut au moins deux à trois ans pour développer des projets et les mettre en tournage. Ce qui m'est proposé est donc tout juste inacceptable. Surtout qu'Orange cherche à me salir dans la presse en évoquant les pertes d'Orange Studio et en me présentant comme une irresponsable. Si j'accepte de mon propre chef de partir sur-le-champ, sans prévenir qui que ce soit et sans faire mon préavis, cela équivaudra à reconnaître indirectement une faute grave. Cela ressemble à une mise à pied que je m'infligerais à moi-même.

Je ne suis pas masochiste et je ne suis pas non plus du genre à lâcher tout le monde, mon équipe et les producteurs. J'ai besoin de temps pour finaliser mes engagements et je maintiens vouloir partir au moment du Festival de Cannes. Pour moi, il n'y a aucune urgence et c'est aussi ma réputation qui en dépend. Une des seules choses qu'il vous reste quand vous n'avez plus rien. Mais je comprends que je vais devoir dorénavant me défendre, prendre un avocat et m'engager dans une procédure. On est passé dans une autre dimension. C'est un coup sévère. Mais je n'ai pas le choix, sinon je vais être littéralement écrasée et je ne pourrai pas me relever si je ne défends pas au moins mon intégrité.

L'avocate qui me propose ses services est devenue une amie personnelle avec le temps (conseil : il ne faut jamais prendre un ou une amie personnelle comme avocat !). Je lui fais confiance professionnellement et humainement. Elle va littéralement planter mon dossier et se retourner contre moi. Je serai donc dans l'obligation de changer d'avocat à l'automne 2014, et c'est bien grâce à Thibault de Montbrial, Myriam Turjman et Marie-Laure Ingouf, qui obligeront Orange à négocier, que je parviendrai à sortir de l'ornière après de longs mois, à l'été 2015.

Une transaction à titre confidentiel sera conclue avec Orange et un trait pourra être tiré.

Plus tard, en réfléchissant à tête reposée, j'ai cru comprendre pourquoi Stéphane Richard avait eu cette attitude et cette brutalité. Mais je n'en suis pas sûre et je ne le saurai vraisemblablement jamais. Là encore aucune confrontation, aucune explication, la fuite. Je ne peux même pas raconter mes suppositions, car cela serait assurément assimilé à de la diffamation, étant donné que je dispose de témoignages mais pas de preuves. Cela touche encore celles et ceux qui ont été un temps les plus hautes instances du pouvoir. Par ailleurs, ce qui est sûr, c'est que certains ont menti et déformé la réalité pour se couvrir ou pour avoir ma tête. Je me dois à la confidentialité selon notre accord et je n'en rajouterai donc pas sur le sujet. Mais j'espère qu'un jour, Stéphane Richard aura le courage d'évoquer ce moment aussi douloureux pour lui que pour moi, suivant le point de vue que l'on adopte. En tout cas, il y a eu un énorme malentendu et il ne m'a donné aucune chance de le lever. De l'eau est passée sous les ponts. J'ai la chance d'être résiliente. Et depuis que je suis députée, Orange s'est bien rendu compte que j'ai toujours adopté des positions impartiales à leur égard, voire défendu leur position lorsqu'elles me paraissaient justes et pertinentes.

L'épreuve a été très douloureuse à tous les points de vue, mais chaque expérience montre que vous avez le choix, celui du ressentiment, de la vengeance et de la haine (ces mots me sont par chance étrangers) ou celui de l'acceptation, de la compréhension, du pardon, et finalement le choix de se détacher de la situation et de retrouver sa liberté intégrale. Cela n'empêche pas la justice de passer symboliquement ou formellement. Toutes ces expériences vous font grandir. Le plus dur reste de comprendre ce qui vous est arrivé. Lorsque vous commencez à comprendre ce qui s'est passé, cela vous aide à vous retrouver, à réaliser qui vous êtes vraiment, ce que vous n'avez pas compris à temps, quelles sont aussi vos propres responsabilités, pas seulement celles des autres, voir les malentendus et les incompréhensions, les souffrances. Le discernement vous permet d'avancer.

Je serai licenciée en janvier 2014, révoquée de mon mandat en février.

Au Festival de Cannes 2014, j'aurai six films sélectionnés, dont quatre en compétition officielle. Orange, à la demande de Xavier Couture, exigera que mon nom soit enlevé de tous les génériques des films et que je sois interdite du « carré du film ». Ce sont les rangées où se retrouve assise l'équipe restreinte du film lorsqu'il est projeté en sélection à Cannes. Je suis partie en février, il ne faudrait pas que je continue à leur rappeler mon existence avec mon nom sur le générique des films, ni m'attribuer la paternité des choix.

La plupart des producteurs devront s'y conformer, s'excusant pour certains. Je comprends bien sûr qu'ils ne peuvent se permettre de se fâcher avec une source de financement et donc je ne leur en veux pas. D'autres enlèveront sans scrupule mon nom en le revendiquant haut et fort pour faire allégeance à Orange et être récompensés, ceux-là mêmes dont le film n'aurait jamais vu le jour sans Orange Studio et qui m'avaient mise en position délicate avec Stéphane Richard : les producteurs de *Saint Laurent* par exemple, les frères Altmayer. Seul Thomas Langmann s'y refusera et m'installera dans les rangs du film *The Search*. Sylvie Pialat finira aussi par me remercier chaleureusement pour *Timbuktu* en pleine cérémonie des Césars malgré les pressions d'Orange, mais uniquement parce qu'elle craignait que le réalisateur ne le fasse à sa place. Alexandre Arcady restera également toujours fidèle. Lors de mon départ, la directrice financière, Marie-Christine Lambert, me préviendra qu'un audit sera fait après mon départ. Des âmes bien-pensantes l'ont « convaincue » que ma gestion n'est pas sans tache. Elle se délecte, jubile à l'idée que je vais plonger. Je sais qu'il n'y a rien à trouver, donc cela ne me fait ni chaud ni froid. Mais je suis immensément fatiguée de cette incompréhension délétère. J'ai mis en place des règles de gouvernance qu'aucune autre filiale n'a mises en place. L'exemplarité et l'intégrité sont des valeurs essentielles à mes yeux.

Là encore, l'enquête pour harcèlement, je n'en entendrai plus jamais parler. L'audit n'a rien donné. Je crois d'ailleurs sincèrement que beaucoup se sont « monté la tête », comme on dit, et que les baudruches se sont dégonflées en les laissant sûrement un peu sonnés ou tout du moins perplexes.

Mais à nouveau je dois tout reconstruire, d'abord réparer à travers les procès et reconstruire ce que sera à nouveau Inga Films, ma nouvelle société de productions. Mettre à nouveau des projets en développement, renouer avec le temps long, et choisir une fois encore de se déplacer sur l'échiquier, là où l'on ne vous attend pas, où vous n'êtes plus une cible.

CHAPITRE 11

Valérie Pécresse

Après ces années d'investissement auprès de François Bayrou, qui avait à mes yeux trahi les fondamentaux qu'il prétendait défendre, je ne voyais rien qui puisse réellement me donner envie de m'investir à nouveau. Profondément déçue, je l'étais.

La possibilité d'une « troisième voie » avait été réduite à néant et je m'étais petit à petit éloignée de la politique sans toutefois rompre, car quelque chose au fond de moi y croyait encore. Mais en 2014, lorsqu'on me demande si je souhaite participer aux municipales, je décline.

2014, c'est d'abord le départ d'Orange en février. Et en novembre tout se précipite. Ma sœur jumelle Pascale est victime d'un AVC. Mon fils Antoine et sa compagne de l'époque perdent à cinq mois de grossesse le bébé qu'ils attendaient. Je dois me défendre face à Orange, or mon avocate m'a emmenée dans une stratégie qui risque de me mener droit dans le mur et pour s'en défendre se retourne contre moi. Pour finir, je fais une chute de cheval. C'est la deuxième en un mois. C'est une chute à l'obstacle. Symbolique. Je ne pourrai pas remonter pendant deux mois.

Toutes ces épreuves m'obligent à ralentir et surtout à lâcher prise.

En 2015, quand on me sollicite à nouveau pour les régionales, je décline encore. Mais quelque chose au fond de moi me dit qu'il faut y aller. Pourquoi ? Je ne sais pas. Comme d'habitude, lorsque je ressens une chose profondément, qu'elle devient une évidence, je m'écoute.

J'ai accepté de regarder la vie d'un autre angle de vue. Je me suis lancée dans des cours de peinture à l'huile… beaucoup de sport… Je me suis ressourcée.

Ma sœur a bien récupéré même si elle gardera toujours des séquelles. Antoine, mon fils, a rencontré une jeune femme intelligente et dotée de très grandes qualités humaines qui lui donnera son premier enfant. Les négociations avec Orange reprises en main par Thibault de Montbrial se sont bien terminées et j'ai gagné aussi face à l'avocate qui, prétendant me défendre et me protéger, m'avait tout simplement plantée.

Je peux repartir.

Le mail de candidature pour les régionales en Île-de-France est à déposer avant un certain mercredi du mois d'avril 2015 avant minuit, à la fédération de Paris de l'UDI. J'envoie ma candidature presque au dernier moment. La période des investitures est le moment le plus intense des chausse-trappes et basses manœuvres. Ce qui n'est en l'occurrence ni ma spécialité ni ce qui m'anime. Je suis membre du Nouveau Centre[74], composante de l'UDI présidée par Hervé Morin[75]. Mais Jean-Christophe Lagarde[76], président de l'UDI, et Hervé Morin sont ennemis jurés. J'ai donc peu de chances.

---

74. Anciennement Les Centristes, présidé par Hervé Morin, fondé en 2007. Issu d'une scission UDF puis UDI.
75. Président du conseil régional de Normandie depuis 2016, président des Centristes depuis 2007, ministre de la Défense (2007-2010), député français (1998-2016), maire d'Épaignes (1995-2016).
76. Maire de Drancy de 2001 à 2017, député depuis 2002. UDF, Nouveau Centre puis UDI et FED (Force européenne démocrate) depuis 2012.

Néanmoins je tiens à expliquer à Jean-Christophe Lagarde pourquoi je souhaite retourner à la région[77], pouvoir travailler sur la politique culturelle et défendre ce qui me tient à cœur. Je tiens également à lui dire en face que je serai fidèle mais pas servile. Je sais que ce n'est pas ce qu'il faut dire généralement pour être retenue, mais ainsi, je n'aurai aucun regret si ma candidature n'est pas acceptée et cela me permettra d'être libre par la suite (je le crois encore) si elle est retenue. Je vous raconte cette anecdote uniquement pour faire taire celles et ceux qui estiment que l'on ne sort de l'ambiguïté qu'à son détriment. Je pense que si cette formule s'avère souvent vraie, elle vous met cependant en position d'asservissement ou de déloyauté. Je n'ai pas envie de payer ce prix.

Nombreux sont ceux, bien sûr, qui intriguent contre moi dans mon propre parti. C'est le propre du genre au moment des investitures, ce n'est pas le mien. Je décide de ne rien faire à l'exception d'une rencontre avec l'incontournable Hervé Marseille[78] et de laisser les choses suivre leur cours naturellement. Là encore, si je suis retenue, tant mieux, sinon, tant pis. Et, à la surprise générale, je suis retenue en place éligible – Jean-Christophe Lagarde et Hervé Marseille me font cette surprise – et tous les autres candidats du Nouveau Centre évincés !

Donc, nous voici en campagne. L'UDI passe un accord avec Valérie Pécresse et nous sommes censés peser sur son action. Notamment sur la transition énergétique, avec Chantal Jouanno[79].

---

77. J'ai été conseillère régionale de 2004 à 2015.
78. Maire de Meudon de 1999 à 2017, sénateur des Hauts-de-Seine depuis 2011, président du groupe Union centriste depuis 2017. UDI-FED.
79. Secrétaire d'État chargée de l'Écologie (2009-2010), conseillère régionale d'Île-de-France (2010-2017), ministre des Sports (2010-2011), vice-présidente du conseil régional d'Île-de-France (2015-2017), présidente de la délégation sénatoriale aux droits des femmes (2014-2017), sénatrice (2011-2017), présidente de la Commission nationale du débat public (depuis 2018). UMP, UDI.

De mon côté, je suis investie sur les questions de culture. Je suis à ce titre à ce moment-là « comblée », car j'ai pu faire passer des idées qui me sont chères dans le programme et je ne sais pas encore qu'elles ne seront jamais appliquées. Valérie Pécresse a ainsi annoncé des actions importantes en matière d'éducation artistique et culturelle. Elle va même jusqu'à proposer une augmentation de 20 % du budget culture ! C'est rare et j'y vois le signe d'une volonté et d'une ambition.

Sincèrement, je suis plutôt surprise de cette promesse de campagne, car le budget culture est déjà relativement élevé. Jean-Paul Huchon[80] n'a pas démérité en la matière. Je considère d'ailleurs qu'une telle augmentation n'était pas vraiment nécessaire, mais je ne vais pas m'en plaindre, évidemment.

Au contraire, je me dis que ça va nous donner matière à travailler et à investir.

Nous gagnons les élections en décembre 2015. Les contours du budget 2016 sont présentés en janvier. Et là, c'est la douche froide. Le budget culture est présenté en baisse de 30 % ! J'ai du mal à comprendre comment on peut à ce point et aussi prestement remettre en cause une promesse de campagne aussi forte et remarquée par les acteurs culturels. On m'explique alors que je n'ai pas bien compris. Bien sûr ! (Sic.) La hausse de 20 % se fera sur la mandature (ce qui est compréhensible), mais uniquement sur le « budget investissement ». Le « budget fonctionnement » connaîtra des coupes de 30 % comme annoncé de manière générale en matière de dépenses de fonctionnement. Je n'en reviens pas. Pour les acteurs du secteur culturel, à qui cette promesse de campagne

80. Directeur de cabinet du Premier ministre Michel Rocard (1988-1991), maire de Conflans-Sainte-Honorine (1994-2001), président du conseil régional d'Île-de-France (1998-2015).

s'adressait, une hausse du budget signifie une hausse des sommes qui leur sont destinées. Et si la soi-disant hausse du budget culture est promise sur la mandature, et uniquement sur les dépenses d'investissement, la baisse, elle, va bien peser à 100 % dès le premier budget sur les dépenses de fonctionnement, donc sur les subventions. Elle n'est pas lissée de manière pragmatique sur la durée mais appliquée de manière arbitraire, dogmatique et brutale.

Qu'il faille modifier certaines politiques et transformer la gouvernance, j'en suis moi-même convaincue, mais ce qui nous est proposé n'a rien à voir avec une approche reposant sur la réalité et les besoins. À vrai dire, j'aurais dû me méfier. Un brin de soupçon aurait dû m'étreindre quand je croisais Valérie Pécresse, que je connais très mal, je l'avoue là encore, et qu'elle me demandait régulièrement si les « cultureux » allaient bien. Cette marque de dédain classique pour le milieu culturel aurait dû m'alerter.

La même duplicité qu'Emmanuel Macron. Une promesse d'augmentation et « en même temps » une baisse.

L'électorat de droite exige des coupes et on va leur en donner. La culture est forcément « de gauche ». On va remettre en cause l'ensemble des établissements publics de coopération culturelle qui par nature sont « de gauche » et rapatrier ces activités directement au sein de la région, en régie centralisée. Que ce soit en partie la réalité et que ce soit plutôt une gauche « caviar » qui a la mainmise depuis des années à la région n'autorise pas à pratiquer des coupes et des licenciements brutaux et aveugles. Mais Valérie Pécresse souhaite que ce soit de sa main que soit signée l'attribution des subventions. C'est de cette façon qu'elle le présente. Comme si l'argent de la région était son argent à elle. Dogmatisme et centralisation, « verticalité », oserai-je dire, au détriment de la souplesse et de l'agilité. Tout cela pour récupérer un pouvoir de fait « jacobin », qu'il soit de gauche ou de droite.

Ce n'est pas parce que l'on est présidente de région que l'on n'est pas « centralisatrice » dans l'âme. Ce n'est pas parce que l'on est maire non plus que l'on n'est pas « centralisateur » ; que l'on soit à la tête de l'État, d'une région, d'un département, d'une mairie, c'est la même tendance à confisquer le pouvoir qui vous a été confié, celui que vous détenez. La « décentralisation » vaut pour les autres.

D'où la nécessité, encore une fois je le répète, de contre-pouvoirs et de garde-fous à tout type de pouvoir, de quelque nature qu'il soit.

Mais Valérie Pécresse, c'est la préfiguration de ce que fera Emmanuel Macron à un niveau national, au mépris de ses engagements de campagne. L'une est plus « sens commun », l'autre est plus « à géométrie variable ».

Sur le plan humain, la situation s'avérera pire encore. Le personnel des établissements de coopération culturelle est tenu dans l'angoisse de son éviction durant des mois. Les salariés sont systématiquement prévenus au dernier moment, lorsque le couperet tombe. Aucun état d'âme. L'important est de ne pas éveiller l'attention de la presse. Et l'important est de COMMUNIQUER sur le fait que « l'on fait ce que l'on a dit. » On a promis des coupes, on les fait. À l'aveugle. Écraser des êtres humains ? Cela n'a pas d'importance. De toute façon, on ne les voit pas. La région est un concept abstrait. Donc ils n'existent pas. Ils ne sont rien. L'ambiance est délétère.

C'est d'ailleurs Valérie Pécresse qui, lors du premier débat organisé pour les « primaires fermées » de la droite, proposera de faire le plus d'économies de fonctionnaires et de créer à cet effet ce qu'elle appellera ni plus ni moins « un comité de la hache ». Même si je comprendrai plus tard qu'elle visait les normes administratives, ce nom est tout de même terrifiant. Elle se présente d'ailleurs avec fierté comme la candidate de l'ordre et de l'autorité.

Mais pour revenir à la région, reprise à la gauche, à sa tête depuis trois mandats, les fonctionnaires territoriaux sont perçus comme de dangereux « gauchistes » ou des incapables. Ils n'ont pas d'autre identité. Valérie Pécresse dans ce genre de situation est une lame froide.

Au même moment, début 2016, Xavier Bertrand, alors président du conseil régional des Hauts-de-France, annonce une hausse du budget culture de 65 % et le renforcement des établissements de coopération culturelle, guidé par l'ambition d'attirer les talents et l'emploi dans sa région.

Les situations que je vais vivre sont confondantes : au début du mandat, dans un échange avec la directrice de cabinet de Valérie Pécresse, je pose cette simple question, à savoir pourquoi tous les projets de délibération d'une région qui pèse plusieurs milliards d'euros sont bloqués pendant des semaines. La réponse tombe : « parce que Valérie ne fait pas confiance » et que chaque projet doit être relu par la directrice de cabinet et son adjointe. Je réponds, sidérée : « Oui, il y a inévitablement des erreurs lorsqu'on délègue, surtout si on ne délègue pas aux bonnes personnes, mais là, tout est bloqué ! Jusqu'à des décisions portant sur simplement 2 000 euros. Nous risquons de faire davantage d'erreurs en ne faisant pas confiance plutôt qu'en faisant confiance, non ? »

Mais Valérie Pécresse est imperméable à ce concept simple. Et la région Île-de-France est tellement énorme que les erreurs humaines accumulées ne se voient pas… si on ne veut pas les voir. Un exemple concret : me voilà associée à un rendez-vous de Valérie Pécresse avec Pierre Bellanger, le patron de Skyrock. Et ce sera aussi l'unique rendez-vous auquel elle m'associera. Elle refusera par ailleurs systématiquement de me recevoir en privé, à ma demande. Elle ira même jusqu'à faire annuler, très en colère, un rendez-vous que sa secrétaire avait cru bon de me donner sans lui en référer.

C'est ainsi qu'elle refusera de recevoir, ne serait-ce qu'une fois, la présidente de la commission culture que je suis. Vous n'êtes pas reçue, vous n'existez pas.

Même méthode pour Emmanuel Macron et ses ministres. Je ne serai pas la seule, ce sera le traitement infligé pratiquement à toutes celles et ceux qui ont fait la campagne au sein du « comité politique » d'En marche ou à celles et ceux que l'on a fait « artificiellement », sans qu'il le sache, travailler sur le programme.

Au rendez-vous, Pierre Bellanger présente donc son projet. Valérie Pécresse répond qu'elle le trouve intéressant. Il enchaîne : « Merci, mais je sais ce qu'il va se passer… Le projet est complexe. Comme d'habitude, il va se perdre dans le labyrinthe de la bureaucratie de la région. » Il a raison sur un point. On nous explique que l'État serait bureaucratique et les régions, pragmatiques et souples. C'est une chimère. La bureaucratie des collectivités territoriales, surtout de ces régions immenses, disproportionnées depuis la réforme territoriale de 2015[81], est caricaturale. Les collectivités locales, y compris les mairies, ne sont plus exemptes de ce mal français qui gangrène tout. Reconnaissons cependant

81. La France est alors passée de vingt-deux à treize régions.

que c'est dû aussi à l'absence de délégation aux personnes adéquates. Donc à l'absence de confiance.

En général, les fonctionnaires de la région obéissent au doigt et à l'œil à Valérie Pécresse. Dans le cas contraire, ils sont tout simplement virés. Mais entre des fonctionnaires qui « font ce qu'ils veulent » et des fonctionnaires qui sont « contraints de se taire », il est tout de même possible d'envisager qu'il y ait une autre voie, non ?

Concernant Valérie Pécresse, l'aveu de la directrice de cabinet est davantage lié à la pratique de la terreur et de l'autoritarisme qu'à une vision politique qui viendrait guider le travail des fonctionnaires.

C'est l'autoritarisme qui se confond avec « l'autorité » et « l'experte en communication » qui remplace l'adepte de la résolution effective des problèmes. C'est ce qu'elle a vendu pendant la campagne de 2015, c'est ce qui lui a permis de gagner à nouveau les élections de 2021 et c'est ce qu'elle essaie de nous vendre pour 2022.

Pierre Bellanger n'a donc pas tort lorsqu'il s'inquiète de l'inertie de l'administration, mais ce que Valérie Pécresse répondra est tout aussi caricatural. Elle le rassure en lui disant qu'il aura affaire directement à elle, sans intermédiaire, et se retourne vers moi en disant : « Ici, il n'y a que trois personnes qui décident. [Elle, sa directrice de cabinet et le directeur général des services.] Frédérique le sait bien. » Tout est dit… C'est rassurant et éclairant pour les vice-présidentes et vice-présidents, qui n'ont effectivement aucun pouvoir de décision et aucune marge de manœuvre, mais qui se gardent bien d'en faire l'aveu. Comme Emmanuel Macron dont les ministres sont de simples « collaboratrices » et « collaborateurs ». Alors que dire de la présidente de la commission culture que je suis et qui n'a juridiquement que le pouvoir de « donner son avis » ? On prendra surtout soin de ne pas le lui demander.

Par ailleurs, le projet de Pierre Bellanger ne verra jamais le jour.

Mais revenons à cette baisse brutale du budget culture de 30 % ! Avec l'accord de mon groupe politique, le groupe UDI, et le soutien notamment de Philippe Laurent et de Jean-François Vigier[82], après de longues semaines de guérilla, je réussirai à obtenir que la réduction budgétaire soit considérablement réduite, autour de 7 %. J'ai mis toute mon énergie et tout mon poids dans la balance. Le groupe a suivi et la bataille a été très dure. Valérie Pécresse m'en gardera une rancune tenace. Je suis seule bien sûr à être montée au front. Mes soutiens sont sur mes arrières. C'est déjà ça. J'en ai besoin pour avancer. La vice-présidente culture, Agnès Evren, et François Delmas, le conseiller culture de Valérie Pécresse, multiplieront de leur côté les petites perfidies. J'ai le sentiment de revivre mes années passées à la mairie d'Antony où les fonctionnaires se guettaient, s'inspectaient, se dénonçaient, espérant avoir les faveurs du maire, Patrick Devedjian, et craignant d'être rétrogradés…

Et il s'agit tout de même bien d'une baisse du budget culture après avoir promis une hausse pendant la campagne. Les budgets sécurité, qui ne sont pas une compétence de la région, quant à eux, augmenteront. Pourquoi pas, lorsqu'il s'agit de renforcer la sécurité dans les transports, mais cela montre une autre facette de Valérie Pécresse : la culture est une priorité d'affichage.

Là encore, les mêmes ingrédients sont utilisés et produisent les mêmes effets. Le conseiller culture de Valérie Pécresse fera tout pour convaincre la vice-présidente

82. Membres du groupe UDI au conseil régional. Le premier était maire de Sceaux, le second de Bures-sur-Yvette.

culture et éducation, Agnès Evren, que je lorgne son poste et qu'il faut à tout prix m'écarter. Bien sûr, elle le croira.

Être présidente de commission comme je l'ai été, c'est n'avoir qu'un titre et aucun pouvoir réel.

Être vice-présidente de Valérie Pécresse, c'est accepter que tout soit préparé et décidé par d'autres. Ce sont avant tout des fonctions de représentation et non de décision.

Travailler avec la vice-présidente, travailler pour elle ne me dérange pas, mais tant que je peux TRAVAILLER. Or là, ce n'est pas le cas.

Il faut m'éloigner à tout prix. Ils me prêtent leur propre opportunisme et les coups bas s'accumulent. Ne m'associer à rien, m'éloigner des sujets que je maîtrise, m'enlever des listes d'invitation, y compris des dîners des Césars ou du Festival de Cannes auxquels j'ai toujours été conviée à titre professionnel, en tant que productrice de cinéma.

Valérie Pécresse m'éjectera également de la délégation de la région au Festival de Cannes. Avec la vice-présidente et le conseiller culture, ils monteront les marches sans moi et m'enverront au balcon[83].

Il faut connaître cette géographie sociale pour comprendre le mépris qui peut vous être témoigné en fonction de votre emplacement. Ils me refuseront également le fait d'être au dîner d'ouverture. Toutes choses par ailleurs auxquelles j'aurais naturellement assisté si j'avais été au Festival avec ma casquette de productrice, mais auxquelles j'avais renoncé pour représenter la région.

Je n'apprendrai malheureusement qu'au dernier moment le sort qui m'était réservé, et je n'aurai donc évidemment pas les moyens de me retourner et de faire valoir ma légitimité. À Cannes, c'est la veille que se règle la

83. Au palais des Festivals de Cannes ainsi qu'aux Césars, les balcons sont reservés aux personnes jugées non importantes professionnellement car n'appartenant pas à la famille du cinéma.

présence aux films et dîners officiels. C'est donc dans ma chambre d'hôtel que j'ai passé cette soirée.

Cette méthode d'écartement sera celle utilisée par Brigitte Macron et Emmanuel Macron, ainsi que par les ministres de la Culture successifs, à mon égard dès le début du mandat. Ne jamais m'inviter à des événements réunissant le monde du cinéma, auquel j'appartenais, ou au moindre événement touchant au milieu culturel. Une méthode très « ancien monde », mais très partagée. Et ce qui est à relever, c'est qu'il ne s'agit pas d'une méthode employée contre une opposante politique, mais bien vis-à-vis d'une personne de leur propre majorité.

Lors de ce Festival de Cannes, je pensais être utile à la région et au cinéma. Je serai exclue de tous les rendez-vous avec les interlocuteurs du cinéma. Le cinéma est ma famille depuis vingt-cinq ans. C'est d'une grande violence. C'est comme si on vous refusait l'entrée dans votre propre maison. Je rencontrerai bien sûr de mon côté tous ces interlocuteurs que je connais à titre personnel, mais la volonté de me priver de tout pouvoir est clairement affichée.

Cela a été très difficile et très pénible. Une fatigue émotionnelle s'est ajoutée à une fatigue physique et physiologique. Cela faisait six mois que je devais batailler dur. J'avais réussi à remonter le budget culture, mais cet épisode avait été très éprouvant.

Politiquement, certes, j'avais obtenu satisfaction ; mais le prix personnel à payer a été fort. « Pousse-toi de là que je m'y mette. »

Le milieu du cinéma, pour les novices fascinés, fait souvent perdre la tête. C'est ce que je revivrai avec certain·es député·es En marche, au sein de la commission culture.

Pour l'heure, nous sommes à Cannes en 2016 et c'est le 18 mai : le jour de mon anniversaire ! Comme depuis de nombreuses années, je le fête symboliquement pendant le Festival. Jérôme Clément, l'ancien président d'Arte, et moi sommes nés le même jour, et c'est à qui enverra son message à l'autre en premier ! Là, je suis dans ma chambre d'hôtel que j'ai payée personnellement, car je ne voulais pas que ce soit la région Île-de-France qui le fasse, d'autant plus que j'y resterai le reste du temps du Festival en tant que productrice.

Il n'y a rien de plus glauque qu'une chambre d'hôtel, même en plein Festival de Cannes, lorsque vous vous y retrouvez dans ces conditions.

Le lendemain, je prends ma douche, je fais mon shampooing. Je me rince, je sors, je m'essuie les cheveux avec la serviette, je me sèche et commence à me peigner. C'est à ce moment précis que je découvre avec effroi que j'ai sur la tête des plaques de peau entièrement dénudée... Bref, j'ai une pelade.

Je m'arrange pour la cacher, car j'ai suffisamment de cheveux pour cela, mais il n'y a plus beaucoup d'épaisseur. On me dira d'ailleurs, « elle est sympa ta nouvelle coupe » ; comme quoi...

Une pelade, c'est ce qui arrive quand vous encaissez un choc psychologique trop fort. C'est une réponse du corps, c'est un sursaut interne, c'est une alerte. C'est le résultat de ces longs mois oppressants. Mais je comprends qu'il faut à nouveau lâcher prise si je veux me protéger. J'ai obtenu satisfaction dans ma mission, c'est le plus important. Je décide donc de continuer à faire ce que je sais faire, trouver les moyens de continuer à travailler.

Le Festival et l'été passés, je répète que je souhaite travailler.

C'est ainsi que Valérie Pécresse accepte de me confier un rapport de mission qui s'intitulera « culture et financement participatif, fonds d'investissement images et innovation, rapprochement culture et tourisme ». Des thèmes un peu compliqués à traiter, avec l'assurance donc, que personne ne viendra empiéter sur mon travail. Cela peut intéresser une présidente de région qui pense probablement que je ne peux que rentrer dans le rang après ce que l'on m'a fait subir et qui a le sentiment de m'avoir ainsi donné un os à ronger. Comme d'habitude, je me donne à fond. Néanmoins la guerre interne reprend quand j'apprends que par ailleurs l'on me cache un projet de délibération concernant le cinéma. Il s'agit d'une « délibération-cadre », ce qui signifie que c'est l'ensemble de la politique concernant les aides de la région à la production cinéma et audiovisuelle qui est en question. J'en suis avertie au dernier moment. On me donne le document pour information deux jours avant l'envoi de cette délibération aux conseillers régionaux membres de la commission culture, ce qui signifie que mon avis ne compte absolument pas dans son élaboration. Il est écrit noir sur blanc que ce projet de délibération reprend le contenu des concertations menées avec la profession. Or c'est faux. Il est à l'inverse total des conclusions des groupes de travail et de concertation que j'avais réunis.

Le milieu s'émeut des décisions prises. Mais pour Valérie Pécresse, ce qui compte c'est d'écrire que cette délibération est le fruit d'une concertation, certainement pas que ce soit la réalité ; le mot concertation est vidé de sa substance.

L'ensemble des syndicats du cinéma, je dis bien l'ensemble, lui écrit alors un courrier pour lui indiquer que les résultats de la concertation n'ont pas du tout été pris en compte ; elle leur fait alors comprendre qu'elle ne changera absolument rien sur le fond. Et tout le monde se couche. Loin de moi l'idée de les blâmer ! Il y a des risques réels pour ceux qui expriment un avis différent. Ils seront tout simplement privés de subventions. C'est ce qui leur est signifié sans complexe.

Ce qui me choque au-delà du fait que cette délibération soit en accord ou non avec les souhaits de la profession, c'est que c'est bien toute la promesse d'adapter la politique d'aide au cinéma à la réalité et aux nouveaux enjeux qui n'est pas tenue. Le seul objectif poursuivi étant finalement de reprendre le contrôle sur l'attribution des subventions.

Pour ma part, j'ai du mal à laisser passer ça. Et comme je préside la commission culture devant laquelle la délibération doit passer dans quelques jours, je fais donc savoir que je donnerai mon avis, même s'il n'est pas souhaité. Il ne me reste plus que cela, donner un avis lorsque tout est ficelé.

De toute façon, Valérie Pécresse a la majorité. Cela ne devrait pas la gêner. Mais je comprends vite que ne donner que son avis, s'il n'est pas dans la ligne, c'est absolument insupportable pour « Valérie ». Elle n'a aucune envie qu'une contradiction argumentée et appuyée soit apportée. Je persiste, car ce n'est ni un problème de gauche ni un problème de droite. Je suis productrice, j'ai présidé des syndicats, j'ai présidé la commission d'agrément des films au CNC, j'ai été chargée du sujet au cabinet du ministre de la Culture. Je pense pouvoir contribuer. Mais je comprends encore une fois qu'il s'agit davantage pour elle de reprendre le contrôle, de marquer son autorité à mon égard. Et non comme elle répète de proposer les meilleures solutions.

L'histoire ne va donc pas s'arrêter là. Valérie Pécresse va mettre en place une « manœuvre » digne de séries comme *Baron noir*.

Sa directrice de cabinet me demande de passer la voir. Nous sommes un lundi, la délibération doit passer le jeudi en commission. Elle m'explique tout simplement qu'en fait… je suis en conflit d'intérêts et qu'en tant que productrice je ne peux siéger! Et voilà la parade qui a été trouvée in fine! Je ne peux pas présider la commission culture (mon rôle se limitant pourtant à passer la parole à la vice-présidente et à donner un avis) puisqu'il s'agit d'une délibération qui touche le cinéma et que je suis productrice. Cela paraît évident, non? En conséquence, cela risquerait d'invalider la délibération. Pas moins! Jusque-là, alors même qu'il s'agissait de valider des subventions attribuées aux producteurs, cela n'avait jamais posé de problème que je préside.

Je n'en reviens pas. Et surtout je ne suis pas du tout en conflit d'intérêts.

Je ne fais bien sûr pas partie de la commission qui attribue les aides directes aux producteurs.

Je n'ai jamais demandé une seule subvention à la région ni dans cette mandature ni dans la précédente. Les présidents des autres commissions, comme celui de la commission Agriculture, ont reçu quant à eux directement des aides financières à titre personnel pour leur propre exploitation, « en se déportant le jour du vote ». Chose qui est autorisée mais d'une hypocrisie totale.

Mais on m'explique qu'en ce qui me concerne, alors que je ne dois donner que mon avis et qu'il s'agit uniquement d'une délibération-cadre sans affectation de subvention, je serai bien évidemment en plein conflit d'intérêts.

Il y aurait donc conflit d'intérêts à être compétente dans un domaine? Cela va rendre difficile la possibilité d'être pertinent sur de nombreux sujets.

C'est vrai qu'il est beaucoup plus simple de présenter les choses à des personnes qui ne connaissent pas un sujet, puisqu'elles ne peuvent pas savoir ce qui est pertinent et ce qui ne l'est pas. Donc tout peut passer…

Je refuse donc de renoncer à présider. Ne pas présider, c'est reconnaître de facto que j'aurais un quelconque conflit d'intérêts. Je lui demande alors qu'elle m'explique par écrit pourquoi il y aurait conflit d'intérêts et je demande que la déontologue du conseil régional soit saisie immédiatement.

Le lendemain, je reçois une note des services juridiques m'expliquant sur deux pages… que je suis bien en conflit d'intérêts. Leur note repose pourtant sur des hypothèses dont aucune ne correspond à ma situation. De plus, les services répondent aux instructions de Valérie Pécresse et ne sont pas indépendants. Seule la déontologue (selon le règlement édicté par Valérie Pécresse elle-même) doit être saisie par la présidente s'il y a le moindre doute. Au pire le juge se prononce quant à lui pour statuer en dernier ressort, mais certainement pas Valérie Pécresse. Mais cette dernière refuse tout simplement de saisir la déontologue, malgré l'obligation qu'elle a à le faire. Je serai donc contrainte de le faire de mon côté. C'est un comble. Je sais que je n'aurai jamais la réponse à temps. Et c'est sur cela qu'elle compte. Notons que c'est bien la première fois qu'un exécutif local invoque le prétendu conflit d'intérêts d'un membre de sa propre majorité en veillant à y apporter des preuves sans substance et alors que certains membres de la majorité se sont retrouvés dans des situations personnelles éloignées de toute éthique, certaines sont même mises en examen.

Pour ma part, pour éviter tout mélange de genres, toute confusion, toute instrumentalisation, j'avais adressé un mail dès le début du mandat à Patrick Stefanini, alors directeur général des services, pour lui indiquer que je m'engageais à ne jamais demander de subventions pour ma société de production pendant six ans. Je considérais en effet que se déporter et ne pas prendre part au vote, dispositions certes légales, n'était pas suffisant pour garantir un certain niveau d'éthique. Il pourrait y avoir de la part des membres une volonté de faire plaisir à la majorité à laquelle j'appartenais. Et à l'opposé, si j'obtenais une subvention pour de bonnes raisons, on pourrait toujours en douter puisque ce choix reste en partie subjectif.

Enfin, sur cinquante dossiers déposés par commission, seuls cinq ou six films obtiennent en moyenne une subvention, je n'imaginais donc pas avoir le privilège d'en faire partie. Le mandat de conseillère régionale est limité dans le temps ; quand on fait le choix d'un mandat, il faut en assumer les conséquences.

En effet, j'ai la faiblesse de penser que montrer l'exemple permet d'obtenir de l'adhésion et de la confiance et ainsi d'avancer plus facilement. En revanche, si vous êtes seule à le faire, immédiatement vous êtes marginalisée. D'autant plus que vous donnez mauvaise conscience aux autres et ils n'aiment pas ça. Donc il faut être plus nombreux à imposer un tel logiciel si l'on veut qu'il soit dominant et produise plus d'équité.

Poursuivons. Le jour de la tenue de la fameuse commission, j'arrive en avance pour être sûre que l'on ne m'empêche pas physiquement de présider. Car l'ambiance est très lourde. Lorsque la vice-présidente arrive dans la salle, elle me voit et ressort aussitôt. « Elle est là ! Que fait-on ? » s'exclame-t-elle. Pour eux, il était inenvisageable que je résiste à Valérie Pécresse. C'est dire le niveau d'autocensure que les gens acceptent.

Finalement, elle réintègre la salle pour lire la note juridique, selon les instructions qu'elle avait reçues, expliquant que je suis bien en conflit d'intérêts et que je ne peux présider.

L'opposition dans son ensemble réagit fortement devant l'absurdité et l'arbitraire de cette situation. « Nous avons besoin de savoir ce que pense Frédérique Dumas de ce projet de délibération. »

Il y a donc suspension de séance. Je me retrouve ainsi à l'extérieur de la pièce avec toute l'opposition. Il y a là Julien Dray pour le Parti socialiste, Clémentine Autain pour le

Front de gauche, Corinne Rufet pour les Verts et même le représentant du Front national. C'est dire… Il n'était tout simplement plus question de couleur politique, car tout le monde défendait un principe, le fait qu'il n'y avait aucun conflit d'intérêts et qu'il s'agissait uniquement d'une basse manœuvre politique. Nous rentrons et Agnès Evren, la vice-présidente, nous annonce le retrait de la délibération de la discussion de cette séance et son report ultérieur.

De toute façon, cette délibération aurait été adoptée, que je donne mon avis ou non. Mais certaines osent aller jusqu'à dire que le vote de la délibération serait entaché d'irrégularité si je continuais à présider. Florence Portelli[84], très agressive, n'est pas en reste. Mais de toute façon, ce qui était insupportable pour Valérie Pécresse, c'est que je ne baisse pas la tête. Il fallait donner l'exemple pour que tout le monde sache ce qu'il en coûte de donner un simple avis, s'il est différent et surtout s'il est argumenté. C'est la réalité qui doit se plier aux désirs de la présidente. Quand Valérie a dit « Je veux », tout le monde doit s'aligner.

À vrai dire, je n'ai aucun problème à suivre la ligne lorsqu'elle est respectable. Et ce qui est respectable pour moi, c'est lorsque les dispositifs que l'on met en place sont pertinents pour atteindre les objectifs que l'on s'est fixé et qu'on laisse de la place à l'humain. Dans ces conditions, je suis, sans problème, et je mets toute mon énergie au service de la personne qui porte cet idéal. Je deviens même une excellente petite soldate. Mais face à l'incompétence assumée, « l'amateurisme » assumé, dont le seul but est de garder un pouvoir absolu, en le faisant savoir pour décourager toute tentative de rébellion, face à la déshumanisation que cela entraîne,

84. Membre de la majorité au sein de la commission culture. Maire de Taverny, c'est la porte-parole de Valérie Pécresse dans la campagne présidentielle.

oui, je résiste. Tant pis si cela passe pour de l'inflexibilité. C'est ma part non négociable.

Le 16 octobre 2016, lors de la séance du conseil régional, Valérie Pécresse va provoquer la démission de tous les membres LR de la commission culture. Pour ne pas apparaître officiellement à la tête de cette manœuvre, elle quittera la séance à ce moment précis, se faisant remplacer à la présidence. Elle reviendra juste après ce vote de la majorité. Quel courage ! Une nouvelle élection des membres de la commission culture et de sa présidence sera alors provoquée le 5 janvier 2017 et il sera demandé à la majorité y compris à mes anciens collègues de voter contre ma réélection à la présidence. Ce que s'empresseront de faire tous les conseillers LR ainsi que le conseiller régional UDI, mon propre groupe, membre de la commission. La raison qui sera alors donnée, c'est que je ne pouvais plus appartenir à la majorité régionale puisque j'avais rejoint entre-temps Emmanuel Macron. J'avais pourtant indiqué moi-même qu'il était effectivement naturel que je quitte cette présidence après avoir rejoint le désormais candidat Emmanuel Macron. Mais je refusais de le faire tant que serait invoqué ce prétendu conflit d'intérêts. Mon départ aurait sinon sonné comme une reconnaissance de ce conflit d'intérêts et ce n'était tout simplement pas possible.

Il était également entendu que je quitte la majorité régionale.

Quel intérêt d'être « confortablement » dans une majorité régionale si on ne peut défendre ce en quoi l'on croit, si l'expérience et les compétences sont reléguées à la dernière place et si une dérive se produit insidieusement ? Tout le monde n'a pas la même notion du confort.

Car c'est dès la fin de l'été 2016 que François Fillon a fait corps avec le mouvement Sens commun.

En quittant la majorité régionale, j'écrirai donc ces mots auxquels je croyais intimement : « Emmanuel Macron est libre et il nous rend libres. »

Je ne savais à ce moment-là ni qu'il allait devenir président de la République, ni qu'il allait trahir très vite ses engagements de cœur. Il n'avait pas encore fait le fameux meeting de la porte de Versailles qui allait rassembler quinze mille personnes, et mes amis de l'UDI me disaient que j'étais vraiment folle. Pour eux, Emmanuel Macron n'avait aucune chance donc j'étais « folle », car les convictions c'est bien, mais il y a une limite…

Macron, on le prétendait seul. Personne ne comprenait qu'il avait levé une énergie positive qui le dépassait d'ailleurs totalement. De mon côté je ne le rejoignais pas en sachant qu'il allait gagner. Nous étions nombreux à penser que ce serait sûrement pour 2022, pas pour 2017. À cette époque, n'importe quel candidat de la droite était assuré qu'en gagnant les primaires, il gagnerait les présidentielles. J'y suis allée en pensant sincèrement et profondément qu'il représenterait en partie mon idéal. J'allais donc, comme on l'a vu, tomber de ma chaise…

La lettre de la déontologue arrivera au bout de deux mois et conclura que je n'avais aucun conflit d'intérêts. Le mal était fait et tout le monde a oublié cet épisode. Mais je le garderai en mémoire, car je sais que ce sera l'arme utilisée par celles et ceux qui auront intérêt à invalider ma compétence.

Paradoxalement, lorsque j'étais dans l'opposition au conseil régional entre 2004 et 2010, je me suis toujours bien entendue avec Jean-Paul Huchon, qui était alors président, et les membres de son cabinet ; Jean-Paul et ses équipes ont toujours respecté mes compétences et nous avons pu travailler ensemble. À cette époque, j'ai pu faire bouger des lignes ; c'est donc contradictoire de voir une telle violence se développer au sein de sa propre majorité. On vient vous chercher pour ce que vous êtes et on vous éloigne ensuite, toujours pour ce que vous êtes.

En définitive, vous êtes instrumentalisée – même si je reconnais que Valérie Pécresse ne m'a pas choisie, mais que c'est l'UDI qui m'a appelée pour figurer sur la liste en position éligible ; en tout cas, elle n'a pas mis son veto et a participé aux événements que j'avais organisés pour elle pendant la campagne avec les acteurs du cinéma.

En 2017, lorsque je serai élue députée, je déciderai de céder immédiatement ma société de production Inga films, afin de retrouver les marges de manœuvre pour travailler. Ils trouveront d'autres stratagèmes pour m'en empêcher bien sûr, mais je me serai au moins protégée de médisances. Mais c'est une autre histoire et je l'ai déjà racontée.

Emmanuel Macron et Valérie Pécresse sont certes très différents, mais ils sont les deux faces d'une même pièce. Ce sont des animaux à sang froid qui préfèrent la communication, le faire savoir, la séduction à l'action qui influe sur le réel. Ils répètent ou plutôt martèlent qu'« ils font ce qu'ils disent ». Valérie Pécresse nous parle de méthode « par la preuve » ou de la « France des solutions » ou « des résultats ». Mais la méthode est en quelque sorte mécanique et brutale. Quand Valérie Pécresse fait des coupes, elle fait des coupes ; et peut-on imaginer qu'un « comité de la hache », comme elle l'a revendiqué, puisse « subtilement » mettre fin aux normes bureaucratiques pour libérer, tout en gardant celles qui sont nécessaires pour réguler ?

La complexité du monde a besoin à la fois de courage et de subtilité, pas de brutalité et d'insensibilité. Par ailleurs, Valérie Pécresse comme Emmanuel Macron oublient que les objectifs de transformation profonde, eux, ne sont pas atteints.

Valérie Pécresse est mécanique lorsqu'elle serre les mains. Son sourire est figé.

Emmanuel Macron vous regarde droit dans les yeux sans vous voir. Valérie Pécresse, quant à elle, évite les contacts physiques, auxquels elle répugne, et ses élans, lorsqu'elle se sent obligée, sonnent faux. Et si jamais vous réussissez à lui faire la bise, vous ressentez à quel point ce contact physique lui déplaît. Heureusement avec la crise sanitaire, les gestes barrières sont là pour la sauver !

Je me rappelle cette anecdote de la campagne de 2010 pour les régionales, qu'elle perdra par ailleurs. Il est aux alentours de sept heures du matin. Elle tracte devant une gare. Les équipes du *Petit Journal* sont là pour la filmer. Ce qui est terrible, c'est que les personnes qui s'approchent et à qui elle tend un tract ont pour la plupart un mouvement de recul et se détournent. On est gêné pour elle. Elle va expliquer aux journalistes que c'est dû à la présence de la caméra. L'équipe part se cacher en partie derrière un pilier, mais cela ne fonctionne toujours pas. Les gens continuent à se détourner. Sur ce, Rama Yade arrive et commence à tracter devant Valérie Pécresse, et là les usagers, naturellement, prennent le tract. Tout est dit…

Mais en 2022, face aux outrances d'Éric Zemmour et face à sa misogynie caricaturale, puisqu'il estime que les femmes ont « un cerveau archaïque », la brutalité de Valérie Pécresse sera nuancée par sa familiarité à la Emmanuel Macron lorsqu'elle parle par exemple de « cramer la caisse ».

Le contexte et les excès d'une partie de la droite peuvent contribuer à « l'humaniser » alors que ses méthodes sont d'une grande brutalité ; sa volonté de mettre de l'ordre et de réformer, de reprendre ainsi l'héritage de François Fillon, tout en ayant soutenu l'identité heureuse d'Alain Juppé, lui ouvre un chemin. Mais ne nous y trompons pas, la liberté qu'elle revendique pour elle-même, elle n'en concède rien aux autres. Et la communication masque souvent l'impuissance réelle.

Oui, Emmanuel Macron et Valérie Pécresse sont bel et bien les deux faces d'une même pièce. Ils partagent la même brutalité et la même indifférence.

CHAPITRE 12

The Artist

Chaque film que j'ai produit ou coproduit était une aventure à la fois artistique et humaine et la plupart sont chers à mon cœur. Chaque film a une histoire et raconte une histoire, ce qui pourrait faire l'objet d'un autre livre. Je ne pourrai donc pas raconter toutes ces aventures. J'ai choisi de m'arrêter sur un film : *The Artist*. Parce qu'il est emblématique, bien sûr, mais surtout parce que son histoire a quelque chose à voir avec l'exercice du pouvoir et les affres de la notoriété.

Lorsque Thomas Langmann vient me voir avec ce projet, on est au mois de juillet 2010. Il lui manque deux millions d'euros pour lancer la production et partir en tournage. Ce qui est prévu pour octobre. Le film, en noir et blanc, muet, est porté par le réalisateur Michel Hazanavicius. Jean Dujardin et Bérénice Bejo joueront les personnages principaux. Je lis alors le scénario, très réduit du simple fait que le film est muet. Il s'agit d'une histoire d'amour, du passage entre deux époques, de célébrité acquise et perdue. Le dossier de présentation du film fait rêver. Toutes les intentions artistiques sont là. De la poésie et de la magie. Nous replongeons au cœur de l'invention du cinéma et du mythique Hollywood. J'ai un véritable coup de cœur. Je me dis qu'allier une histoire simple mais universelle à un univers artistique aussi marqué peut être très puissant. Les talents sont là : Michel Hazanavicius, Jean Dujardin et Bérénice Bejo !

Tout cela cependant ne semble pas évident pour tout le monde. Le film coûte, tout de même, 11 millions d'euros sur le papier ! Et il est noir et blanc, et muet…

Prendre une telle décision demande d'y croire à 300 %. Mais c'est aussi un investissement financier et il faut donc d'une certaine manière rationaliser son intuition.

On doit échanger, demander des avis, se baser sur des estimations commerciales, rationaliser, mais au bout du compte, il y a une personne qui doit « ressentir » et faire un choix. Ce ne peut être le résultat d'un vote ni d'une décision purement financière ou budgétaire. Chaque film, hormis les blockbusters américains, est un prototype. Tous ceux qui ont essayé de copier un succès, pensant qu'il y avait une recette ou un casting idéal, sont allés droit dans le mur. Cela ne veut pas dire non plus que l'on fait n'importe quoi et que tout se vaut. Car c'est tout d'abord un métier, celui de producteur ou productrice, que l'on doit éprouver. L'expérience compte. Les profils éditoriaux sont divers et variés. Chacun sa singularité. C'est certes un milieu où l'on doit être à un moment ou un autre « coopté », mais on peut venir de tous les horizons : techniciens, chauffeurs, pilotes d'avion, contrôleurs de gestion, médecins, instituteurs. Les origines des producteurs sont infinies. Deux conditions en tout cas s'imposent, la sensibilité et la créativité. Ce n'est pas à moi de dire si je possède ces deux « qualités », mais c'est ce que je ressens moi comme essentiel.

Rationaliser son intuition pour la directrice générale d'Orange Studio que je suis à l'époque de *The Artist*, c'est tout d'abord demander ce que l'on appelle des « estimations » commerciales. Avoir une idée du nombre d'entrées que le film pourrait faire en salle, le montant des ventes qu'il pourrait faire dans le monde entier, par pays. Bref les résultats que l'on attend de son exploitation sur tous les supports, télévision, VOD, etc. Ce sont des personnes qui ont l'expérience des différents marchés qui font ces estimations. Rien n'est garanti puisqu'il s'agit d'un film qui non seulement n'est pas sorti, mais n'est même pas tourné. L'expérience permet cependant de faire des prévisions.

Tout cela pour expliquer que *The Artist* ne rentre dans aucune catégorie, puisqu'il n'y a jamais eu de film comparable. Mes équipes m'expliquent donc qu'elles ne peuvent pas me faire d'estimations sérieuses. Que cela peut être « haut » comme « bas », voire « très bas ». Oui, mais encore... Bref, que l'on n'en sait rien ! Un film français en noir et blanc, muet en 2011 et qui raconte une histoire américaine... Difficile de préjuger du comportement de ceux qui vont l'acheter, les distributeurs, ou le voir, les spectateurs.

On peut foncer... ou renoncer. Canal+ et France 3 ont accepté d'investir. La nature du risque est très différente puisqu'ils acquièrent au moins un droit de diffusion pour leur chaîne donc l'amortissement existe déjà en partie. ARP, la société de distribution de Laurent Pétin et Michèle Halberstadt[85], accepte d'investir à risque et de distribuer le film. Je ne suis donc pas totalement seule même si le risque reste élevé.

85. Laurent Pétin : producteur de cinéma *(Taxi, Rosetta, 17 fois Cécile Cassard, Mon père est une femme de ménage...)*, ex-compagnon de Romy Schneider. Michèle Halberstadt : productrice de cinéma, journaliste, écrivain, épouse de Laurent Pétin.

J'y crois donc à 300 %. Je n'ai pas de doute (c'est rare d'éprouver cela) et j'y vais ! Je donne mon accord pour partager ce que l'on appelle le « déficit de financement » de 6 millions d'euros, donc le risque final, à trois : Thomas Langmann, le producteur, le distributeur ARP, et donc Orange Studio. Nous mettrons chacun deux millions *pari passu*.

La règle est que je suis indépendante sur le plan artistique et que je dois respecter mes règles de gouvernance interne, notamment un plafond d'investissement au-delà duquel je dois demander l'autorisation au comité d'investissement d'Orange, la maison mère ; mais j'informerai systématiquement et avec précision le conseil d'administration d'Orange Studio de tous mes investissements. Les budgets et les estimations film par film seront ainsi avalisés deux fois par an.

Concernant *The Artist*, ce qui est certain, c'est que si j'avais dû demander l'autorisation en amont, jamais on ne m'aurait laissée y aller. Je sais aussi que je risque ma tête. C'est la règle et la contrepartie donnée à ma liberté d'action « encadrée ». Car si c'est un échec, on ne me le pardonnera pas. Je serai l'irresponsable qui a pris un tel risque sur un tel film.

Trois semaines avant le début du tournage, Thomas Langmann m'appelle. C'est un vendredi, 22 heures. Il m'explique que Laurent Pétin lui fait du chantage. Il ne mettra les deux millions que si Thomas lui rembourse autour de 700 000 euros qu'il lui doit sur un autre film. Honnêtement, je ne sais pas qui a raison et qui a tort. Et j'ai plutôt tendance à penser qu'en la matière ce sont les deux qui ont raison et qui ont tort. Mais si Thomas ne cède pas au chantage, le risque est tout simplement que le film ne se fasse pas, car il manquera deux millions et le tournage est imminent. Mais je sais aussi que l'on ne doit jamais plier face à un chantage de quelque nature que ce soit, surtout qu'en l'occurrence les conséquences sont disproportionnées et le producteur mais aussi le réalisateur seront impactés.

Je dis donc à Thomas : « Quelle que soit la situation, tu ne dois pas céder face à un tel chantage de dernière minute. » Il m'explique que Laurent Pétin lui a mis un ultimatum pour le lundi soir, soit trois jours plus tard. Je lui dis : « Eh bien, ne fais rien, ne dis rien et attends qu'il se retire de lui-même. On ne peut pas garder un partenaire qui n'est pas fiable, car le projet est compliqué. Orange Studio fera un geste supplémentaire et c'est Paul Rassam, producteur et oncle de Thomas, qui mettra sa garantie sur le déficit de financement.

Paul est un grand monsieur. Il a beaucoup de talent et les moyens d'investir. Il viendra très souvent au secours de ses deux neveux Thomas Langmann et Dimitri Rassam. Tout le monde n'a pas cette chance bien sûr. Mais être des « fils de » n'est pas toujours facile à vivre non plus. En tout cas, cela leur donne une liberté appréciable. À eux d'en faire bon usage. En l'occurrence, grâce aux investissements supplémentaires d'Orange Studio et de Paul Rassam, le film va enfin pouvoir se faire. Mais la route est encore longue jusqu'aux Oscars.

Le tournage démarre alors que nous n'avons plus de distributeur ! Nous proposons à Richard Fox, le patron de Warner monde (hors États-Unis), qui est le premier à avoir accepté de coproduire avec Orange Studio, de venir sur le tournage qui a lieu à Los Angeles et de visionner les premiers rushs du film. Il vient sur le plateau accompagné d'Iris Knobloch, qui a repris les rênes de Warner France, avec qui je monterai par la suite de nombreux projets et qui deviendra une amie. Tous les deux vont visionner quelques rushs, repartir convaincus et accepter d'investir sur le film pourtant pas encore terminé, réduisant ainsi notre propre risque. Nous avons donc maintenant un distributeur. Ce qui est essentiel. Et ce n'est que le début de l'aventure.

Une fois le film tourné et monté, nous savons qu'un tel projet doit avoir un soutien fort. Il ne faut pas vouloir aller au Festival de Cannes à tout prix, car on peut en repartir en lambeaux. C'est souvent pire d'être allé à Cannes et de ne pas y avoir reçu de prix que de ne pas y être allé du tout. Mais là, nous savons que nous n'avons pas le choix. Nous devons être à Cannes. Nous avons besoin d'une telle vitrine. Nous savons aussi que nous avons besoin d'un soutien de poids pour que le film existe à l'étranger. Nous décidons de nous tourner vers celui qui fait la pluie et le beau temps sur le cinéma indépendant américain et mondial, d'abord avec Miramax puis avec la Weinstein Company, le plus primé d'Hollywood, Harvey Weinstein. Des années plus tard, le monde entier connaîtra Harvey Weinstein, qui défrayera la chronique en donnant naissance, à la suite des révélations du *New York Times* en 2017, au salutaire mouvement planétaire Me Too et sera condamné pour viol et agressions sexuelles en 2020. À cette époque, les méthodes qu'il employait avec les actrices n'étaient pas connues même si elles devaient l'être du cercle rapproché. C'était un grand découvreur de talents, avec des intuitions géniales, un amoureux du cinéma indépendant et « en même temps » un terrifiant négociateur voire un prédateur, au physique et à l'ego immenses, entouré en permanence d'une cour « d'esclaves », d'actrices et d'acteurs qui l'adulaient... Et il était connu pour ne pas payer et ne pas honorer ses contrats. Faiseur d'oscars, Cannes pouvait aussi plier devant lui.

Harvey vient seul à Paris pour voir le montage encore non définitif de *The Artist*. Il ressort et nous dit : « Je prends le film. »

Nous n'en revenons pas. Nous lui demandons s'il a exigé des coupes, car nous savons que c'est sa spécialité. « Non, aucune coupe. »

Je suis sceptique et donc je lui demande s'il est bien sûr de lui, s'il ne va pas changer d'avis.

« Il ne faut rien toucher, c'est une œuvre en soi », me répond-il.

Effectivement, il ne touchera rien. Ça aussi, c'est Harvey Weinstein.

Thierry Frémaux, le délégué général du Festival de Cannes, voit lui aussi le film et le sélectionne pour Cannes.

L'incroyable aventure de *The Artist* démarre.

Le *New York Times* fait un article sur le film. Harvey me dit en me montrant l'article : « Ça, cela veut dire que nous serons aux Oscars. » Il rajoute : « Ce qui est sûr, c'est que nous ne pouvons pas nous permettre un seul commentaire négatif. Le film est muet. Cela va en dissuader plus d'un. Soit le film est encensé et on passe soit l'accueil est en partie mitigé et on ne s'en relèvera pas. »

Le pari est remporté. Le film sera encensé, en France et partout dans le monde. Et à juste titre.

Nous raflerons même tous les prix en France et à l'étranger.

À Cannes, le film obtient le prix d'interprétation masculine. Lors des cérémonies similaires aux Césars dans des pays comme l'Angleterre, l'Italie, l'Allemagne, il rafle les prix du meilleur film qui sont destinés usuellement à un film national. Aux Césars, nous obtenons le prix du meilleur film, du meilleur réalisateur et le prix d'interprétation pour Bérénice Bejo.

Aux Oscars, dix nominations, cinq oscars !

Ce qu'il faut savoir, c'est que même s'il y a une coproduction américaine, cela reste un film français. Un film français qui raconte l'histoire du cinéma américain, l'histoire d'Hollywood. Les Américains ne supportent pas qu'un réalisateur étranger prétende raconter l'Amérique.

Mais *The Artist* deviendra pour ceux qui votent aux Oscars tout simplement un film américain. D'habitude la seule récompense que peut avoir un film étranger, c'est l'oscar du meilleur film étranger.

Succès dans les festivals, mais succès commercial aussi. En France le film est sorti une première fois et a fait 1,5 million d'entrées. Il est sorti une deuxième fois quelques mois après, en mars 2012 après les Césars et a refait 1,5 million d'entrées. Là encore, du jamais vu !

On ne ressort jamais un film. Et il est impossible « normalement » de refaire autant d'entrées.

Plus de 130 millions de dollars de box-office monde.

Jamais une seule fois dans toute cette aventure Orange Studio et Warner ne seront remerciés par le producteur ou par le réalisateur. Stéphane Richard, qui de son côté a pourtant refusé d'assister à l'avant-première du film, m'en voudra beaucoup de cette absence de remerciements. Je n'y suis pour rien. Iris et moi avons demandé à Thomas Langmann de le faire au moins une fois lors de la remise des oscars : remercier Orange et Warner. Ce que savent faire les talents américains, remercier celles et ceux qui ont investi, montrant ainsi qu'ils ont cru en eux, ni Michel Hazanavicius ni Thomas Langmann ne l'ont fait. Ils étaient trop occupés à raconter leur propre histoire.

La nuit des Oscars, qui aurait dû être une fête, a tourné au cauchemar.

Pendant toute la campagne des Oscars, une compétition avait vu le jour entre, d'un côté, Jean Dujardin, de l'autre Michel Hazanavicius et Bérénice Bejo, qui parlait parfaitement anglais. Jean non. Il avait pris des cours, mais cela lui rappelait de très mauvais souvenirs. Ces moments sur les bancs de l'école où on lui disait qu'il n'arriverait jamais à rien. C'est aussi tout cela qui remontait pour lui à la surface. Même s'il était adulé, il gardait encore cela en lui.

Et Bérénice a passé toute la campagne des Oscars à l'humilier et à faire en sorte qu'il ne puisse s'exprimer. C'était puéril et cela n'a pas empêché Jean de rafler l'oscar et de continuer à faire la carrière que l'on connaît.

Cela paraît incroyable de dire que, ce soir-là à Hollywood et les jours qui ont suivi, c'était à la fois merveilleux et terriblement triste.

Le soir de la cérémonie, Thomas Langmann nous avait relégués, Thierry Frémaux et moi, au balcon ! Encore une histoire de balcon… J'étais même pour ma part derrière un pilier. Thomas faisait en revanche descendre aux premiers rangs, aux places qui auraient dû être les nôtres, son chauffeur, un de ses meilleurs amis et celui que l'on pensait encore éternel, le fameux producteur Alain Terzian, qui n'était pour rien dans cette aventure, car présider les Césars ce n'est pas les attribuer… Avec Thierry, qui est tout de même le patron du Festival de Cannes, on s'est regardés consternés. Sur le coup, c'est triste, puis nous avons pris le parti d'en rire. Au moins nous étions deux. Mais je reconnais que j'ai ressenti un grand moment de solitude, seule au balcon aux Oscars, à Hollywood, avant de le voir arriver.

Ensuite, on oublie, c'est comme tout.

Mais cela m'a marquée. La capacité de péter un plomb face au succès alors qu'il n'est que temporaire, qu'il est lié autant au talent, au travail, qu'à la chance et aux circonstances. Qu'un jour ou l'autre, on sera face à soi-même et aux conséquences de ses propres comportements. Comme Alain Terzian, débarqué entre-temps des Césars pour sa misogynie et son machisme, comme Harvey Weinstein, condamné.

Ce qui caractérise un succès pour un réalisateur, c'est que tout le monde lui fait ensuite la cour quel que soit son projet, bon, moins bon ou mauvais. Le réalisateur peut ne plus toucher terre, et il se convainc d'avoir raison sur tout puisque tout le monde lui dit qu'il est le meilleur et nul n'ose la contradiction. Donc après le succès de *The Artist*, Michel Hazanavicius décide de se lancer dans *The Search*, une adaptation du film éponyme qui se passe à Berlin pendant la Seconde Guerre mondiale. Le film de Michel Hazanavicius met, quant à lui, en scène la guerre que mènent les Russes aux Tchétchènes. Bérénice Bejo, sa femme, sera l'actrice principale.

Naturellement, il est proposé à Iris Knobloch de Warner et à moi-même de participer au projet, car nous avons un droit de premier regard. Ce n'est pourtant pas gratuit. Là, il nous est demandé de mettre chacune 500 000 euros sur la table pour le développement du projet, un million d'euros donc « pour voir ». Thomas Langmann a signé un contrat à Michel Hazanavicius sans nous consulter où il lui promet 3 millions d'euros pour son prochain film, tout en nous expliquant ensuite bien sûr que c'est nous qui allons payer…

De mon côté, je signifie que je souhaite au minimum me décider sur un premier traitement du film. Un « traitement » est un document de plusieurs pages sans dialogues. C'est-à-dire une idée développée. Iris va dans le même sens. Ce traitement nous est remis. Je le lis et je suis assez consternée. Le film est évalué à près de 25 millions d'euros, en trois langues (anglais, russe et tchétchène), deux histoires de deux natures différentes, une histoire de guerre et un mélo qui se croisent, et une approche politique que j'appellerai un peu naïve.

Je ne veux donc pas me décider sur ce simple traitement et je refuse de mettre autant d'argent. Juste avant Noël, Thomas Langmann m'appelle, le 16 décembre 2012. L'appel est pressant. Quelles qu'en soient les raisons, je refuse. Iris Knobloch, quant à elle, fera le chèque. Il faut savoir que peu de personnes résistent à un réalisateur qui sort d'un succès et à un producteur en vue. Lorsque le scénario est achevé, Thomas me le fait lire pour que je puisse prendre la décision d'investir. Je ne crois pas en ce scénario.

J'en parle à mon équipe. Je leur dis que je vais devoir dire non.

« Le scénario n'est pas à la hauteur, le film trop cher. Qu'en pensez-vous ? »

Ils me disent tous :

« Tu as raison, mais tu ne peux pas vraiment dire non à Michel Hazanavicius. »

Je leur demande :

« Pourquoi avez-vous si peur ?

— Parce que cela peut aussi être un succès et que tu auras fait une erreur.

— Vous avez raison sur un point. Il est impossible de garantir un succès, et il est tout aussi difficile de garantir un échec surtout lorsque le réalisateur est un réalisateur de talent. »

Mais je sais au fond de moi que si l'on prend la décision de suivre, c'est tout simplement parce que l'on a peur de dire non.

Je leur rappelle l'expérience d'*Assassins*, le film de Mathieu Kassovitz après le succès de *La Haine*. TF1,

Studiocanal, tous ont signé le film sans scénario. Une fois le film projeté au Festival de Cannes, ils ont tous regardé leurs chaussures et reproché au producteur de leur avoir menti. Mais c'est à eux-mêmes qu'ils ont menti puisqu'ils y sont allés les yeux fermés. Non pas dans le développement de l'écriture du projet, mais directement dans la production du film, sans scénario, parce que s'ils n'y allaient pas d'autres y seraient allés à leur place, comme des moutons après un succès.

« Vous ne me dites pas de faire ce film pour de bonnes raisons, donc je choisis de dire non. »

Thomas Langmann m'a poursuivie pendant des semaines pour que j'investisse au moins symboliquement. Il m'a demandé d'échanger à nouveau avec Michel Hazanavicius lors du Festival de Cannes. C'est souvent le piège, car c'est très difficile de dire non directement en face à un talent, surtout s'il en a, du talent. Car si je ne crois pas en son projet, Michel Hazanavicius reste un réalisateur qui en a beaucoup. Mais ce qui va se passer m'aidera, car il sera tout simplement odieux.

Michel vient à ce rendez-vous, et je sens bien qu'il ne comprend même pas pourquoi il devrait tenter de me convaincre. J'essaie de lui expliquer ce qui me gêne dans le film artistiquement. Il me répond que je suis une financière, et que je n'ai pas à lui parler d'artistique. Je lui rappelle que je suis aussi toujours une productrice dans l'âme et qu'Orange Studio n'est pas une banque. S'il ne souhaite pas que je lui parle d'artistique, soit, je vais lui parler de politique. Je lui explique, en essayant d'être le plus polie possible, que son approche politique de la Russie est un peu simpliste et qu'il n'aide pas la cause qu'il prétend défendre en caricaturant. On sort par ailleurs juste de l'attentat commis aux États-Unis par un Tchétchène. Il me répond :

« Si mon film te gêne, c'est parce que tu es pro-Poutine. »

Bien sûr... Un argument souvent avancé quand les projets de film traitent d'une cause humanitaire. Il n'est plus possible d'émettre un avis un peu rationnel. On essaie de vous prendre en otage. Vouloir moins de caricature c'est bien sûr être pro-Poutine... Je lui explique donc que selon mon point de vue, s'il veut être crédible, la partie de son scénario qui montre l'horreur de la guerre menée par la Russie est la seule qui a un intérêt, que s'il veut servir la cause, si c'est le seul objectif, cela doit être un film nerveux qui ne doit pas dépasser 6 millions d'euros. Pour moi, faire un film de 25 millions lorsque l'on prétend défendre une cause humanitaire, cela ne passe pas. Mais c'est bien sûr lui, le réalisateur, qui décide du film qu'il veut faire. J'ai de mon côté le droit de ne pas vouloir le coproduire. C'est aussi simple que cela. Pour me faire plus claire, je lui dis qu'un film en trois langues, mélangeant les genres, c'est un autre choix qui peut dérouter le spectateur. Les sommes à engager sont très importantes. Mais Michel Hazanavicius veut ce qu'il appelle son « grand film de guerre grand public », alors que ce n'est d'ailleurs pas le projet qu'il me présente.

Et on est bien loin de la cause qu'il prétend défendre.

Alors je lui dis : « J'ai cru en *The Artist* quand personne n'y croyait. J'ai pris un gros risque financier pour Orange Studio. Tout le monde me dit après coup que je suis soi-disant géniale, mais je sais bien que si le film n'avait pas marché, on m'aurait dit que j'étais folle et on m'aurait virée. Donc tu me demandes beaucoup d'argent pour *The Search*. Il faut au moins que je croie profondément au film pour me lancer. Aujourd'hui, tu as tout Paris à tes pieds. Demain si ton film ne marche pas et que tu fais perdre beaucoup d'argent à tout le monde, tu sais ce qui arrivera, beaucoup te tourneront le dos et ne seront plus prêts à mettre les mêmes montants. Donc je préfère, de mon côté, te dire aujourd'hui ce que je pense plutôt que te tourner le dos demain. »

Il m'a alors regardée froidement en me disant :

« On t'aurait prise pour une folle si *The Artist* n'avait pas marché, mais là si tu ne fais pas mon film on te prendra pour une conne. »

Je suis abasourdie. Voilà un réalisateur pour lequel j'avais pris un risque important, qui n'a jamais remercié Orange et qui voudrait qu'Orange Studio investisse à nouveau dans son film tout en nous méprisant et en m'insultant. J'ai donc tranquillement répondu : « S'il me restait une raison de ne pas le faire, tu viens de me la donner. »

Thomas Langmann insistera des dizaines de fois pour que j'investisse. Je finirai par investir 500 000 euros par fidélité pour Thomas avec qui j'avais obtenu deux succès, mais en demandant des garanties sur d'autres films. Quelques mois plus tard, le film sera sélectionné à Cannes, mais l'accueil de la presse sera catastrophique et reprendra en fait toutes les critiques que j'avais faites avant le tournage. Le film sera également un échec commercial.

Là encore l'idée n'est pas de dire « vous voyez, j'avais raison ». Même Michel Hazanavicius s'est excusé longtemps après auprès de moi, n'ayant, m'a-t-il dit, « aucun souvenir de cet épisode » dans une période où, d'après lui, il n'était « plus lui-même ». Je lui accorde.

Mais c'est une anecdote qui permet de montrer deux choses. Il ne faut faire que ce que l'on ressent vraiment. Cela n'évite pas les erreurs ou les échecs, mais il n'y a pas la double peine en cas d'erreur ou d'échec. On n'a pas fait les choses pour des mauvaises raisons et c'est plus facile d'assumer, y compris les conséquences négatives, et de ne pas se perdre dans les dénis.

Mais ce qui reste intéressant, c'est le parallèle que l'on peut tirer entre Emmanuel Macron, *The Artist* et Michel Hazanavicius.

Pendant toute la campagne de 2017, j'ai expliqué qu'Emmanuel Macron, c'était comme *The Artist*. Que personne n'y croyait, mais qu'il passait les obstacles les uns après les autres. Que ce serait pour lui comme pour un conte de fées. Ce que je ne sais pas à ce moment-là, c'est qu'il risque d'être victime du même syndrome que Michel Hazanavicius.

2022 sera, je le crois, pour Emmanuel Macron ce que *The Search* a été pour Michel Hazanavicius. Un « en même temps » d'ingrédients qui ne se mélangent plus. Un échec ?

CHAPITRE 13

Alexis Kohler et Emmanuel Macron

Emmanuel Macron, pour stigmatiser le monde d'hier, a évoqué le fait que les élus pouvaient être facilement « corrompus » par le pouvoir alors que les hauts fonctionnaires seraient de grands commis de l'État au service du bien commun. C'est d'ailleurs le profil précis qu'il dressera d'Alexis Kohler. Celui-ci a été directeur de cabinet de Pierre Moscovici puis d'Emmanuel Macron au ministère des Finances sous la présidence de François Hollande. Depuis mai 2017, il est le secrétaire général de l'Élysée, ce qui en fait le conseiller le plus proche du président pour l'assister dans sa prise de décision.

Emmanuel Macron le présente comme « l'être suprême », l'être pur, le haut fonctionnaire irréprochable. Mais cette image de papier glacé d'Alexis Kohler est tout simplement là pour cacher non pas les petits mais les graves accrocs faits par ce dernier au devoir d'exemplarité absolu attaché à une telle fonction.

En mai 2018, Martine Orange révèle au grand public dans Mediapart son lien de parenté avec Rafaela Aponte, cofondatrice de la société Mediterranean Shipping Company (MSC)[86], le numéro deux mondial du fret maritime, et dresse un portrait glaçant de la situation :

Quelle que soit la façon de lire ce dossier, le secrétaire général de l'Élysée s'est retrouvé en de multiples occasions en situation de conflit d'intérêts majeur, choisissant délibérément de passer outre les règles et les lois. […] MSC est tellement proche pour Alexis Kohler qu'il se retourne vers le groupe dès qu'il rencontre quelques obstacles dans sa carrière de haut fonctionnaire[87].

En tandem avec Laurent Mauduit, Martine Orange a ainsi démontré dans Mediapart à travers plusieurs enquêtes très rigoureuses[88] que :

Alexis Kohler n'a jamais révélé [à la commission de déontologie de la fonction publique – chargée de statuer sur la régularité des départs des hauts fonctionnaires vers le privé] ses liens familiaux avec les actionnaires de la MSC, ni en 2014 quand il a reçu un avis défavorable à sa demande de pantouflage vers le deuxième groupe mondial de transport maritime, ni en 2016 quand l'avis a été favorable. […] Plutôt que d'afficher un potentiel conflit d'intérêts – ce qui lève tout soupçon –, [Alexis Kohler] l'a tu constamment tout au long de sa carrière à Bercy[89].

86. Sola Hakim, la mère d'Alexis Kohler, est la cousine germaine de Rafaela Aponte, cofondatrice de MSC avec son mari, Gianluigi Aponte.
87. Martine Orange, « Alexis Kohler, un mensonge d'État à l'Élysée », Mediapart [en ligne], le 4 mai 2018.
88. Voir le dossier de Mediapart « L'affaire Kohler », qui rassemble tous les articles essentiellement écrits par Martine Orange mais également Laurent Mauduit : mediapart.fr/journal/economie/dossier/dossier-l-affaire-kohler
89. Laurent Mauduit et Martine Orange, « L'affaire Kohler éclabousse Macron », le 27 mai 2018.

L'Agence des participations de l'État (APE)[90] a aussi « pris le risque de nommer Alexis Kohler au poste de représentant de l'État à STX[91], alors qu'à cette époque, les chantiers de Saint-Nazaire n'avaient qu'un seul client, en l'occurrence MSC, pour assurer leur survie et que tout le monde se mettait en quatre pour décrocher cette commande. »

La commission de déontologie ne dispose pas de pouvoir d'investigation. Elle est une « simple autorité administrative. Elle ne peut que se fier aux informations que lui communique le candidat au départ, ou à celles qui sont contenues dans les attestations [qui lui sont remises.] Tout cela montre combien cette commission en est réduite au statut de chambre d'enregistrement, et combien la haute fonction publique sait en jouer avec elle, en se contentant du seul respect des formes. »

Une enquête préliminaire sera ouverte, le 4 juin 2018, par le parquet national financier (PNF)[92].

Sous Hollande, Alexis Kohler est directeur de cabinet de Pierre Moscovici puis d'Emmanuel Macron au ministère des Finances. Aucun des deux ministres de l'Économie ne s'est « conformé à la jurisprudence en cours à Bercy, voulant qu'un ministre choisissant un directeur de cabinet lié à une entreprise privée fasse une note pour en informer les directeurs des administrations

90. L'Agence des participations de l'État incarne l'État actionnaire, investisseur en fonds propres dans des entreprises jugées stratégiques par l'État, pour stabiliser leur capital ou les accompagner dans leur développement ou leur transformation. L'APE est sous la tutelle du ministre de l'Économie, des Finances et de la Relance.

91. STX France (précédemment Alstom marine, jusqu'en mars 2006, puis Aker Yards) était une société de construction navale de la branche française de STX Europe, filiale du groupe sud-coréen STX Offshore & Shipbuilding. La société regroupait les chantiers de Leroux Naval à Lorient, qui ont été vendus en octobre 2016, et les Chantiers de l'Atlantique à Saint-Nazaire, qui appartiennent à 51 % au constructeur naval italien Fincantieri. Le 18 juillet 2018, STX France est devenue les Chantiers de l'Atlantique.

92. Le parquet national financier est une institution judiciaire créée en décembre 2013 et chargée de traquer la grande délinquance économique et financière.

centrales concernées et les membres de son cabinet, [comme le] suggère l'examen du dossier de la commission de déontologie, qui n'évoque aucune note de cet ordre. »

Emmanuel Macron a par ailleurs signé, en septembre 2016, une attestation qui donne quitus à Alexis Kohler de tout possible conflit d'intérêts, sur papier à en-tête de ministre (alors d'ailleurs qu'il vient de quitter depuis quinze jours son poste de ministre de l'Économie). Une attestation qui n'évoque donc pas « la situation personnelle de celui qui est son ami et son plus proche collaborateur ».

C'est donc par omissions successives que se construit le profil de pureté du plus haut fonctionnaire de l'État. Mediapart poursuit :

Ce qui est par ailleurs frappant, c'est que le départ d'Alexis Kohler vers MSC était bien envisagé depuis janvier 2016, comme le montre l'attestation qu'Alexa Aponte Vago, la cousine issue de germain d'Alexis Kohler, a fourni à ce moment-là et qui indique que ce dernier occupera les fonctions de directeur financier au sein du groupe. C'est-à-dire au moment même où Emmanuel Macron envisage de lancer son propre mouvement. [...] En clair, le haut fonctionnaire travaille pendant plus de huit mois comme directeur de cabinet du ministre de l'Économie Emmanuel Macron, tout en ayant déjà conclu un accord confidentiel avec MSC, au terme duquel il va en devenir le directeur financier. Formulé différemment, le haut fonctionnaire a eu une attache pendant ces huit mois avec un groupe, qu'il a pris soin de ne pas révéler.

[...] Pourquoi aucune mesure préventive n'est-elle prise ? Pourquoi les uns et les autres ont-ils pris le risque de procéder par omission et de ne pas respecter les règles minimales de déontologie ? Est-ce parce qu'ils s'estimaient au-dessus de tout cela ? Ou pour d'autres raisons ?

Mediapart précise que l'histoire ne s'arrête pas là[93] :

Un premier rapport d'enquête de police accablant envers Alexis Kohler a été rédigé le 7 juin 2019, où l'enquêteur concluait notamment : « Sa connaissance de son conflit d'intérêts est avérée par son mail indiquant à Rémy Rioux [avec lequel Alexis Kohler a travaillé pendant des années, d'abord à l'Agence des participations de l'État, puis au cabinet de Pierre Moscovici – ndlr] qu'il se trouve en conflit d'intérêts. [...] Il ne déclare pas son lien familial dans sa déclaration d'intérêts de janvier 2014. » [...] Bien que se sachant en situation de conflit d'intérêts, il agit comme si de rien n'était lorsqu'il entre au cabinet de Pierre Moscovici et d'Emmanuel Macron, poursuit le rapport d'enquête dans ses conclusions : « Il ne prend aucune mesure pour organiser un déport formalisé sur toutes les questions visant MSC. Au contraire, il est destinataire des notes APE et du Trésor sur les contrats de paquebots et sur les problèmes de garantie de financement, tant pour STX que pour MSC. Le conseiller cabinet [Julien Denormandie – ndlr] chargé particulièrement de STX le met en discussion des mails échangés. »

Et le rapport continue d'enfoncer le clou : « Dans le processus décisionnel, sa qualité de directeur de cabinet le conduit à superviser le travail de l'APE et du Trésor et des conseillers techniques, et à donner des avis aux conseillers et au ministre. »

La conclusion de ce rapport d'enquête est assassine pour Alexis Kohler : il n'a rien fait pour prévenir le conflit d'intérêts et les soupçons de prise illégale d'intérêts : « Dès sa prise de fonction, le rapporteur de la commission de déontologie lui conseille d'organiser un déport officiel sur les questions concernant MSC. Or il ne met rien en place [...]. Rien ne démontre à ce stade de la procédure qu'Alexis Kohler n'ait pas supervisé ou donné des avis

93. Martine Orange, « L'enquête Kohler a été classée après une lettre d'Emmanuel Macron », le 23 juin 2020.

sur les opérations impliquant STX et MSC. Toutes les informations lui remontaient. »

Cependant, le 18 juillet, un deuxième rapport de police, « présenté comme définitif », est rédigé « où tous les faits gênants, toutes les interrogations ont disparu. Alexis Kohler a été de bout en bout exemplaire. […] »

Au moment de l'annonce de ce classement sans suite, ces connaisseurs du droit public avaient été surpris de la décision du PNF, tant les faits paraissaient lourds contre Alexis Kohler. Si un tel cas ne mérite pas une instruction par un juge, alors autant dire que les codes et les commissions de déontologie ne servent à rien, qu'il n'y a pas par nature de conflit d'intérêts dans la fonction publique, constatait un haut fonctionnaire alors.

L'article conclut :

La réponse à leur interrogation après cet inexplicable classement sans suite est désormais connue : suite au premier rapport accablant, une lettre personnelle d'Emmanuel Macron a été envoyée au PNF pour disculper Alexis Kohler. C'est ensuite que le second rapport, aux conclusions inverses du premier, a été rédigé.

J'ajouterai qu'en France, on le sait, il n'y a pas besoin d'écrire une instruction pour que chacun obtempère, surtout si cela vient du « château ». C'est une forme d'intimidation. C'est la pratique de tous les présidents de la République quels qu'ils soient, conséquence de ces phénomènes de cour tant dénoncés pendant les campagnes et auxquels ils et elles se complaisent toutes et tous, une fois élus dans des fonctions exécutives.

Où sont les garde-fous et les contre-pouvoirs ?

L'affaire des potentiels conflits d'intérêts d'Alexis Kohler cache par ailleurs une autre affaire, plus ancienne, celle du terminal du Havre que la Cour des comptes a pointée du doigt. Elle est aussi consternante. L'enquête de Mediapart[94] menée par Martine Orange et Laurent Mauduit, dont je reprends des extraits *in extenso*, révèle que :

La Cour des comptes, dans son référé rendu public le 9 octobre 2018, a relevé que le terminal multimodal du grand port maritime du Havre (GPMH) présidé par le maire du Havre, Édouard Philippe, dont MSC est le principal opérateur, a été décidé à la hâte », a été réalisé au détriment des intérêts et finances publiques et « n'a pas encore trouvé son équilibre économique ». Or « ce projet, lancé en 2009, l'a été au moment où Alexis Kohler siégeait au conseil de GPMH, nommé par l'APE en tant que représentant de l'État, de début 2010 au printemps 2012. Il y assurait même la présidence du comité d'audit. »

Le port du Havre, « qui s'est déjà lourdement engagé financièrement pour réaliser Port 2000 [avec ses travaux d'agrandissement pour accueillir les porte-conteneurs géants] avec l'aide des collectivités locales, n'a plus de ressources financières pour assumer en plus la création du terminal multimodal. [...] »

Un groupement privé, Projénor, constitué autour du Crédit agricole et de la Caisse des dépôts et consignations, est prêt à assurer le financement et la construction du terminal, dans le cadre d'une société Le Havre Terminal Trimodal (LH2T). Il est alors prévu qu'une deuxième entité, Le Havre Terminal Exploitation (LHTE), où se retrouvent SNCF et Geodis, des filiales de la compagnie maritime d'affrètement CMA CGM, assurera l'exploitation du terminal en garantissant un trafic minimum.

Forte de ces assurances, la direction du port se précipite pour mettre en route le projet. Personne ne prend alors la peine

94. Martine Orange et Laurent Mauduit, « Port du Havre : Alexis Kohler de nouveau épinglé », le 9 octobre 2018.

de s'assurer que la modernisation des lignes de chemin de fer à partir du Havre, condition indispensable pour développer le fret ferroviaire, ou celle du canal Rouen-Le Havre vont être mises en œuvre pour assurer la viabilité du projet. Le sujet est évoqué dans différentes instances – ministère, conseil régional ou départemental –, cela suffit. Dix ans après, la rénovation de la ligne Paris-Le Havre n'est toujours pas achevée.

Un conseil extraordinaire du GPMH est donc convoqué le 4 juin 2010, avec comme seule question à l'ordre du jour le projet de chantier multimodal du Havre. [...] Les administrateurs semblent ne pas avoir été véritablement informés et découvrir le dossier lors de cette réunion. Mais il faut aller vite, dans l'espoir d'avoir « une mise en service en 2013 ».

L'administrateur représentant du personnel, Jacques Paumelle, ne peut cependant pas s'empêcher de souligner les dangers du montage présenté. « Pourquoi le GPMH supporte-t-il seul le risque financier sur les garanties accordées pour ce projet ? En d'autres termes, GPMH est-il devenu banquier du jour au lendemain ? »

Le directeur du Havre, Laurent Castaing, lui répond : « pour obtenir la participation d'acteurs privés, le prix à payer est qu'il faut assurer la partie de garantie que ne veulent pas donner les opérateurs ».

Alexis Kohler intervient longuement pour défendre ce projet « stratégique pour le port ». « Mais nous sommes contraints de prendre en compte l'évolution de la situation économique », insiste-t-il. Un argument que reprendront tant Laurent Castaing [que] tous les conseillers de Bercy, pour justifier les milliards de garanties apportés par l'État en vue d'assurer les commandes de MSC, [qui est donc dirigée par la cousine issue de germain d'Alexis Kohler, aux chantiers de Saint-Nazaire.]

On sait par ailleurs qu'Alexis Kohler a aussi été nommé au titre de l'Agence des participations de l'État au conseil d'administration de STX, qui détient les Chantiers de l'Atlantique, notamment ceux de Saint-Nazaire.

Alexis Kohler ne manque pas de souligner « la complexité du montage » proposé et estime le risque que les actionnaires privés demandent à l'État de payer en cas de pertes uniquement « théorique » puisqu'il l'écarte dans la foulée. En sa qualité de président du comité d'audit et représentant de l'État, il se déclare donc finalement « satisfait, dans les conditions qui sont posées dans la délibération ».

La suite, c'est la Cour des comptes qui la raconte dans son référé. Celle-ci remarque que le dossier du terminal multimodal a été fait « à la hâte », « sans expertise contradictoire portant sur sa pertinence et sa viabilité », « sans modèle économique sur son exploitation », « sans analyses juridiques », « sans conseils extérieurs » et « sans analyse comparée des différents montages ».

D'emblée, le montage du projet est déséquilibré. Car comme dans tous les dossiers de partenariat public-privé, le pouvoir revient au privé. C'est lui qui fixe les conditions, détermine l'opération, la conduit, la réalise. Les entités publiques, elles, ne sont là que pour payer », comme l'a rappelé lui-même Alexis Kohler.

Dans le cas du terminal multimodal, il est prévu dès l'origine que le port du Havre devra apporter 70 % des financements, sans avoir voix au chapitre.

La direction accepte de consentir des engagements de concessions aux actionnaires privés du terminal, totalement à son détriment. Comme dans le cas du rachat – illégal – des outillages aux exploitants, la Cour des comptes s'étonne que l'autorité portuaire en arrive à oublier à ce point ses intérêts « alors même que le port avait été averti par son avocat de leur caractère préjudiciable à ses intérêts », ajoute-t-elle. [...]

Le terminal multimodal s'est avéré une opération désastreuse. Mal pensé, mal réalisé, prenant du retard, il n'a jamais fonctionné comme prévu. La société d'équipement est tombée en faillite. Comme l'avait évoqué Alexis Kohler, dès que l'échec est devenu patent, les actionnaires privés se sont dépêchés de quitter le navire. Pour maintenir le projet, le port du Havre a dû reprendre tout à sa charge, prendre le contrôle de la société d'équipement, remettre des financements, revoir les conditions d'exploitation. « L'activité du terminal a redémarré progressivement en décembre 2015. En 2017, il a traité 84 000 boîtes [conteneurs – ndlr], ce qui est insuffisant pour assurer l'équilibre économique. »

L'aventure laisse de lourdes traces dans les comptes : « Le terminal a finalement été entièrement financé par des fonds publics et le coût final de l'équipement (147,8 millions d'euros) a crû de 10,9 millions d'euros par rapport aux prévisions », écrit la Cour des comptes. Pour les actionnaires privés, le Crédit agricole et la Caisse des dépôts […], tout va bien. Ils ont certes dû prendre les pertes en capital liées à la faillite de la société d'équipement. Mais ils « perçoivent régulièrement les intérêts et commissions liés aux opérations de financement, et Projénor, filiale du Crédit agricole, ainsi que la présidence de LH2T ont perçu intégralement les rémunérations prévues initialement. » Le Crédit agricole et la Caisse des dépôts participeront par la suite aux financements des paquebots de MSC à Saint-Nazaire.

Et Mediapart de conclure :

Ainsi en va-t-il des partenariats public-privé « à la française » : c'est la puissance publique qui prend les risques et les pertes, et le privé les bénéfices quand ils existent, sans que cela ne choque qui que ce soit. Car – que l'on se rassure ! – aucun des responsables de cette affaire calamiteuse, à commencer par Laurent Castaing, dont la gestion est épinglée pour la troisième fois par la Cour des comptes, ne se voit demander des explications, encore moins des comptes.

Il était essentiel pour moi de mettre le projecteur sur le travail de Mediapart, que les dirigeants politiques ou économiques se plaisent à détester cordialement. Heureusement que Mediapart est là. Que l'on soit d'accord ou pas avec l'ensemble des points de vue défendus dans leurs colonnes. Ils font ce travail indispensable d'investigation qui montre qu'une démocratie est encore vivante. Ils ne sont pas les seuls bien sûr, et nous avons besoin là aussi de différentes approches. Mais bien souvent le voile retombe sur ce travail long et difficile mené avec constance, « que l'on ne saurait voir ». Donc j'y mets à mon niveau le plus de lumière possible.

J'ai aussi constaté que ce qui revient souvent dans les articles de presse qui sont consacrés à Alexis Kohler, c'est qu'il aime la discrétion et fuit les médias.

On comprend mieux pourquoi.

Le secrétaire général de l'Élysée est un énarque, un produit du trésor de Bercy, « le jumeau de l'ombre du président » comme l'écrit Corinne Lhaïk[95]. Le devoir d'exemplarité auquel il est tenu à un tel niveau repose ainsi sur sa seule conception personnelle de l'éthique.

Il ne rend des comptes qu'à un seul homme, le président de la République, qui invoque la séparation des pouvoirs pour protéger ses collaborateurs et se protéger en retour.

Et ce sera la même chose demain, si la prochaine présidente ou le prochain président ne prend pas l'engagement de mettre fin à ce qui est un réel dysfonctionnement : le pouvoir excessif et sans garde-fous des secrétaires généraux de l'Élysée.

Emmanuel Macron est obstiné : Gilets jaunes, manifestations de rue, crise sanitaire… Il faut des obstacles infranchissables pour qu'il envisage de revoir sa copie. Mais il

95. Corinne Lhaïk, « Alexis Kohler, le jumeau de l'ombre du président Macron », *L'Express*, le 15 juillet 2017.

repart de toute façon dans la même direction, et comme il le dit lui-même, « plus vite et plus fort ».

Il croit que sa détermination et son courage sont liés à sa capacité à ne jamais remettre en cause ses croyances, et qu'il peut se priver d'une analyse du réel. Sauf lorsque le réel le percute.

Pour parvenir à comprendre ce que l'on connaît mal, il faut écouter, descendre sur le terrain, s'imprégner et, comme l'on ne peut pas tout faire, surtout dans le cas d'un président, il faut savoir s'entourer de celles et ceux qui auront cette même exigence.

Mais Emmanuel Macron a choisi Alexis Kohler, son frère jumeau en « conceptualisation », sa doublure en exécution, et imagine que la tour de contrôle et la fameuse « *delivery unit* » que ce dernier a mise en place sont l'assurance que ce qu'il décide de manière abstraite va atterrir dans la réalité alors que ces outils conceptuels l'en éloignent encore davantage.

Cela m'évoque la maison des Habsbourg qui à force de consanguinité, à l'instar du roi d'Espagne Charles II, a fini par avoir des héritiers difformes. Ce n'est plus de la difformité des corps, des visages et des cerveaux due à la consanguinité physique qu'il est question aujourd'hui, c'est bien de la difformité des âmes et de la distorsion des valeurs liées à cette endogamie d'une partie de l'élite technocratique hors sol et qui grignote la démocratie.

Il ne s'agit pas de porter l'anathème sur chaque individu, mais de dénoncer un système derrière lequel certain·es se cachent, et parmi elles, parmi eux, celles et ceux qui décident de notre destin, au plus haut niveau.

Le fait même que ce soient les plus hauts dirigeants de France qui s'emploient subtilement mais sûrement à contourner les règles n'est pas sans conséquences. Tout simplement parce que ces actes, pourtant graves, réalisés par ceux que le président a appelés les premiers de cordée, ne sont pas « exemplaires ». La plupart d'entre eux ne manquent pourtant ni de culture ni d'intelligence... mais ils ont oublié certains principes pourtant fondamentaux : l'intégrité, la sincérité et l'honnêteté intellectuelle. « Un homme, ça s'empêche », comme le dit Albert Camus en reprenant les paroles de son père[96].

Sous prétexte que dénoncer leurs abus ferait monter le Rassemblement national et maintenant Éric Zemmour, surtout, silence...

Ces affaires révèlent ainsi que nous sommes en face d'un mal bien français qui concerne la gouvernance en général et que c'est sur ce point essentiel qu'il convient de faire des propositions fortes. Je ne le répéterai jamais assez, mettre en place des garde-fous et des contre-pouvoirs y compris pour soi-même, avec un impératif d'exemplarité chevillé au corps. Il ne s'agit pas d'exiger la pureté et la transparence absolue dans le moindre de ses actes, ce qui ferait advenir une société de surveillance généralisée ; mais tout simplement de mettre en action ce qui permet à la dynamique démocratique de fonctionner, d'être vivante et de nourrir la confiance des citoyens en leurs institutions et en leurs dirigeants.

Il faut affecter des moyens juridiques, financiers et humains, des compétences au contrôle et à l'évaluation afin de mettre un terme aux dérives et à l'impunité qui sapent les fondements mêmes de la démocratie et de notre capacité à résoudre tout simplement les problèmes qui se posent.

Si l'on continue à évoluer dans des décors de théâtre et dans des simulacres de démocratie et de contre-pouvoirs, que l'impunité se prolonge et que, dès qu'un responsable

96. Albert Camus, *Le Premier Homme*, Gallimard, Paris, 1994.

politique est condamné, ses pairs s'élèvent pour réclamer une réforme de la justice, nous irons tout simplement droit dans le mur.

CHAPITRE 14

Un début de crise sanitaire entre élections municipales et confinement

La crise sanitaire a fait l'objet de nombreux articles et de nombreux livres, dont certains ont été écrits par ceux qui étaient au cœur de la machine. Je ne reviendrai donc pas en détail sur les aspects qui ont été les plus abordés jusqu'ici et de manière pertinente, ni par ailleurs sur les thèses les plus farfelues relayées par d'autres.

Je souhaitais tout d'abord témoigner de ce à quoi j'ai été personnellement confrontée et que j'ai pu analyser en tant que députée, et qui montre avant tout un président « empêché » de prendre les meilleures décisions du fait de la défiance et des fractures qu'il a lui-même nourries.

J'ai pu moi-même constater directement l'état d'esprit du président, via un message que ce dernier m'enverra en février 2020. En effet, après la débandade de Benjamin Griveaux et son départ de la campagne des municipales à Paris le 14 février, le bruit a commencé à circuler qu'Agnès Buzyn pourrait le remplacer et aurait un entretien avec le président de la République à ce sujet dès le dimanche 16 février 2020. Ce sera d'ailleurs bien le cas. Je souhaite donc absolument donner mon sentiment avant au président.

En effet, le fait qu'elle abandonne son ministère n'a en fait pas tout de suite été envisagé, comme son entretien à France Inter le 14 février en témoigne. Aucun des ministres qui se sont portés candidats aux municipales n'a abandonné son portefeuille. Édouard Philippe, Premier ministre, est aussi candidat au Havre, Gérald Darmanin, le ministre des Comptes publics, à Tourcoing. Comme si l'on pouvait décemment, de plus en pleine tourmente, être à la fois ministre et mener une campagne électorale. La sacro-sainte règle du non-cumul a volé en éclats comme volera plus tard en éclats celle du ministre qui, mis en examen, a l'obligation morale de démissionner, que cela soit juste ou non.

Je suis donc sidérée par cette éventualité que la ministre de la Santé puisse à la fois être tête de liste aux municipales et conserver son ministère, tout comme par l'éventualité qu'elle puisse abandonner son poste. Ce dimanche 16 février à 17 h 06 précises, j'envoie donc à Emmanuel Macron la capture d'écran d'un tweet qui met en exergue la phrase que la ministre a prononcée deux jours avant, lors d'une interview à France Inter : « Je ne pourrai pas être candidate. J'avais déjà un agenda très chargé, j'ai beaucoup de réformes dans le ministère et s'est rajouté un surcroît de travail inattendu malheureusement, qui est cette crise du coronavirus. » Montrant ainsi qu'elle tenait plus que tout à ses fonctions.

L'affaire semblait alors tranchée en conscience. Et j'ajoute à la capture d'écran le message suivant, par lequel j'exprime ce que je ressens profondément : « Emmanuel… La ministre de la Santé à un moment pareil… Retraite… Coronavirus… Difficile de comprendre que la stratégie électorale prime… Il n'y a plus qu'à espérer qu'elle soit gagnante… »

Alors même que j'essaie de mettre en lumière l'irresponsabilité que comporterait le fait d'envoyer la ministre de la Santé aux municipales, Emmanuel Macron semble entièrement tourné vers l'échéance électorale et la réponse s'avère cinglante. Il me répond ainsi dans la foulée que nous devons être « tous derrière elle pour gagner », sans « états d'âme », qu'il n'a pas besoin des députés élus avec lui pour « lire les attaques des autres » et que la différence est qu'elle va « prendre ses responsabilités jusqu'au bout ».

Que de chemin parcouru entre « l'inconfort philosophique » exprimé face à la déchéance de la nationalité qu'il s'était plu à dénoncer en janvier 2016 alors qu'il était ministre et la servilité absolue à laquelle seraient contraints ceux qui ont été élus « avec lui ». Oubliant ce qu'il appelait lui-même le « courage », ou tout du moins la cohérence, qu'il fallait à certaines et certains d'entre nous pour le rejoindre à un moment où il n'était même pas encore candidat, qu'on le disait « seul », et que les Gérald Darmanin, Bruno Le Maire, Édouard Philippe ou encore François Bayrou, qui ne l'avaient pas encore rejoint, l'attaquaient et le moquaient. Toutes celles et ceux qui le rallieront sans « états d'âme », une fois le premier tour gagné...

Emmanuel Macron interprète mes remarques comme étant non pas des conseils mais des attaques. Et comme je l'ai toujours fait, par loyauté et par franchise, je lui réponds que si je l'ai rejoint dès le début de l'aventure, c'est parce qu'il incarnait la liberté et l'émancipation, et que, de la même façon, je reste libre, fidèle mais pas servile. Mais je conçois aussi qu'il ne peut déjà plus comprendre ce que je tente de lui faire passer comme message. Si tant est qu'un jour il l'ait pu...

Nous sommes mi-février, l'épidémie est en train d'exploser, personne ne maîtrise déjà plus la contamination, qui devient exponentielle, et Emmanuel Macron accepte que sa ministre de la Santé prenne la tête des municipales. Nous le saurons ensuite, mais c'est cette même ministre qui fin janvier l'aurait alerté sur l'urgence de la situation sanitaire et l'ampleur des risques encourus…

Dans les faits, nous sommes un mois avant qu'Emmanuel Macron soit amené à déclarer ouvertement la guerre au coronavirus et au moment même où l'Italie frontalière plonge dans le drame.

C'est, à mes yeux, là où il est, avec les informations dont il dispose, une forme d'inconscience, d'immaturité, mais aussi un mélange d'indifférence et de cynisme. L'un menant à l'autre. Car celui qui prétendait s'extraire des petits calculs électoraux – ce qui faisait ma fierté répétée pendant la campagne de 2017, qui était pour moi l'assurance que la promesse d'exemplarité serait tenue –, a plongé le corps entier dans la marmite politicienne et ne fait plus aucune différence entre fidélité et servilité. D'ailleurs, il est probable qu'il n'ait jamais cru à ces mots que pour lui-même… Ce qui est certain, c'est que de fait nous sommes devenus ses obligés, ses sujets, ses pions, interchangeables, que l'on bouge sur l'échiquier en fonction de l'air du temps et de sa propre flexibilité.

Nous sommes si loin de ces phrases écrites dès les premières pages de son livre autobiographique *Révolution*, ces phrases qui, je dois le dire, m'avaient tant fait « m'identifier » et auxquelles j'avais cru mot pour mot : « Je dirai un mot du grand air de la trahison qu'on a chanté contre moi, un mot, pas davantage. Ce qui le sous-entend me paraît révélateur de la crise morale de la politique contemporaine. Car lorsqu'on dit que j'aurais dû obéir au président comme une machine, renoncer à mes idées, enchaîner à son destin la réalisation de ce que je crois juste, simplement parce qu'il m'avait nommé ministre, que dit-on ? Que l'idée du bien public doit s'effacer devant celle du service rendu. J'ai été frappé de voir avec quelle ingénuité ceux qui voulaient m'accabler ont ainsi avoué que pour eux, la politique obéissait au fond à la règle du milieu : de la soumission, dans l'espoir d'une récompense personnelle. [...]

» Je mets sur le compte de la distraction les propos tenus par le président de la République sur la dette que j'aurais eue à son égard. Je le sais trop attaché à la dignité des fonctions publiques et aux valeurs fondatrices de la vie politique républicaine, pour avoir adhéré, ne fût-ce qu'un instant, à cette conception délétère des petits arrangements entre obligés. »

Quelle valeur ont effectivement ces mots cinq ans plus tard ? Plus aucune.

Emportés par un quinquennat où l'exemplarité a été constamment battue en brèche, les libertés rognées au profit de dispositifs inefficients et où le mensonge s'est institutionnalisé.

Je l'avoue, toute ma foi reposait sur ces quelques lignes et ses prises de risques personnelles lorsqu'il était ministre de François Hollande.

Ce qui s'avérera une savante manipulation. Une conviction du moment...

Ce qu'il revendiquait pour lui hier, il le refusera ainsi à tous les autres, de manière déterminée et méthodique.

Une « détermination déterminée » à ne concéder aucun espace de liberté.

Je mets donc moi aussi sur le compte de la distraction ces quelques mots écrits par le président à mon endroit, sur le fait que je n'aurais pas pris mes « responsabilités jusqu'au bout », moi « élue avec lui », et sur la dette que j'aurais donc à son égard. Cette conception qu'il jugeait délétère, des « petits arrangements entre obligés », de « la soumission, dans l'espoir d'une récompense personnelle »... Mais qu'a fait Agnès Buzyn si ce n'est se soumettre dans l'espoir d'une récompense personnelle ? Comme tant d'autres ministres et tant de députés de la majorité, alors qu'au fond d'eux-mêmes, ils se sentaient littéralement écartelés...

Je partage donc cette terrible conclusion qu'il tirait alors qu'il n'était encore que l'ancien ministre de François Hollande, toujours dans son livre : « Lorsque les Français se détournent de la politique ou se portent aux extrêmes, c'est par un instinctif dégoût de ces habitudes-là. »

Car si j'ai quitté le groupe En marche et que je quitterai par la suite Emmanuel Macron, c'est, pour reprendre ses propres mots, par refus d'« obéir au président comme une machine, renoncer à mes idées, enchaîner à son destin la réalisation de ce que je crois juste », simplement parce que j'aurais été « élue avec lui députée » et convaincue « que l'idée du bien public doit s'effacer devant celle du service rendu ».

Et mon élection n'est pas un service que m'aurait rendu Emmanuel Macron, mais procède de ma propre volonté de donner une majorité au président. C'est cela qui m'a conduite à me présenter, à un moment où nombreux étaient ceux et celles qui croyaient encore à une cohabitation, dans une circonscription qui était certes « gagnable » mais pas gagnée.

Ce dimanche 16 février, Emmanuel Macron a finalement dû expliquer à Agnès Buzyn qu'elle ne pouvait pas rester ministre. Il aura donc fini par remettre les pieds sur terre et tenir compte de ce qu'il prétendait sur le moment être une « attaque » contre lui. Quant à Agnès Buzyn, elle a compris que le moment où l'on se croit irremplaçable est pourtant le moment même où un président vous remplace, par pure convenance personnelle et, en ce qui la concerne, électorale. Comme il le fit à peine élu président de la République avec le général Pierre de Villiers, car celui-ci aurait osé, lors d'une audition devant la commission de la Défense de l'Assemblée nationale, dire la vérité, certes en termes crus, mais à huis clos.

C'est brutal.

Pour lui, tout est interchangeable à l'exception de sa propre personne puisque ce choix reste le seul qui sera entre les mains des Français, en 2022. Mais jusqu'à cette échéance, c'est à lui de décider du destin des uns et des autres, bradant tous ses engagements et toutes ses promesses du « nouveau monde » qu'il était censé faire advenir, piétinant le serment fait aux premières pages de son livre.

La leçon à tirer, au regard de ce qu'Agnès Buzyn a vécu, est qu'il vaut mieux, dans des situations graves, avoir des « états d'âme » avant qu'après, et rester en cohérence avec soi-même. Peut-être que l'on n'a plus de poste, « plus de travail » au sens où elle l'entend. Car elle reste pourtant comme elle l'a dit « médecin » toute sa vie. Elle aurait pu aussi choisir de garder également sa dignité et sa réputation jusqu'au bout.

Aujourd'hui, elle est mise en examen. Beaucoup s'accordent à dire, et en premier lieu le président de la République, qu'une ministre ne peut pas être « jugée pour sa politique », qu'en la matière, seul le verdict des urnes compte. Dans cet esprit, deux députés En marche ont démissionné de la Cour de justice de la République en déclarant qu'ils refusaient de prendre part à un « semblant de justice », en réaction à la convocation du ministre de la Justice, Éric Dupont-Moretti, soupçonné de conflit d'intérêts et qui a été mis en examen à ce titre depuis pour « prise illégale d'intérêts ».

C'est à nouveau des éléments de langage que l'on plaque sur une situation que l'on ne peut contrôler et des demi-vérités que l'on invente pour abîmer par anticipation ce qui peut vous porter un jour préjudice.

Agnès Buzyn n'est pas mise en examen parce qu'il s'agit de juger de la pertinence de la politique qu'elle a mise en place ou non. Elle est mise en examen pour « mise en danger de la vie d'autrui » et est placée sous le statut de témoin assisté pour « abstention volontaire de combattre un sinistre ». Elle est bien sûr à ce jour présumée innocente.

Cela pourrait être d'ailleurs la meilleure manière pour elle de retrouver sa dignité et une excellente opportunité de s'expliquer et d'établir la vérité.

Emmanuel Macron explique étrangement aussi que dans la mesure où l'une des fonctions des ministres, c'est de prendre des décisions, le fait de pouvoir être mis en examen pour des actes commis dans l'exercice de leurs fonctions conduirait tout simplement ces derniers… à ne plus décider.

Derrière ces justifications, c'est quelque part lui-même qu'Emmanuel Macron tente de protéger non pas juridiquement (personne ne peut venir le chercher) mais politiquement, car c'est bien la plupart du temps ses décisions et non celles de ses conseillers ou de ses ministres qui sont en cause.

L'interview qu'Agnès Buzyn accorde à Ariane Chemin dans *Le Monde* du 17 mars est la vitrine de ces terribles maux. Les mots sont en effet glaçants. Cette interview résume à elle seule ce à quoi est contraint un ministre d'Emmanuel Macron : « Quand j'ai quitté le ministère, je pleurais parce que je savais que la vague du tsunami était devant nous. Je suis partie en sachant que les élections n'auraient pas lieu. »

Galvanisée par celles et ceux qui lui disent qu'ils ont besoin d'elle à Paris, contrainte au dernier moment par le président, à qui elle a manifesté son « envie de Paris », d'abandonner son ministère, elle va bientôt se fracasser sur la ligne d'arrivée du premier tour.

Et ce n'est qu'à ce moment précis, dégrisée, confrontée à l'échec, qu'elle a enfin un éclair de conscience et qu'elle décide « en raison de la situation sanitaire et dans les hôpitaux » de se retirer du jeu, qu'elle invoque enfin que c'est sa « part de liberté, de citoyenne et de médecin » de le faire. Qu'elle avoue que « depuis le début », elle ne pensait « qu'à une seule chose : au coronavirus ». Que l'« on aurait dû tout arrêter, que c'était une mascarade ». Que « la dernière semaine a été un cauchemar ». Qu'elle avait « peur à chaque meeting ». Qu'elle a « vécu cette campagne de manière dissociée ».

Elle explique aussi de manière presque infantile qu'elle a « vu la première ce qui se passait en Chine : le 20 décembre, un blog anglophone détaillait des pneumopathies étranges ». Qu'elle a « alerté le directeur général de la santé ». Que le 11 janvier, elle a envoyé un message au président sur la situation. Le 30 janvier, elle a averti Édouard Philippe que les élections ne pourraient sans doute pas se tenir.

Elle pense qu'envoyer un message, cela suffit à l'exonérer de ne pas avoir sonné l'alerte générale... « malgré l'inertie » qu'elle constate face à ce qu'elle appelle ni plus ni moins « un tsunami » qu'elle aurait donc parfaitement identifié... Elle reste bien sûr à son poste et n'envisage même pas de démissionner, faute d'être entendue, pour alerter. À quel moment précis est-elle sincère et faut-il la croire ?

Faut-il la croire quand elle prétend avoir « tout préparé » ou quand elle dit, « en même temps », qu'elle ronge son frein, qu'elle vit les choses de manière dissociée, et qu'il va y avoir des milliers de morts ?

Comment prétendre « Je ne suis pas une politicienne mais une professionnelle de l'intérêt général » dans le message vocal qu'elle laisse sur cinq cent mille téléphones lors de la campagne des municipales et abandonner son ministère en ayant conscience que cela allait être un tsunami ?

Comment avouer aussi pathétiquement dans cette interview qu'elle a dit le contraire de ce qu'elle pensait et surtout de ce qu'elle savait, aux Français, avec ces mots prononcés en sortant du Conseil des ministres, le 24 janvier 2020, et qui reviennent en boomerang : « Le risque de propagation du coronavirus dans la population est très faible. »

Qu'est-ce qui la motive ?

Il me semble que pour être ministre, il faut un mental solide, mais combiné à tout prix à une vraie sensibilité, pour d'un côté ne pas perdre pied et de l'autre ne pas plonger dans l'indifférence et le cynisme. Pour ne pas être tout simplement avalée par la matrice. Il faut une grande capacité à résister à l'attrait du pouvoir dans ce qu'il a de plus pervers, au risque de se « dissocier ».

Il ne faut pas non plus compter sur sa seule capacité à réunir de nombreuses qualités, que la pression peut trop vite altérer. Il faut des garde-fous.

Ce sont bien le déni et les décisions du président qu'il fallait couvrir. Alors le 17 mars, elle reconnaît : « Bien sûr, je n'aurais pas dû prononcer ces mots », suivi de cette phrase absurde : « Mais avant de partir du ministère, j'avais tout préparé, malgré une inertie... » Celle du président ? Du Premier ministre ? Qui n'ont pas soutenu leur ministre de la Santé aux prises avec la technostructure ?

Elle serait donc partie avec ce sentiment du travail bien fait, alors qu'elle connaissait la pénurie de masques et de tests et qu'elle savait aussi qu'il y aurait des milliers de morts ? Et « l'inertie » dont elle parle, c'est une manière d'avouer qu'elle n'était pas entendue, en tout cas pas soutenue ? Alors pourquoi choisir d'aller aux élections municipales et pourquoi ne pas avoir démissionné pour sonner l'alerte ? Pourquoi ne pas avoir fait jouer sa part de « citoyenne » et de « médecin » bien avant le 17 mars 2020 ?

Elle avoue ainsi à demi-mot qu'être ministre d'Emmanuel Macron, c'est laisser de côté cette part de soi. Cette part qui fait pourtant toute la différence lorsque l'on est confronté à une crise majeure et qui revient hanter vos nuits par la suite, mis en examen ou non. C'est toujours cette dissociation. C'est ce qui fait que l'on est une « politicienne » ou un « politicien » dans tout ce qu'il y a de plus opportuniste et carriériste, ou que l'on est une femme ou un homme politique dans tout ce que la Politique (au sens étymologique, qui concerne la cité et les citoyens) avec un grand « P » a de respectueux et de profond.

Elle sait donc au fond d'elle-même que sa réputation est compromise par le président lui-même, qu'elle n'a pas fait ce qui selon elle devait être fait, que ce soit sur ce sujet-là précis ou sur l'hôpital public depuis qu'elle est ministre. Elle se sait abîmée.

Tant d'autres ministres le sont, de Jean-Michel Blanquer à Olivier Véran en passant par Barbara Pompili, et même Sophie Cluzel et Adrien Taquet, qui se battent toutefois tous deux sincèrement pour les causes dont ils ont la charge.

Gouverner oblige certes à une forme de réalisme, à définir des priorités, à faire des choix, à être critiqué pour cela, à ne pas être toujours compris, et à faire aussi des erreurs. Mais lorsque le réalisme se transforme en indifférence, cynisme, aveuglement, opportunisme, résignation, il faut des contre-pouvoirs suffisamment forts.

Agnès Buzyn a prévenu, certes. Emmanuel Macron en convient. Mais a-t-elle agi, parlé, porté à la connaissance des Français ce qu'elle prétendait redouter ?

La réponse est non.

La cour de justice déterminera si elle a pris les décisions qui s'imposaient en tant que ministre. Mais sur le plan politique, ce qui est certain, c'est qu'elle n'a pas fait les choix qui s'imposaient, en choisissant Paris, en abandonnant son ministère de cette manière-là, en choisissant de se taire. Et c'est de cela qu'il est question et pas d'autre chose lorsqu'il s'agit de faire confiance et de remettre son destin entre les mains de celles et ceux qui nous dirigent.

Il ne s'agit pas de la juger sur le plan juridique à travers ces lignes. Ce n'est ni mon droit ni ma fonction. Mais il est de mon devoir d'écrire qu'Emmanuel Macron est lui pleinement responsable de n'avoir ni écouté ni entendu et d'avoir contraint ses ministres à se plier à des choix qu'ils ne pouvaient porter en toute dignité.

Mais s'il y a ceux qui contraignent les autres, il y a aussi ceux qui acceptent d'être contraints…

Il ne s'agit pas ici d'appeler à une « pureté » inhumaine, imaginaire et même dangereuse, mais bien à cette capacité de « s'empêcher » lorsqu'on est face à un dilemme dont les conséquences touchent à la vie humaine et à sa dignité.

Mais suivons la chronologie des événements jusqu'à la décision de confinement général.

Le deuxième signal faible de ce manque d'anticipation de la part d'un président qui reste déconnecté, qui ne réagit que lorsque la réalité vient le heurter en pleine figure ou que les événements le contraignent, date du 6 mars 2020. C'est à cette date – alors qu'Agnès Buzyn l'a donc alerté le 11 janvier de l'ampleur du danger – qu'Emmanuel Macron s'est rendu en compagnie de son épouse au théâtre Antoine pour assister à une représentation de *Par le bout du nez*, la nouvelle création d'Alexandre de La Patellière et Matthieu Delaporte (*Le Prénom*), avec les acteurs François Berléand et François-Xavier Demaison.

Quel est l'objectif avoué de cette sortie ?

Rien de moins qu'inciter les Français à continuer de sortir, dans les lieux culturels, malgré l'épidémie de coronavirus : « La vie continue. Il n'y a aucune raison, mis à part pour les populations fragilisées, de modifier nos habitudes de sortie », déclare donc Emmanuel Macron ce soir-là, comme le rapportent sur Twitter Jean-Marc Dumontet, propriétaire du théâtre Antoine, et Paul Larrouturou, journaliste à *Quotidien*.

Et cela dix jours seulement avant ce qui sera un confinement total du pays – du jamais vu encore dans l'histoire contemporaine de la France. Le président de la République incite les Français à ne surtout pas modifier leurs habitudes, alors que l'Italie a été confrontée avant nous à ce qu'est la courbe épidémiologique de la Covid-19, qu'il y a donc un précédent, que la ministre de la Santé a prévenu, que les soignants sur le terrain alertent...

Aucune intention donc de prévenir. On attend le pic de la vague.

Du jeudi 12 mars au lundi 16 mars 2020, alertée par mon neveu Ludovic et ma nièce Cécile, infectiologue à l'hôpital Tenon et endocrinologue à la Pitié-Salpêtrière, je vais décider de faire remonter, au fur et à mesure que je les reçois, toutes les informations de terrain au président. Avec ce sentiment diffus de faire ce que m'impose mon devoir « de citoyenne et de députée » qui a la possibilité de passer des messages au président.

Car cette fois-ci, confrontée aux terribles inquiétudes de mon neveu et de ma nièce, qui voient le nombre de contaminations monter de manière exponentielle et les lits d'hôpitaux se remplir, qui alertent mais se heurtent au mur administratif de l'hôpital public à la française, sans retours concrets, je décide de prendre moins de gants qu'à l'accoutumée.

Pendant ces cinq jours qui vont s'avérer déterminants pour décider ou non du confinement et du décalage des élections, je ne cesserai donc d'adresser des messages à Emmanuel Macron dans l'espoir qu'il prenne conscience de ce qui se passe réellement.

Je sais que cela me placera certainement directement et définitivement en rupture avec le président, car je ne vais pas mâcher mes mots. Et le président rompra effectivement toute relation avec moi à partir du 17 mars en me bloquant sur Telegram.

Échaudée par son message du 16 février et sa volonté d'envoyer Agnès Buzyn se fracasser sur les municipales à Paris, je décide effectivement de frapper plus fort lorsque j'apprends qu'il doit prendre une décision quant au maintien ou non des élections le soir même, ce fameux jeudi 12 mars 2020, et je lui envoie donc plusieurs messages.

Ce jour est décisif alors que nous sommes face à l'explosion de l'épidémie. Emmanuel Macron finit par annoncer officiellement le maintien du premier tour des élections municipales, qui aura bien lieu trois jours après, alors même qu'il sait déjà que le second tour sera annulé. Il tiendra d'ailleurs absolument à affirmer ce jour-là que le maintien des élections n'est absolument pas dû aux pressions de l'ensemble de la classe politique, qui lui demande alors ce maintien de manière unanime.

Emmanuel Macron tient toujours à montrer qu'on ne lui dicte pas ses choix…

Il fera toutefois un de ces rétropédalages dont on a maintenant l'habitude en expliquant que tous les responsables politiques lui avaient demandé de maintenir le scrutin. C'était effectivement vrai ce jour-là. Mais ça ne l'était plus deux jours après.

Dans son interview du 15 avril au *Point*[97], il explique qu'il s'appuyait alors « sur l'avis des scientifiques, qui ne voyaient pas d'inconvénient à maintenir le scrutin, à condition de respecter les gestes barrières ».

C'est la grande époque, où tout repose « apparemment » sur les scientifiques.

Pourtant, comment imaginer ne serait-ce que cinq minutes que « les gestes barrières » auxquels personne n'est habitué vont être respectés et qu'absolument toutes les mairies de France seront bien équipées ?

Dans cette interview, il insiste d'ailleurs, en invoquant sa « conviction » : « Je suis convaincu d'une chose : je suis allé voter et les gestes barrières ont été maintenus. Les élus et le personnel des mairies ont fait un travail formidable. » Puis : « Les gens ont sans doute été davantage contaminés ces jours-là dans les bars ou les sorties en plein air que dans les bureaux de vote. On a fortement mis en garde les électeurs, si bien qu'ils ont été très prudents lorsqu'ils se sont rendus dans leurs bureaux de vote. Il y a eu à côté une météo favorable, qui a entraîné des situations où les gestes barrières n'étaient pas respectés. »

Il évoque donc ces insouciants qui ont bravé les consignes de confinement, et par là même le virus, en se baladant dans les parcs et le long des canaux durant ce week-end. Alors que lui-même a invité les Français à aller au théâtre le 6 mars, après qu'il a assisté à une pièce au

97. Romain Gubert et Saïd Mahrane, « Emmanuel Macron : 'Ce moment ébranle beaucoup de choses en moi" », *Le Point*, le 15 avril 2020

théâtre Antoine, et que le 11, à un stade avancé de l'épidémie, il a descendu à pied les Champs-Élysées, semblant dire à tous que la vie continuait.

« Aucun scientifique ne m'a dit qu'il ne fallait pas sortir dans la rue, en dehors des foyers d'infection qu'on appelle les clusters. Paris n'est pas un cluster, se défend-il auprès des deux journalistes. » Mais si les scientifiques ne l'ont pas dit au président, le théâtre est pourtant bien à l'époque un cluster. Et le président n'a pas non plus dit aux Français qu'il ne fallait pas sortir dans les parcs et jardins, où l'on sort en famille, qui ne sont pas plus des clusters que les Champs-Élysées…

La défense du président est assez légère alors que les bureaux de vote seront bien quant à eux de véritables clusters au moment du dépouillement, comme le seront aussi les soirées électorales.

Les décisions ont été brutales, les consciences non préparées. Les injonctions totalement contradictoires.

Et cette décision de maintenir les élections le 12 mars va apparaître immédiatement en contradiction totale avec les autres mesures fortes qui vont devoir être prises dès le lendemain, et le discours martial du 16 mars au soir.

Le vendredi 13 mars, Édouard Philippe est en effet dans l'obligation d'annoncer la fermeture des bars et des restaurants.

C'est le déclic. Tout le monde prend alors conscience de l'ampleur de la crise à venir et l'idée d'un confinement général qui ne pourrait plus être décalé gagne les esprits. Mais il faut encore tenir jusqu'au premier tour, qui serait selon les mots du Premier ministre « sans danger y compris pour les personnes vulnérables ».

Or c'est bien cette décision de fermeture des bars et des restaurants, qui ne pouvait plus être repoussée indéfiniment, qui joue le rôle d'électrochoc et qui permet enfin aux

Français de réaliser ce que l'on avait tout fait pour occulter jusqu'à ce jour.

Beaucoup d'entre eux, principalement les personnes les plus vulnérables qui n'ont pas de masques, auront d'ailleurs le réflexe de ne pas se rendre, tout simplement, dans les bureaux de vote.

C'est du bon sens.

L'ensemble des responsables politiques appellent alors à ce qui semble dorénavant couler de source : le décalage des élections. Mais Emmanuel Macron, lui, ne bougera pas.

J'avais insisté sur ce point auprès de lui dans mes messages, convaincue qu'il en tirerait la conclusion inverse. Je fais appel à sa conscience.

Certains se demanderont qui je suis pour cela. Mais il me semble que c'est le devoir de chaque citoyen de le faire. Pas besoin de se prendre pour qui que ce soit, et effectivement je ne suis qu'une députée parmi d'autres mais qui a la possibilité d'envoyer un message au président.

Et c'est cette possibilité-là qui m'engage.

Toujours dans la même interview du 15 avril 2020 au *Point*, il confiera « avoir douté s'agissant des municipales, et même admis, un temps, leur annulation. [...] Je ne voulais pas que le pays pense qu'il y avait une manipulation, que les gens puissent se dire que j'avais trouvé là un prétexte pour ne pas les organiser. Quand la défiance s'installe, elle est irrémédiable. »

Tout est dit, là encore. Nous sortons de la période traumatisante des Gilets jaunes, de grèves qui ont perturbé les transports et d'un 49-3 sur la réforme des retraites. La défiance s'est de fait installée et va s'avérer irrémédiable tout au long de la crise sanitaire jusqu'à aujourd'hui.

Il se retrouve tout simplement dans la situation d'être « empêché » de prendre la décision sanitaire qui s'impose pour des raisons politiques liées à des circonstances qu'il a lui-même créées, où décaler les élections risquerait de le faire passer pour quelqu'un qui craint leurs résultats…

Puis il affirme : « Le confinement n'est certes pas une décision prise à la légère, mais depuis le premier jour, il y a un primat du sanitaire ». Il ne dit donc pas la vérité. Il a bel et bien privilégié l'enjeu électoral, et l'épisode Agnès Buzyn en est la démonstration vivante. Et il n'a pu décaler le premier tour parce qu'il ne voulait pas qu'on lui fasse le procès d'une manipulation. Ce qui n'aurait jamais eu lieu s'il ne sortait pas à peine d'un 49-3 et de sondages tous plus mauvais les uns que les autres concernant le résultat des municipales. Il n'y a donc pas « depuis le premier jour » de « primat sanitaire ».

D'ailleurs, quel est ce premier jour ?

Est-ce le 11 janvier, lorsque la ministre de la Santé lui envoie un message d'alerte ?

Si c'est cela, ce sont deux mois qui se sont écoulés. Et deux mois en matière de courbe épidémique, tout le monde sait aujourd'hui ce que cela signifie. À l'époque, nous pouvions déjà le constater en Italie.

Il y a bien eu en revanche pendant toute cette période une volonté de ne pas voir le tsunami qui se formait pour protéger coûte que coûte ce premier tour des municipales et ce pari que le président s'était lancé à lui-même en envoyant Agnès Buzyn à Paris.

Pendant ce temps-là, à l'Assemblée nationale, on ne veut pas non plus « voir les choses en noir ». Ce seront d'ailleurs aussi les mots de Christophe Castaner.

Du 2 au 5 mars, nous avons passé trois jours, de 9 h du matin à minuit environ, dans une salle de commission située en sous-sol, sans fenêtre. J'ai dîné avec le ministre de la Culture et son conseiller parlementaire à la buvette de l'Assemblée nationale. Je me suis rendue au restaurant de l'Assemblée nationale, le jour où y ont été détectées des personnes contaminées.

On ne sait pas encore que tous ces endroits sont des clusters… Personne ne nous alerte.

Le 6 mars 2020, le jour même où Emmanuel et Brigitte Macron se rendent au théâtre, alors même que l'Assemblée nationale est effectivement devenue un cluster, et alors que la suspension parlementaire aurait permis de s'isoler davantage, tout le monde s'ébroue sur le terrain. La campagne électorale bat son plein, les élus sont sur les plateaux télé, aucun message particulier du président de l'Assemblée nationale pour demander aux députés de s'isoler.

Le vendredi 8 mars, je retourne à l'Assemblée désertée par les parlementaires. Je vois encore un dernier groupe scolaire qui visite l'hémicycle… On croit rêver.

Je vois aussi les pompiers. Des personnes sont emmenées à l'hôpital.

J'ai un plateau télé sur La Chaîne parlementaire. Je préviens de mon possible état et j'applique les gestes barrières, le gel et surtout les distances, mais je ne me sens pas très à l'aise.

Le lendemain, j'apprends que le collaborateur du ministre de la Culture est au fond de son lit avec forte fièvre et que le ministre s'est fait tester. Trois jours se sont déjà écoulés depuis la fin de notre commission. Nous n'aurons les résultats que le lundi.

Positifs.

Mais nous ne recevrons toujours aucune recommandation du président de l'Assemblée. Même pas un coup de téléphone de l'Agence régionale de santé alors que je suis cas contact d'une collègue à côté de laquelle j'ai été assise pendant trois jours et qui a dû être hospitalisée avec quarante de fièvre.

Je décide donc de m'autoconfiner totalement. Ce qui ne sera pas le cas de nombre de mes collègues.

D'ailleurs, je n'ai tout simplement pas le droit de me faire tester car je n'ai pas de fièvre. On nous explique même alors qu'il existerait des risques de faux négatif et de faux positif… bref, que les tests ne servent à rien.

Eh oui ! Comme il n'y a pas assez de tests, au lieu d'expliquer qu'il y a des moments précis pour se faire tester, cette explication du « faux négatif » ou du « faux positif » est savamment diffusée et relayée. Plusieurs mois après, les mêmes expliqueront à quel point il faut tester, tester et tester encore, l'ensemble de la population, aveuglément, y compris avec les tests antigéniques beaucoup moins fiables que les PCR, voire les autotests encore moins fiables.

Une consigne chasse l'autre. Nous étions donc très bien préparés effectivement à raconter tout et son contraire aux Français en fonction de l'intérêt du moment et non de la connaissance du moment.

Pour ma part, je subirai de nombreux rétrécissements de la cage thoracique, certains un peu alarmants même pour quelqu'un comme moi qui n'a aucune appréhension particulière en termes de santé – car on sait que le 15 est submergé ainsi que les hôpitaux. Une très grande fatigue surtout, et par ailleurs des séquelles de dyspnée respiratoire pendant plus d'un an. Un test sérologique réalisé en juin 2020 m'apprendra que j'ai bien « rencontré la Covid » et que je possède alors des anticorps.

Mais ce qui me frappe, c'est que ce n'est que le 16 mars que je recevrai un coup de fil de son directeur de la sécurité. Il m'explique que comme j'ai été enregistrée comme ayant fréquenté plusieurs clusters de l'Assemblée nationale, il vient aux nouvelles. Je lui fais part de ma toux, de mes essoufflements répétés et de ma fatigue et surtout du fait que je suis consternée que l'Assemblée nationale n'ait envoyé aucune recommandation de s'isoler aux personnes concernées. Que mon neveu m'a fait part de cette fameuse période de sept jours déterminante. Il fera remonter immédiatement cette information et le président de l'Assemblée nationale enverra enfin un courrier aux députés le jour même. Soit dix jours après le début de la suspension parlementaire !

Ce sont 577 députés et 348 sénateurs qui sont ainsi repartis dans leur circonscription dans toute la France, sans aucune recommandation précise, en pleine campagne électorale.

Le 16 mars 2020, Emmanuel Macron est contraint d'annoncer un confinement total et répète à six reprises, pas moins, « nous sommes en guerre ».

Le 23 mars 2020, l'état d'urgence sanitaire est adopté à l'Assemblée nationale.

En huit jours, nous sommes passés de l'incitation à ne pas changer ses habitudes à une déclaration de guerre, sans armes et sans protection. Nous sommes passés de l'insouciance d'une soirée au théâtre, d'un président qui descend les Champs-Élysées à pied, à un président devenu chef de guerre. Qui est vraiment ce chef d'État qui, à deux jours de déclarer la guerre, maintient des élections ? Qui est ce président qui prétend que s'il a pris cette décision c'est que depuis le premier jour le primat sanitaire se serait imposé ? Qui est vraiment ce président de la République qui annonce le 13 avril à tous les Français que « l'État à partir du 11 mai en lien avec les maires devra permettre à chaque Français de se procurer un masque grand public ». Que « pour les professions les plus exposées et pour certaines situations, comme dans les transports en commun, son usage pourra devenir systématique » ?

Ce président qui reconnaît donc enfin l'utilité des masques grand public, qui a été niée pendant plusieurs semaines et dont le port va dès lors devenir même obligatoire. Ce même président qui explique cependant deux jours après son intervention sur TF1, le 15 avril 2020, dans l'interview du *Point,* qu'il « refuse aujourd'hui de recommander le port du masque pour tous » et que « jamais le gouvernement ne l'a fait », que « si nous le recommandons, ce serait incompréhensible ». Faut-il croire le président du 13 avril ou du 15 avril ?

De l'incompréhension, en effet, mais face à ces contradictions, c'est davantage la confusion qui est entretenue.

Qui est vraiment ce président de la République qui explique que « lorsque la défiance s'installe, c'est irrémédiable », mais qui s'étonne qu'il ne parvienne pas à convaincre de manière naturelle de se faire vacciner ? Ayant certainement déjà oublié que cette méfiance a été aggravée par la décision brutale actée en 2018 de passer la vaccination obligatoire de trois vaccins à onze, sans explications, sans pédagogie.

La défiance, ce mal du quinquennat, un mal « irrémédiable » qui sera par la suite ni plus ni moins qu'instrumentalisé pour fracturer un peu plus et renforcer le noyau dur d'un électorat. Une France polarisée qui devient un atout dans un système de scrutin majoritaire sans la moindre dose de proportionnelle.

Terrifiant constat.

Lorsqu'il aborde la crise sanitaire, c'est un président qui a déjà perdu la confiance d'une bonne partie de ses concitoyens, mais qui a bien compris que cette défiance d'une partie de la population lui permet de solidifier son socle, celui qui peut lui permettre d'être au second tour.

L'histoire va se répéter pour la vaccination, comme nous le verrons avec le cynisme porté à son comble : dénoncer le « complotisme » ou le « populisme » que l'on a soi-même contribué à instaurer et amplifier.

CHAPITRE 15

Un Parlement vidé de son rôle et un début de vaccination difficile

Si la politique du « tester, tracer, isoler » n'a pas été pensée et encore moins mise en œuvre dès l'arrivée du virus en France en décembre 2019, le 16 mars 2020, il n'était déjà plus possible de faire appel à la seule « responsabilité » des Français, à qui il n'avait été donné alors aucun élément pour comprendre cette crise. Crise qui, comme on l'a vu, a été jusque-là minimisée, par les plus hauts responsables de l'État qui refusaient de voir et d'entendre.

Il a fallu, aux dires d'un haut fonctionnaire avec qui j'ai échangé, un déplacement d'Emmanuel Macron lui-même dans l'est de la France, fortement éprouvé, pour que la réalité lui saute au visage.

La réalité devient la réalité pour Emmanuel Macron uniquement lorsqu'il la rencontre personnellement.

Un président confronté à un système de santé qui n'a pas les capacités d'absorber le choc, à une crise hospitalière dont les racines sont profondes mais qui n'a pas encore été perçue à sa juste ampleur, deux ans après le début du mandat, un président alors obnubilé par les seules économies qu'il faudrait réaliser pour rester dans les clous de Maastricht, en utilisant la pire des techniques, celle du rabot budgétaire sous la férule des administratifs et des comptables, sans « transformer » au bon sens du terme, sans « investir » et sans penser la « gouvernance » autrement que par des mots.

Un président confronté à un système de santé prêt à craquer, vite débordé, ayant pour conséquence inéluctable le tri entre les patients et un taux de mortalité important. Un président qui ne peut que comprendre alors que le confinement était effectivement, dans ce contexte précis, la seule décision qui s'imposait.

Mais il aurait été aussi rassurant que le confinement serve à préparer le déconfinement, à se préparer à d'éventuelles nouvelles vagues. Notamment par la mise en place de la politique de dépistage et des moyens humains qu'elle exigeait. Il faudra pourtant attendre plus d'un an encore pour qu'une véritable prise de conscience ait lieu ou que des moyens lui soient véritablement consacrés, dans les périodes d'accalmie, là où les ressources humaines le permettent plus facilement.

Et pourtant dès mars 2020, le professeur Renaud Piarroux[98] donnait le ton partout où il le pouvait dans l'espoir que le déconfinement serait enfin suivi d'une période de « aller vers ».

Il ne sera reçu par le Conseil scientifique qu'en novembre 2020, et par le Premier ministre que le 27 janvier 2021.

98. Renaud Piarroux est professeur à Sorbonne Université, chef de service à l'hôpital de la Pitié-Salpêtrière, pédiatre de formation spécialisé dans les maladies infectieuses et tropicales, biologiste, il s'occupe beaucoup d'épidémies depuis plus de vingt-cinq ans.

C'est pourtant bien grâce aux méthodes de terrain qu'il a mises en place sur la durée que l'épidémie du choléra a pu être éradiquée en Haïti en 2019. C'est pourtant bien lui qui, comme l'a reconnu Martin Hirsch dans son livre *L'Énigme du nénuphar*[99], a fait prendre conscience de ce qui se passait. Et qui, dès avril 2020, met en place cette expérimentation sur Paris qui portera le nom de Covisan, qui repose sur ses propres expériences et qui s'avérera être la seule méthode pratique et concrète capable de passer des mots « tester, tracer, isoler » à la réalité sur le terrain d'un tel concept tant de fois brandi mais si peu incarné. D'autres expérimentations de cette nature ont été d'ailleurs mises en place à Marseille et à la Réunion.

Je me ferai donc le relais indéfectible de cette méthode, qui repose sur l'anticipation, l'humain et la confiance. La première illustration en sera cette tribune que j'écris dans *L'Opinion*[100] concernant l'application StopCovid, que j'oppose alors à la méthode Piarroux qui, quant à elle, fait appel à l'humain, à la solidarité, à la subtilité, au bon sens et à la confiance.

Tout cela devant l'impuissance à faire passer des messages à un exécutif qui ne gouverne dorénavant que par ordonnances sans discontinuer depuis le 23 mars 2020, ce que permettent les prolongations successives des lois d'urgence sanitaire, mais aussi des fameuses lois dites de « régime de transition de sortie de l'urgence sanitaire ». Un régime de transition qui n'est que le passage du régime d'urgence sanitaire, qui par essence ne peut être que temporaire, à un régime « intemporel » d'urgence sanitaire, sans que rien ne change véritablement à l'exception de l'intitulé de la loi.

---

99. Stock, Paris, 2020.
100. « Le traçage, potentiellement liberticide et assurément inefficace », *L'Opinion*, le 27 avril 2020.

Nous sommes nombreux à voter contre ces lois de prolongation et de régime transitoire. Pour ma part, je le ferai systématiquement. Après avoir voté le 23 mars 2020 en faveur de la seule loi d'urgence que les circonstances nous obligeaient alors effectivement à adopter, même si certaines de ses modalités franchissaient déjà les limites. À cette époque, tout le monde a joué le jeu, et c'est pour cela qu'il est terrible que le gouvernement et le président de la République aient pris cela pour un chèque en blanc.

Je voterai ainsi contre toutes les reconductions. Non pas que nous n'ayons pas besoin de mesures d'urgence sanitaire, bien au contraire, mais parce que rien n'empêche le gouvernement de revenir beaucoup plus régulièrement devant la représentation nationale pour en débattre et rendre des comptes, rien n'oblige à passer systématiquement par des ordonnances et à retirer ainsi au Parlement tous ses pouvoirs. Ce que font pourtant ces lois successives depuis deux ans...

Le Parlement doit aussi juger de la proportionnalité des modalités et de leur temporalité, de l'exercice qui en est fait, et pour cela, il convient qu'il soit associé plus systématiquement et plus en profondeur le Parlement à leur élaboration. Cela n'empêche pas le gouvernement d'arbitrer et de trancher quand vient le moment de le faire.

Je rappellerai systématiquement qu'une fois l'effet de surprise de mars 2020 passé, les grands principes de la gestion de la crise sanitaire auraient dû être pris en passant par le Parlement, avant de décider et non après. Mais le choix qui est fait depuis deux ans est de vider le rôle du Parlement de toute substance sous prétexte que nous ne serions pas « responsables » et que nous ne proposerions rien, ce qui est bien sûr faux. Tous les groupes politiques, quels qu'ils soient, ont fait des propositions. Mais gouverner par ordonnances, c'est confortable pour un pouvoir qui voit là une énième possibilité de décider seul, plus vite et plus fort.

Alors que le temps que l'on perd soi-disant au débat, c'est pourtant celui que l'on gagne par la suite, qui permet de trouver du consensus et de construire du solide.

Mais pire encore ! Les choix de l'exécutif ne sont pas faits par l'exécutif. Ils sont faits par le président de la République qui réunit dorénavant un « conseil de défense », non prévu par la Constitution, qu'il préside et qui vide aussi de sa substance la nature même du Conseil des ministres et le rôle du Premier ministre. Des changements profonds qui dénaturent pas à pas l'esprit de la Constitution. C'est devenu une habitude. Rien ne garantit, bien au contraire, que le président ou ses successeurs reviendront en arrière. Le pli est pris, et je ne m'y résous pas.

Mais puisque nos pouvoirs sont rognés, je décide donc de procéder différemment : ne plus être dans l'alerte ou la réaction, qui s'avèrent à présent par essence impuissantes, mais dans la prospective. Alors que l'on nous répète sans relâche que l'on ne propose rien, alors que les rapports parlementaires s'empilent et sont la plupart du temps rangés dans un placard…

Je me rends compte que j'ai beaucoup promu la méthode du professeur Piarroux, mais que je ne l'ai jamais rencontré. Je vais donc prendre contact avec lui.

Le professeur est un peu sur ses gardes au départ. Il pense que le président ne peut pas prendre les bonnes décisions parce que les informations ne lui parviennent pas, que la technostructure l'en empêche. Il se méfie aussi car je suis députée, donc une femme politique avec tout ce que cela peut avoir de partisan, de non objectif. Mais il accepte.

Nous décidons de travailler sous forme d'entretiens dont l'objectif est d'éclairer la décision publique. Il pourra ainsi exprimer son analyse de la situation, avant que les événements n'aient lieu, pour tenter de prévenir et proposer des solutions concrètes pour sortir de la spirale.

Nous faisons en sorte que ces entretiens soient adressés à l'ensemble des parlementaires (Assemblée nationale et Sénat) avec copie au président de la République, au Premier ministre et au ministre de la Santé. Nous choisissons, il insistera beaucoup sur ce point et il a raison, que je pose des questions neutres, sans politiser le débat, pour permettre à tous de comprendre ce qui se joue.

Certes, « les scientifiques ne sont pas tous d'accord », comme on l'entend à chaque fois que l'on veut justifier que le président arbitre seul. Beaucoup de « médecins » et de « scientifiques » vont en effet s'abîmer sur les plateaux télé. Mais j'estime qu'il y a certains éléments qui font sens, qui sont du bon sens, surtout venant d'une personne de terrain qui est souvent présentée, et je sais qu'il déteste qu'on le dise, comme « le seul général à avoir gagné une bataille », celle de l'élimination de l'épidémie de choléra à Haïti.

Nous apprendrons au fil de ces mois à nous connaître et comprendrons que là où nous sommes, chacun à notre place, nous avons la même sensibilité et la même vision. Nous réaliserons ainsi six entretiens, entre le 5 janvier et le 27 avril 2021, à la fois complets et synthétiques, que nous présenterons comme des « éclairages sur la crise sanitaire ».

Je recevrai des accusés de réception de la présidence de la République dont le ton plutôt inhabituel laisse entendre que les travaux du professeur Piarroux ainsi que notre démarche sont appréciés à défaut d'être vraiment entendus. Mais ce n'est que très tard que nous entendrons parler du « aller vers ».

La méthode de dépistage, « tester, tracer, isoler », qui repose sur des ressources humaines de qualité et en quantité, n'a jamais pu réellement se généraliser. On est donc passé entre-temps à la stratégie de la vaccination comme moyen et comme fin. Avec l'espoir que l'immunité collective soit atteinte et le vaccin efficace.

Mais malgré ces encouragements et l'assurance qu'il a été demandé au ministre de la Santé, Olivier Véran, de revenir vers moi, ce dernier ne le fera jamais. Sur le fond, il ne répondra d'ailleurs à aucun de mes courriers et ne réagira à aucun de ces entretiens.

Il était commun d'entendre répéter à la sortie de l'été 2021 que la stratégie vaccinale du président a été une réussite.

Oui, nous sommes un des sept pays de l'Union européenne où le taux de couverture a atteint les 70 %. Mais à quel prix ! Aurions-nous pu y parvenir différemment sans avoir recours à de telles modalités, qui abîment un peu plus nos libertés et détruisent irrémédiablement la confiance ?

La réponse, je le pense, est oui. En choisissant la confiance.

Mais ce choix, comme nous l'avons vu, était devenu impossible, avec des mensonges suivis d'injonctions contradictoires et sans respect de la parole donnée.

En ce qui concerne la vaccination, le président a une nouvelle fois dit tout et son contraire. Le 4 décembre 2020 dans le média Brut, il se dit « très prudent » vis-à-vis du vaccin de Pfizer et BioNTech contre la Covid-19. Il souligne d'ailleurs que la vaccination de la population n'est pas à court terme la priorité de la stratégie de la France contre l'épidémie due au nouveau coronavirus. En effet, il dit qu'« on ne sait pas tout sur ce vaccin comme on ne sait pas tout sur ce virus » et il pense que le « vaccin d'avril ne sera pas celui de janvier. Il y a des vaccins qui vont arriver au printemps-été, qui seront faits avec d'autres techniques. »

Ces propos ne peuvent que résonner chez les personnes qui ont des doutes sur les vaccins en général et les vaccins à ARN messager plus spécifiquement, et pourtant quelques mois après, la vaccination deviendra indirectement obligatoire. Une obligation déguisée, de l'aveu du ministre de la Santé. À l'été nous aurons toujours bien le Pfizer, pas de nouveau vaccin utilisant les « autres techniques » connues et pas beaucoup plus de recul… Un nouveau vaccin de type classique sera bien proposé, mais beaucoup plus tard, en début d'année 2022.

Mais en ce temps, Emmanuel Macron tient à préciser : « On n'est pas en train de dire aux gens : "Vaccinez-vous, vaccinez-vous", à toute force et pour toute la population », tout simplement parce que l'« on a une autre stratégie ». Des propos qui seraient donc tout à fait louables s'ils étaient suivis de décisions cohérentes…

Il poursuit : « La clé de la stratégie, à partir du moment où on va complètement sortir du confinement, ce qui se fera en mars, ça va être le "tester-alerter-protéger" […] et progressivement de vacciner », mais précise-t-il, « le vaccin n'est en fait la solution que le jour où vous avez entre 50 % et 60 % de votre population qui a ce qu'on appelle l'immunité collective. »

Donc pour Emmanuel Macron, il n'est pas question à ce moment-là d'imposer une vaccination obligatoire, et un taux de 50 à 60 % de couverture vaccinale est suffisant pour garantir l'immunité collective. Une affirmation de plus, depuis oubliée lorsque le pass vaccinal sera proposé alors même que 80 à 90 % de la population, selon les territoires, sera vaccinée.

À cette époque, l'Angleterre a pris de l'avance en termes de vaccination, et il ne faut surtout pas qu'il y ait de possibilité de comparaison à même de révéler que nous ne disposons pas de doses suffisantes... Comme pour les masques, il vaut mieux laisser entendre que vacciner fortement, comme nos voisins, n'est pas la solution. En revanche, lorsque nous aurons suffisamment de doses, il sera temps de changer de stratégie et de discours...

Mais le plus grave est encore ailleurs.

Pourquoi évoquer ce qui est alors ce mystérieux « vaccin de l'été » élaboré avec une autre technique que celle du Pfizer, qui semble donc tant inquiéter le président ?

Est-il sincèrement inquiet ? Pense-t-il que la France va rattraper son retard en matière de vaccin et qu'il a intérêt à disqualifier les autres ? Se rendra-t-il compte plus tard que la France est dans l'incapacité de mettre en place cette fameuse autre stratégie qu'il nous a promise pour le printemps 2021 – qui n'est en fait que la méthode que j'appelle « Piarroux » même si ce dernier n'est pas le seul à la porter, bien sûr, mais qu'il a mise en lumière dès mars 2020 ?

En tout cas, ce qui est certain, c'est qu'il y a un changement de discours brutal en juillet 2021, puisque ce qui sera préconisé, c'est bien maintenant la stratégie vaccinale à tout prix, via un pass sanitaire dit « incitatif », bientôt une troisième dose de vaccin Pfizer et un pass vaccinal.

Comment s'étonner de la défiance qui grandit ? Ces contradictions ne semblent gêner personne, mais ne peuvent qu'ajouter à la confusion. Difficile aussi d'expliquer que sept mois plus tard, en juillet, on saurait maintenant tout sur le vaccin, et tout sur le virus.

Il y a également l'opacité qui existe sur la date exacte de sa propre vaccination[101], qui avait annoncé le 13 mai 2021

101. Michaël Hajdenberg et Antton Rouget, « Imbroglio autour de la vaccination de Macron », *Mediapart*, le 26 août 2021.

qu'il s'était fait vacciner. Or d'après les données de l'Assurance maladie, il aurait été vacciné le 13 juillet, au lendemain de son allocution sur le pass sanitaire. L'Élysée évoque une erreur dans la transmission des données. Que seul le président de la République ait été victime d'un bug montre à quel point il y a soit mensonge, soit amateurisme autour de la « sécurité » du président. Ce qui n'est pas moins inquiétant.

La vaccination, son acceptation et son appropriation sont pourtant une cause bien plus importante, qui exigeait que l'on ne tienne pas des discours contradictoires.

Mais il y a longtemps qu'il n'est plus question pour Emmanuel Macron de réconcilier les Français. Je trouve très regrettable que nous ne soyons pas parvenus à créer les conditions de la confiance autour de la vaccination. Je n'étais pas non plus contre l'idée d'un pass sanitaire, mais plutôt contre ses modalités. En effet, en l'état, cela revenait déjà à une forme de vaccination obligatoire détournée, créant une inégalité de traitement entre citoyens, demandant aux Français de contrôler d'autres Français sous peine de sanction.

En termes de demi-vérités, nous avons eu également le droit à la fabrication d'un faux… L'histoire est très bien racontée dans un article de Mediapart du 9 avril 2021 par Caroline Coq-Chodorge[102].

Le 29 janvier 2021, au conseil de défense réuni autour d'Emmanuel Macron, la décision est prise de ne pas suivre l'avis du conseil scientifique qui recommandait de reconfiner le pays et de fermer les écoles quatre semaines.

102. Caroline Coq-Chodorge, « Covid : Jean Castex a présenté des "projections" trafiquées aux parlementaires », *Mediapart*, le 9 avril 2021.

La veille, Jean Castex a tenu un comité de liaison parlementaire, en visioconférence, aux côtés du ministre de la Santé. Le diaporama qui a été communiqué aux parlementaires présents contient non seulement des erreurs, mais également une falsification.

En effet, un graphique, remis à Jean Castex la veille par le professeur Piarroux, a été repris, retitré et sa portée modifiée, avant d'être présenté pendant la visioconférence comme une projection des semaines à venir.

Voilà ce qu'en dit le professeur Piarroux : « Je reconnais être l'auteur de ces courbes, mais je n'ai jamais prétendu faire des projections. Le 27 janvier, j'ai rencontré le Premier ministre pour lui présenter une note expliquant la dynamique des deux variants, l'historique et l'anglais. À l'époque, dans les débats, on entendait qu'il ne se passait rien, que le nombre de cas était stable, que le couvre-feu suffisait à maîtriser l'épidémie. J'ai tenté de lui expliquer la gravité de la situation, comme d'autres l'ont fait au même moment : il fallait en réalité suivre l'évolution du nouveau variant britannique, 50 à 70 % plus transmissible. Quasiment absent à Paris en décembre, il représentait fin janvier environ 10 % des virus identifiés : sans changement radical, le nouveau variant allait devenir majoritaire, à une échéance de quelques semaines, et les hôpitaux allaient être submergés, comme en Angleterre. J'ai tracé ces courbes dans un but pédagogique. »

Mais on pourrait voir dans les modifications apportées au graphique et présentées par le Premier ministre aux élus une volonté d'atténuer l'impact du variant anglais et la progression de l'épidémie et de manipuler ainsi les parlementaires. Une incompétence des conseillers du Premier ministre n'est pas non plus à exclure...

« Je n'ai pas de problème avec le fait que mon travail soit utilisé, même sans en être averti, explique le professeur Piarroux. Mais que le sens même du graphique ait été modifié heurte ma déontologie de scientifique. »

L'histoire ne nous dit pas qui a modifié ce graphique, le cabinet du Premier ministre n'ayant pas répondu aux questions de la journaliste de Mediapart. Mais même si nous ne savons pas qui en est l'auteur, nous savons en tout cas qui y avait intérêt. Le hasard fait que cette « maladresse » va plutôt dans le sens de la décision du président de la République de ne pas reconfiner la population en février 2021.

Malgré les révélations de Mediapart et l'étonnement du professeur Piarroux, personne ne s'est véritablement ému qu'un faux se soit glissé dans le dossier donné par le cabinet du Premier ministre aux présidents des groupes parlementaires afin de les éclairer sur la situation…

Un confinement sera décidé finalement pour quatre semaines à partir du 3 avril 2021, soit deux mois plus tard.

Je voudrais enfin mettre l'accent sur un des sujets qui me semblent majeurs, trop oublié : l'importance de lever le voile sur l'origine de la pandémie de Covid-19. Et de là, se poser les vraies questions sur ce qui permettrait de construire des garde-fous à ce qui pourrait apparaître au grand jour comme une conséquence de la folie humaine.

Car s'il n'y a pas de conclusions définitives sur l'origine du coronavirus, que son origine soit naturelle ou liée à l'intervention de l'homme, ce que l'on sait aujourd'hui c'est qu'il existe de dangereux programmes de recherche sur les « gains de fonction[103] ».

Il n'y a pas de preuves d'une origine animale, alors que les preuves d'une intervention humaine se multiplient.

103. En virologie, les expériences de « gain de fonction » consistent à modifier génétiquement des virus pour les rendre plus transmissibles ou plus virulents.

Ceux qui passaient jusqu'à présent pour des complotistes pourraient bel et bien avoir raison. Or en France, connaître l'origine du virus ne semble pas une priorité, c'est devenu un non-sujet.

Il est sidérant de voir que ni le président de la République ni les principaux candidats à l'élection présidentielle, ne s'intéressent à ce qui devrait être pourtant un des thèmes les plus importants de la campagne.

Faire la lumière sur l'origine de cette contamination qui, semble-t-il, n'aurait jamais eu lieu sans l'intervention de l'être humain devrait pourtant être une obsession. Connaître la nature de cette intervention, ce qui l'a rendue possible et ce qui devrait être mis en place pour empêcher que cela recommence, devrait être une priorité.

Comment prévenir ce qui demain pourrait être pire encore si nous nous désintéressons de ce qui conduit la planète entière au confinement et à la remise en cause des libertés essentielles ?

La France devrait être l'un des pays qui portent haut et fort cette exigence de transparence et de régulation éthique de la recherche scientifique sur le plan international. Pourquoi ne le fait-on pas ? Par ignorance ? Par amateurisme ? Par indifférence, par aveuglement ou par cynisme ? Le régime chinois ne souhaite pas que l'on aille voir vraiment ce qui s'est passé, au nom du principe de « non-ingérence », comme l'ont constaté les experts de l'OMS. Des preuves ont été apportées que des chercheurs d'autres pays, notamment américains, auraient également à titre privé participé à ces recherches.

Mais le silence est total.

Certains osent pourtant quelques actions. C'est le cas de la Lituanie ou de l'Australie, qui s'est vu sanctionner par la Chine sur onze produits d'exportation notamment pour avoir demandé officiellement une enquête internationale indépendante sur l'origine de la Covid-19.

On se résigne au fait que l'on ne pourrait pas contraindre la Chine, tout occupé qu'est notre président à inventer une « troisième voie » qui passe à ses yeux par davantage de coopération avec le régime chinois. Une France qui prétendrait ne pas vouloir choisir entre les États-Unis et la République populaire de Chine pour nourrir artificiellement ce concept de « souveraineté ». Slogan maintes fois répété, et qui s'impose comme le mantra de la campagne 2022, adopté par tous les candidats, sans qu'un seul chemin vraiment crédible pour y parvenir ne voie véritablement le jour.

À mes yeux, ce sujet de l'origine de la Covid-19 et de l'élaboration d'un cadre éthique national et international pour la recherche scientifique devrait être un des dénominateurs communs dans les programmes des candidats à la présidentielle, d'autant plus qu'il est proche des enjeux écologiques.

CHAPITRE 16

Une responsabilité des acteurs politiques à réformer ?

Emmanuel Macron est le président du conseil de défense, il le dit, le rappelle, le martèle sans cesse : il décide. Il aime à rappeler qu'il ne peut être tenu responsable de ses décisions que par le suffrage universel, comme le veut la Constitution. Il a raison juridiquement, mais on voit bien que cette situation ne peut durer et qu'il faut proposer d'y mettre en partie fin.

Comment imaginer que l'élection au suffrage universel soit le seul baromètre ? C'est en fait la définition même du populisme et c'est ce qui est prôné dans les États autoritaires. Emmanuel Macron se retrouve ainsi à lui seul l'émanation d'un extrême centre populiste.

La démocratie ne peut pas reposer sur le seul suffrage universel au moment où il faut rendre des comptes. La justice doit aussi pouvoir être invoquée et les garde-fous suffisamment solides pour apporter des limites réelles à ce qui ne constitue ni plus ni moins que des abus de pouvoir.

Et rien n'empêche de penser ces contre-pouvoirs suffisamment souples pour ne pas bloquer tout processus décisionnel.

Un président de la République devrait ainsi pouvoir rendre juridiquement des comptes sur les décisions les plus importantes prises au cours de ses fonctions. Le seul suffrage universel ne peut – et surtout ne doit – suffire à le blanchir. On voit à quel point la conception de séparation des pouvoirs conçue au siècle des Lumières a été pervertie au cours du temps.

Tous les jours, en France, il y a des milliers de personnes qui prennent des décisions ou qui doivent assumer des décisions prises par d'autres qu'eux-mêmes mais placés sous leur responsabilité et qui sont donc susceptibles de se retrouver au pénal, notamment parce qu'elles sont mandataires sociaux, ou responsables de la santé, de la sécurité ou de la vie des autres, ou parce qu'elles sont maires par exemple.

Pourquoi les ministres qui engagent le destin de tous les autres se retrouveraient-ils quant à eux finalement « irresponsables » de tout ce qui relèverait directement de leurs propres décisions sans exception ?

Pourquoi un président de la République doit-il être totalement « irresponsable » sous prétexte de « séparation des pouvoirs » ? La Constitution – ou plutôt ses « vides » – ont bon dos. Ne devrait-on pas lancer une grande réflexion sur cette notion de responsabilité, sa nature et son nécessaire périmètre ? Le sujet est complexe et il ne peut être tranché de manière simpliste. Tout doit être pesé. Mais n'est-ce pas finalement LE grand chantier ? Ou alors faire le choix qui découle de cette prétendue irresponsabilité, confier au président beaucoup moins de pouvoirs. « Pas de responsabilité, pas de pouvoir. »

Même réflexion concernant les ministres.

La vertu intrinsèque de cette possibilité encadrée d'être mis en examen, c'est d'obliger à réfléchir à deux fois avant d'accepter d'être ministre, de ne plus considérer cela comme une récompense et de ne pas obéir aveuglément à un président de la République qui voudrait imposer sa volonté au mépris de l'intérêt général.

Mais nous assistons à une dangereuse dérive. De son côté, le Conseil d'État est en train de préparer un changement de doctrine par petites touches. Dans son rapport sur l'état d'urgence, ce qu'il dit est sans ambiguïté : chercher la responsabilité pénale dans une décision politique est devenu, de la part des juges, « une fuite en avant inquiétante » risquant de « déstabiliser encore plus un État fragilisé » et de « paralyser » l'action publique. D'où l'importance à l'avenir de pouvoir limiter strictement la responsabilité pénale des politiques aux seuls cas où le choix de l'inaction leur est « directement et personnellement imputable ».

Mais comme l'avait invoqué Emmanuel Macron lors de l'affaire Benalla, dans la mesure où il assume de prendre toutes les décisions en tant que président, où il préside dorénavant le Conseil de défense et de sécurité nationale et où, par ailleurs, il n'est tout simplement pas possible d'aller le « chercher », sur l'essentiel tout lui remonte et aucune décision importante ne pourra finalement être directement rattachée à un ministre. Quant au président, il est intouchable.

La boucle est bouclée.

Cela n'est pas en soi condamnable d'imaginer « limiter strictement la responsabilité pénale des politiques » aux seuls cas où le choix de l'inaction leur est « directement et personnellement imputable ». Mais cela ne peut pas non plus se résumer à cela. Le sujet est complexe et doit être examiné à la loupe.

Qui est responsable en dernier ressort ? Et qui sert de fusible ?

Cela repose le problème de l'irresponsabilité du président de la République, qui donne « virtuellement » des instructions aux ministres, qui eux-mêmes se doivent alors de les répercuter. Cela oblige à réfléchir au statut de Premier ministre. Et cela oblige à penser la gouvernance et les responsabilités dans les cabinets ministériels et dans l'Administration. Cela oblige à repenser la fonction de secrétaire général et de directeur de cabinet.

Trop d'instructions sont données oralement, plaçant les hauts fonctionnaires dans l'obligation de les assumer seuls quand d'autres hauts fonctionnaires font ce qu'ils veulent sans en référer au ministre ou à son cabinet. On organise ainsi à la fois l'impunité, les petites lâchetés et le recours au « parapluie ».

Peut-on décemment croire que, dans ces circonstances, ce sont les décisions les plus pertinentes qui sont prises ?

Il faudrait donc, si ce changement d'état d'esprit avait lieu, commencer par définir quelles décisions sont « par nature » imputables directement à un décideur politique. En effet, dans un ministère, des milliers de décisions sont prises chaque jour, sans que cela soit imputable directement au ministre. Mais que dire de décisions majeures prises par lui et qui pourraient finalement ne pas lui être directement rattachées ?

C'est un chantier qui mérite que l'on s'y arrête. Car cet empressement de la classe politique quelle que soit la sensibilité politique – à l'exception notable encore d'Europe Écologie Les Verts (EELV), qui a tenu publiquement des propos différents –, ce réflexe de vouloir systématiquement commenter les décisions de justice après la condamnation d'un homme ou d'une femme politique en estimant que les condamnations ne sont pas pertinentes devient juste insupportable.

Ce qui ne signifie pas nn plus que la justice, au nom de la séparation des pouvoirs, ne peut connaître aucun contre-pouvoir. Et c'est là aussi un chantier à mener. Celui des limites à apporter à tout pouvoir, quel qu'il soit.

Nous avons besoin d'un « Me Too » de l'impunité des hauts responsables politiques comme des hauts fonctionnaires, pour faire éclater le déni en la matière.

L'argument principal souvent souligné est que ce serait indécent de condamner fortement un haut responsable politique du fait même… de l'importance de sa fonction. Que c'est en soi porter préjudice à la fonction elle-même. Vous vous rendez compte ? Un président de la République !

Un Premier ministre ! Être condamné à une peine de prison ferme ! Ce n'est pas décent…

C'est l'argument utilisé par François Fillon ou Nicolas Sarkozy pour se défendre ou encore pour défendre les époux Balkany…

Lorsque Xavier Bertrand explique au 20 h de France 2, le 3 octobre 2021, tout en tenant à préciser qu'il ne commentera pas la décision de justice, que Nicolas Sarkozy ne mérite pas sa condamnation… il pense sûrement alors qu'il est important d'obtenir son soutien politique et que cela vaut bien une petite entorse à ses regrets de voir « les délinquants ne jamais faire un seul jour de prison ferme lorsqu'ils y sont condamnés ».

Nicolas Sarkozy va plus loin encore lorsque, invité de *C à vous*, le 5 octobre 2021, il affirme que « l'exemplarité est contraire à l'État de droit ». Non pas le fait d'être exemplaire, même s'il ne l'a d'ailleurs pas précisé, mais, on le comprend entre les lignes, le fait que sa condamnation n'aurait été prononcée que pour donner l'exemple et dissuader les autres, déformant la réalité pour mieux se défendre, allant jusqu'à évoquer la Cour de justice européenne qu'il envisage même de saisir, « car elle est très importante, et pas seulement pour juger ce qui se passe dans les pays qui ne sont pas des démocraties… » Quel artiste !

Ce sont également les propos incroyables que tiendra Stéphane Richard, interviewé par Léa Salamé[104], sur France Inter le 25 novembre 2021 : « Au-delà de mon cas personnel, je pense que cette affaire doit faire réfléchir tout le monde. On nous dit aujourd'hui que parce qu'on est haut

104. Cet entretien intervient le lendemain d'un arrêt de la cour d'appel de Paris qui condamne Stéphane Richard à un an de prison avec sursis et cinquante mille euros d'amende pour complicité de détournement de fonds publics dans l'affaire de l'arbitrage controversé Bernard Tapie contre le Crédit lyonnais. Il était à l'époque directeur du cabinet de la ministre de l'Économie Christine Lagarde, sous la présidence de la République de Nicolas Sarkozy. Cette condamnation va l'amener à démissionner de son poste de PDG d'Orange.

fonctionnaire à un moment ou parce qu'on est dirigeant d'entreprise, quand il y a un problème, quand il y a une affaire, la justice s'en saisit ou en est saisie, et les sanctions qu'elle prononce sont toujours plus fortes, plus sévères parce qu'on est responsable ou parce qu'on a été haut fonctionnaire que si on ne l'est pas. Moi je trouve que cette expression, "a trahi la confiance du public", qui a d'ailleurs encore été utilisée hier, elle me blesse profondément…

Léa Salamé : — "… a jeté le discrédit sur la haute fonction publique et contribué à l'affaiblissement de l'État."

— Je trouve cela insupportable.

— Vous n'avez pas un devoir d'exemplarité parce que vous êtes haut fonctionnaire ?

— J'ai d'abord un devoir d'efficacité. Quand on sert l'État, quand on sert une entreprise, certes on doit être exemplaire, on doit d'abord être efficace. Et je ne comprends pas ce raisonnement dans lequel finalement quelqu'un qui n'a pas de responsabilité, voire qui est délinquant, un petit trafiquant, un voleur, bon ben lui… il n'a pas de problème, il n'a pas trahi la confiance du public. C'est normal qu'il soit trafiquant ou voleur et donc finalement on va être beaucoup plus indulgent avec lui que quelqu'un qui a pris des responsabilités, qui a pris des risques, qui estime qu'effectivement ce qu'on attend de lui c'est d'abord des actes, des initiatives, des décisions. Et celui-là par contre va être sanctionné plus lourdement… » Raisonnement ahurissant.

Stéphane Richard s'étonne pourtant lui-même dans un premier temps de la légèreté de sa condamnation au vu des attendus, mais dans cet « en même temps » devenu si pratique, il ne comprend pas pourquoi il devrait être jugé plus sévèrement qu'un simple citoyen. Et pour lui, on doit d'abord être efficace avant d'être exemplaire ! Il faut donc être efficace quitte, comme l'a prononcé le juge, à « trahir la confiance du public, jeter le discrédit sur la haute fonction publique et contribuer à l'affaiblissement de l'État » ! Être efficace passe avant tout cela. Il ne définit d'ailleurs pas non plus ce que signifie « être efficace »... Efficace comment ? On peut par exemple être très efficace pour améliorer la trésorerie de son entreprise en ne réglant pas l'Urssaf. Efficace pour quoi et pour qui ? Ça, c'est une autre question, mais elle se pose.

Je suis aussi bien placée pour savoir que les pressions qu'exerce l'Élysée n'ont pas besoin d'être manifestes pour s'appliquer. L'influence subliminale qu'exerce le « château » est un des maux de notre pays. Ce que Nicolas Sarkozy par exemple ne veut pas reconnaître. Ou encore Emmanuel Macron dès 2018 avec l'affaire Benalla. Le déni est facile.

Et c'est bien cela la réalité.

À mes yeux, être responsable politique ne doit absolument pas servir de circonstance atténuante, mais bien au contraire de circonstance aggravante d'autant plus que la fonction est importante. Une femme ou un homme politique engage beaucoup plus que sa propre personne. Il nous représente. Il décide pour nous. C'est bien à un devoir d'exemplarité supérieur à un citoyen ordinaire qu'il doit se soumettre dans l'exercice de ses fonctions. Et non pas à prétendre à l'impunité au nom de l'indécente exclamation si spontanée et impulsive : « La République, c'est moi ! »

Parce que la plupart du temps, une femme ou un homme politique est amené·e à demander des efforts considérables aux citoyens et aux citoyennes.

Parce que tout simplement il ou elle doit donner l'exemple. Il ou elle sera par là même plus respecté·e. Car nous ne pouvons plus nous permettre que se nourrisse une défiance irrémédiable vis-à-vis de nos dirigeants si nous voulons avancer.

Se tromper est humain, mais tout faire pour être le plus exemplaire possible est un devoir.

Chacun d'entre nous étant amené à se fourvoyer, d'autant plus que la pression est grande, nous avons tous besoin de garde-fous. Ne les refusons pas et ne les salissons pas lorsqu'ils existent.

Selon moi, l'irresponsabilité et l'impunité sont en fait les deux maux les plus graves qui abîment la démocratie. C'est à cet immense chantier, celui de l'édification de garde-fous, qu'il faut s'attaquer.

Je partage les propos tenus par Jean-Louis Debré, à qui il était demandé s'il n'y avait pas une judiciarisation excessive de la vie publique avec la mise en examen d'Agnès Buzyn dans une interview donnée au *Point* : « C'est une instance composée de parlementaires ! Ne parlons pas de judiciarisation. Par ce mot-là, on veut remettre en cause la justice. En tant que magistrat, je ne me reconnais pas dans cette cour de justice. La question est de savoir si un ministre est responsable ou pas. On a considéré qu'ils sont responsables politiquement et, parfois, pénalement. Tout cela est encadré par la Constitution. L'acte d'accusation a été rédigé par des parlementaires et la cour, ensuite, n'est pas uniquement composée de juges. Je ne trouve rien d'exceptionnel et d'anormal à cela. Rien ne serait pire qu'une société où les politiques ne répondraient pas de leurs actes. Il n'y a que dans les pays non démocratiques où les hommes ou les femmes qui sont au pouvoir sont intouchables. »

Il faut avoir l'ambition de trouver cet équilibre que d'autres pays, notamment nordiques ou anglo-saxons, ont en partie mieux identifié. La perfection n'existe pas et chaque système a ses travers, mais certains ont su trouver des mécanismes de contre-pouvoirs qui ne paralysent pas la décision.

CHAPITRE 17

Un premier bilan de la crise sanitaire

Dans son discours du 13 avril 2020 à l'adresse des Français, le président de la République a ainsi donné le ton : « Alors, étions-nous préparés à cette crise ? À l'évidence, pas assez », reconnaît-il, pour immédiatement préciser: « mais nous avons fait face en France comme partout ailleurs. Nous avons donc dû parer à l'urgence, prendre des décisions difficiles à partir d'informations partielles, souvent changeantes, nous adapter sans cesse, car ce virus était inconnu et il porte encore aujourd'hui beaucoup de mystères. »

Tout pourrait être ainsi pardonné puisque les éléments de langage sont là : « cette crise était inédite » et par conséquent « il n'était pas possible d'anticiper », « les autres pays n'ont pas fait mieux que nous, voire moins bien ». Et surtout : « nous avons constamment cherché un équilibre entre libertés et contraintes, afin de protéger les Français ».

Nous ne reviendrons pas sur les mensonges qui se sont succédé sur l'utilité ou non des masques et des tests. Pas un seul Français n'est passé à côté des affirmations contradictoires destinées à cacher la pénurie, fruit des politiques « comptables » successives, dénoncées et pourtant poursuivies par Emmanuel Macron, sans faiblir. Nous en sommes à la cinquième vague… et rien n'a véritablement changé malgré les promesses.

Selon une étude du ministère de la Santé, publiée le 29 septembre 2021, 5 758 lits d'hospitalisation complète ont été supprimés en 2020 alors que la France faisait face à la Covid-19.

La Covid-19 n'a pas non plus interrompu la réduction des capacités hospitalières. Le pays compte désormais moins de trois mille hôpitaux et cliniques. « Sous l'effet des réorganisations et des restructurations », 25 établissements publics et privés ont fermé en 2020, a également recensé la direction de la recherche, des études, de l'évaluation et des statistiques (Drees), à l'origine de l'étude.

Malgré les mots qu'Emmanuel Macron a prononcés devant les Français, le 13 avril 2020 : « Sachons, dans ce moment, sortir des sentiers battus, des idéologies, nous réinventer – et moi le premier », on va pourtant décider de continuer, plus vite et plus fort. Les actes n'ont jamais été aussi éloignés des faits, mais le plan de relance est là pour distribuer des milliards d'euros, prenant la relève du « quoi qu'il en coûte » du plan d'urgence sans avoir pour autant conduit la moindre évaluation digne de ce nom.

Les milliards d'euros annoncés donnent le tournis. La manière dont ils seront engloutis ne fera l'objet d'aucun débat au Parlement à la différence de la plupart des pays européens.

Nous parlons effectivement dorénavant en milliards d'euros. Alors un ou deux milliards d'euros de plus, à quelques mois des élections présidentielles…

A-t-on changé quoi que ce soit dans la gouvernance ? Absolument rien. A-t-on tenu les promesses de revivifier la démocratie ? Non.

Ce n'est pas moi qui le dis, c'est Roland Lescure lui-même, député, président de la commission des Affaires économiques à l'Assemblée nationale, porte-parole de La République en marche, qui l'avoue[105] : « Il faut reconnaître qu'on s'est cassé les dents sur la technostructure. On a une vision grandiloquente du service public à la française, dont on sait qu'il est très dispendieux, pour une qualité de service qui n'est pas à la hauteur. Pour moi, la devise des Gilets jaunes, c'est : "Je n'en ai pas pour mon argent." Il y a des sources d'efficacité de l'action publique dans lesquelles nous n'avons pas été assez performants. Sans doute parce que nous avons voulu lancer les réformes très vite et qu'on n a pas suffisamment interrogé la gouvernance de l'Administration, qui est complexe. Il y a quelques étages de trop dans le millefeuille. Le deuxième mandat d'Emmanuel Macron sera, j'espère, un premier mandat au carré, où l'on va transformer davantage. »

Oubliant qu'il aurait été essentiel d'en faire le premier des chantiers de ce quinquennat et non le grand chantier du mandat d'après. Oubliant que la crise sanitaire ne peut être invoquée pour prétendre ne pas avoir repensé la gouvernance. Si le premier semestre de l'année 2020 a été celui de la sidération, les mois qui ont suivi et l'année 2021 auraient dû être entièrement consacrés à inventer et mettre en place la gouvernance du futur. Mais c'est oublier qu'Emmanuel Macron et Alexis Kohler sont des émanations de la technostructure, qu'ils ont montré, malgré toutes les promesses faites, à quel point ils étaient finalement

105. « Roland Lescure : "On s'est cassé les dents sur la technostructure" », propos recueillis par Jérôme Cordelier et Mathilde Siraud, *Le Point*, le 29 septembre 2021.

incapables d'imaginer comment en sortir et innover. Qu'il leur était surtout impensable que d'autres puissent être meilleurs qu'eux.

Roland Lescure poursuit : « La réforme des institutions est elle aussi un rendez-vous manqué. » Rien de moins… c'est l'échec impossible à dissimuler: « Il faudra la remettre sur le tapis », avoue Richard Ferrand. Roland Lescure continue et précise : « On se rend compte qu'une majorité pléthorique peut être un handicap puisque les oppositions n'ont pas l'impression d'être suffisamment imposantes pour peser. C'est ce qu'on nous reproche : l'absence d'écoute, le pouvoir absolu. »

Comment faire à nouveau confiance alors que ces deux échecs, tragiques, sont avoués publiquement par un des principaux lieutenants de la campagne pour 2022 d'Emmanuel Macron ? Comment faire confiance alors que ces deux renoncements conditionnent tout le reste ?

Sans démocratie vivante, sans gouvernance intelligente, en présence d'une verticalité sans garde-fous, nous n'atteindrons jamais les objectifs que nous fixons d'élection en élection. Il faut en prendre conscience, alors que tout dans la prochaine campagne des présidentielles nous invite à ne pas penser et que des candidats, surgis du vide qui a été ainsi créé, surfent sur nos inquiétudes et nos angoisses du futur, sans proposer aucun chemin.

La crise sanitaire a permis de mettre en lumière l'ensemble des dysfonctionnements de notre pays, et du même coup, les travers de nos dirigeants. Celles et ceux qui sont à la tête de la France aujourd'hui ne sont certes pas comptables du passé, mais depuis cinq ans ils ont montré que de nouveaux visages ne signifiaient pas un nouveau logiciel… Cette capacité d'anticipation et d'adaptation à une situation inédite et changeante, cet « équilibre » qui aurait été « trouvé », formule tant de fois répétée dans l'hémicycle, et dont se revendique Emmanuel Macron, sont des leurres.

Un équilibre aurait ainsi été trouvé entre libertés et protection de la santé ? Des protocoles sanitaires inapplicables annoncés la veille de la rentrée des classes le 2 janvier 2021 seraient une illustration de cette capacité d'anticipation et d'adaptation ?

Ce à quoi nous avons assisté diffère de ce résumé bien huilé. Je ne m'attarderai donc que sur trois symboles de l'échec de cet équilibre qui a été constamment affiché, mais jamais sincèrement et véritablement recherché.

Suivons la chronologie des événements.

Le premier, c'est l'application StopCovid, rebaptisée TousAntiCovid, qui est le symbole de « ce qui n'a pas marché mais qui n'est pas non plus un échec », comme a tenu à le souligner le président de la République dans un de ses « en même temps » favoris. StopCovid a été pourtant dans un premier temps à la fois un échec technologique et la plus grande vitrine de la défiance des citoyens, avant d'être rebaptisée TousAntiCovid et de devenir un passage obligé du pass sanitaire.

Parce qu'elle n'a pas été téléchargée et utilisée par un nombre suffisant de Français, cette application qui se définissait comme une « brique » de la politique de dépistage (tester, tracer, isoler), seul dispositif à même d'enrayer une épidémie, a donc raté son objectif principal, comme le président l'a lui-même reconnu. Par défiance, et c'est humain, les personnes contaminées déclaraient très rarement leurs cas contact. Surtout à l'époque où la majorité évoquait l'éventualité de placer les personnes en isolement obligatoire assorti en cas de non-respect de contraventions au montant astronomique. Tout pour créer la confiance et inciter à donner le nom de ses contacts... Elle est donc devenue en fait une application numérique dont la seule véritable utilité se résume maintenant à la possibilité pratique d'y reporter ses résultats de tests et de télécharger le QR code de son pass sanitaire puis, on le verra, le pass vaccinal, qui peuvent pourtant tout autant l'être sur d'autres applications.

En effet, bien d'autres fonctions de nos smartphones permettent de télécharger notre pass sanitaire ou vaccinal en nous faisant prendre moins de risque vis-à-vis de nos données personnelles. Mais qui en fait la promotion ?

Car il faut par ailleurs savoir que l'ensemble des données de traçage collectées étaient centralisées sur un serveur. Le système va évoluer avec TousAntiCovid et le protocole Robert : le journal des contacts est crypté et décentralisé dans les téléphones, puis la déclaration Covid+ est envoyée sur une base centralisée qui est ensuite régulièrement interrogée sur les téléphones, le rapprochement se fait alors via les contacts de l'utilisateur. À la différence des applications développées dans d'autres pays comme l'Allemagne, où le système est entièrement décentralisé. Dans ce cas, ce sont uniquement les smartphones qui communiquent entre eux et aucune information n'est envoyée vers une plateforme centralisée. Mais qui sait cette différence ?

Par ailleurs l'incitation à télécharger notre pass sanitaire via l'application TousAntiCovid relève à ce titre des meilleures techniques de persuasion qui laissent peu de place au libre arbitre. Pour la plupart d'entre nous, pass sanitaire et application TousAntiCovid sont liés.

Une habitude est prise.

La tribune que j'ai faite dans le journal *L'Opinion*[106] reste d'une cruelle actualité et mettait déjà en lumière l'échec annoncé de la politique de dépistage et les risques de cyber-attaque.

Deuxième symbole de cet échec, l'obligation de recourir à un pass sanitaire dont les modalités contraignantes

---

106. Voir note 100, page 283.

n'assurent plus l'égalité de traitement des citoyens puisqu'il est exigé lors de tâches qui peuvent s'avérer quotidiennes et conduira à priver des enfants de sport ou de culture. Une décision annoncée brutalement le 13 juillet 2021, remettant en cause toutes les promesses passées, et à laquelle les esprits ont donc été loin d'être préparés. Surprenant les anti-vaccins comme les pro-vaccins. Une « obligation » en pratique de se vacciner, à la veille des vacances d'été souvent programmées depuis longtemps, à la sortie de plusieurs mois de pénuries de doses de vaccins, après des atermoiements sur le vaccin AstraZeneca et au lendemain de l'ouverture à la vaccination.

Ajoutons à cela les injonctions contradictoires, les doutes émis en son temps par un président qui déclarait pourtant en décembre 2020 ne pas vouloir vacciner à tout prix.

Et pourquoi renoncer à fracturer alors que cela a démontré jusque-là que ça renforçait ce fameux noyau dur qui, espère-t-il, semble lui garantir une place au second tour des prochaines présidentielles ?

D'ailleurs, Gabriel Attal, avec toute sa bienveillance habituelle, enfoncera le clou au lendemain de manifestations anti-pass sanitaire, en déclarant tout en nuances qu'il y a « une France laborieuse et volontariste, qui veut mettre le virus derrière elle et travailler. Elle est largement majoritaire. » Et puis qu'« il y a une frange capricieuse et défaitiste, très minoritaire, qui se satisferait bien de rester dans le chaos et l'inactivité[107] ».

Suffisance et indifférence… On est donc loin des déclarations d'Emmanuel Macron dans une interview fin avril 2021, lorsqu'il évoquait l'arrivée du pass sanitaire, insistant sur le fait que cet outil « ne sera jamais un droit d'accès qui différencie les Français », qu'il « ne saurait être obligatoire pour accéder aux lieux de la vie de tous les jours

107. « Gabriel Attal : "C'est soit la vaccination générale, soit le tsunami viral" », propos recueillis par Jannick Alimi et Rosalie Lucas, *Le Parisien*, le 17 juillet 2021.

comme les restaurants, théâtres et cinémas, ou pour aller chez des amis[108] ».

Le président ajoutait même que c'était « juste et ça ne fracturera pas le pays ».

Ce qui est « juste » en termes éthiques aux yeux du président de la République fin avril, pour ne pas fracturer, ne l'est ainsi plus trois mois après.

Lorsqu'il s'agit de troquer cette sincérité pour une autre sincérité, la justification change.

Il s'agit dorénavant que « le choix des non-vaccinés ne pèse pas sur celui des vaccinés ».

Alors on choisit, un peu lâchement, de rendre le vaccin indirectement et insidieusement « obligatoire » en France à travers, dans un premier temps, le pass sanitaire qui conditionne une grande partie de nos libertés et l'accès de toutes et tous au sport et à la culture. Une décision doublée de l'annonce de la fin du remboursement des tests, qui aggrave une fois encore la fracture sociale et met à mal le triptyque sur lequel repose la politique de dépistage : « tester, tracer, isoler ». L'Allemagne est de son côté repassée à la gratuité des tests, une fois confrontée à la cinquième vague pour nous, la quatrième pour eux.

Du fait de l'échec de la stratégie de vaccination dite « par étapes » et du développement de ce sentiment profond de défiance, au gré des « sincérités » successives du président de la République qui mettent ministres, parlementaires et citoyens dos au mur, il y aura donc bien une France dont la fracture s'aggrave.

La prolongation du pass sanitaire jusqu'à l'été 2022 sera votée le 5 novembre 2021, faisant ainsi disparaître

108. Interview donnée au *Parisien* et à la presse quotidienne régionale. Rosalie Lucas, « Pass sanitaire, restaurants, couvre-feu… L'interview d'Emmanuel Macron », *Le Parisien* [en ligne], le 29 avril 2021.

toute contrainte de revenir entre-temps vers le Parlement pour rendre des comptes. Soit pendant plus de neuf mois, enjambant ainsi la campagne électorale. Et laissant les clés de la maison sur la porte pour lui ou pour son successeur.

Un état d'urgence sanitaire qui perdure et qui remet profondément en cause le rôle du Parlement, un pass sanitaire qui perdure et dont les modalités remettent en cause l'égalité de traitement entre les citoyens. Une forme de séparatisme institutionnalisé qui se creuse et que le pass vaccinal viendra sceller quelques mois plus tard. Parions que nos libertés ne seront plus jamais de la même « intensité » qu'avant la crise.

Mais l'autre vraie question est : avons-nous fait preuve d'une véritable capacité d'anticipation et d'adaptation ? Avons-nous tout fait pour créer la confiance ?

Ce qui est vrai, reconnaissons-le, c'est que l'on peut très difficilement anticiper ce que l'on ne connaît pas encore. Notre esprit a tout simplement du mal à le concevoir.

Mais tout se joue à quelques mois près, à quelques semaines près, voire à quelques jours près. On aurait pu adopter une attitude qui ressemble à de l'anticipation, chercher à être le plus transparent possible, partager les décisions, éviter les injonctions contradictoires, les demi-vérités, les mensonges et les incohérences. Construire ainsi un lien de confiance. Ce qui aurait démontré une capacité à être un homme ou une femme d'État, en faisant des choix qui transcendent les « intérêts » personnels de court terme, comme ceux que caractérise une échéance électorale, notamment les élections municipales, puis les régionales et la Présidentielle.

Par ailleurs, nous sommes dans un monde où « s'adapter en marchant » ne suffit plus.

Des vies auraient pu être épargnées, le système de santé et les soignants auraient pu être soulagés, la défiance aurait pu reculer.

Nous savons que des erreurs sont possibles, qu'il n'y a pas de baguette magique et que personne n'est infaillible. Mais nous devons aussi avoir la garantie que la motivation et les objectifs poursuivis par ceux qui nous dirigent transcendent les intérêts personnels, quelle que soit leur nature. Nous devons être assurés que le moyen et le long terme vont primer avant tout, sans quoi nous ne pouvons obtenir le moindre résultat, la moindre avancée.

Or c'est uniquement sur la confiance que peuvent se bâtir des politiques efficientes.

CHAPITRE 18

Le pass vaccinal

Une étape supplémentaire va être franchie. Fin décembre 2021, le choix a été fait de recourir au « pass vaccinal ». Celui-ci a été présenté par le ministre de la Santé comme une obligation vaccinale « déguisée ». Ce pass est sans aucun doute le troisième symbole de l'échec de l'équilibre entre protection et liberté. Le plus frappant est le moment choisi. Ce que nous savons maintenant, c'est que les vaccins disponibles n'empêchent pas la circulation du virus ni la contamination. Ils n'ont d'ailleurs jamais été conçus pour cela. En revanche, ils protègent des formes graves, y compris celles provoquées par le variant Delta qui circulait encore en décembre 2021.

J'ai choisi à titre personnel de défendre la vaccination, non pas comme la seule solution ni la solution miracle, mais comme un des moyens d'affronter, jusque-là, efficacement l'épidémie, comme on l'a vu. Je sais les conséquences de la Covid-19, l'ayant attrapée en mars 2020, avec de surcroît une forme longue, et des effets très perturbants qui se font toujours sentir plusieurs mois après. Jamais donc je ne les minimiserai. En janvier de cette année 2022, je suis à nouveau testée positive et c'est effectivement très différent. Omicron ressemble davantage à une grippe ou à un gros rhume. Mais jusqu'à cette fin d'année 2021, c'était loin d'être une simple « grippette ».

Cela dit, la vaccination doit rester un choix individuel. Et ce choix doit être libre et éclairé, il ne peut être un choix imposé et aveugle, ne souffrant aucun débat ni aucune prise en compte des situations, des évolutions et tout simplement de la réalité. Il est donc impératif que la vaccination repose avant tout sur la confiance en donnant un accès à toutes les informations ou, tout du moins, à celles sur lesquelles s'est reposé le président de la République – président du Conseil scientifique – pour décider. Les décisions qu'il a retenues comme celles qu'il a écartées. Par ailleurs, les vaccins ont, nous le savons maintenant, une efficacité très limitée dans le temps.

Or face à cette cinquième vague avec le retour du variant Delta et l'arrivée du variant Omicron, Emmanuel Macron, qui avait expliqué lors de son intervention devant les Français le 13 avril 2020 qu'il fallait « se réinventer », qui a confessé plus récemment que « les petites phrases qui blessent empêchent d'avancer[109] », qui a déclaré avoir appris et vouloir « mieux aimer les Français », a pris la décision, dans la foulée de ses promesses, de ne surtout rien changer. Et de frapper plus fort encore en stigmatisant les personnes non vaccinées, faisant peser sur leurs épaules le poids de tous les maux, y compris ceux accumulés depuis des décennies à l'hôpital.

C'est pourtant dans ce changement de comportement, moins de certitudes, plus de prudence, moins de demi-vérités, plus de partage de données et d'informations, plus de bienveillance et d'empathie, que l'on attendait le président au lendemain de ses vœux. Mais c'est oublier ce qu'Emmanuel Macron a confié en mai 2018 dans un entretien à *La Nouvelle Revue française*, qu'il « hait l'exercice consistant

109. Propos tenus par Emmanuel Macron, interviewé sur TF1 par les journalistes Audrey Crespo-Mara et Darius Rochebin, le mercredi 15 décembre 2021.

à expliquer les leviers d'une décision ». Ce qui est un aveu terrifiant en démocratie. Et ce qui n'est pas rassurant.

Le 3 janvier 2022, nous sommes donc dans l'hémicycle, contraints d'examiner les modalités d'une mesure qui s'avère à nouveau être une mesure inefficiente et potentiellement liberticide. Une de plus. Je décide d'intervenir et d'interpeller le ministre de la Santé en ces termes : « Monsieur le ministre, je fais partie de celles et ceux qui pensent que la vaccination lorsqu'elle est efficiente est nécessaire et indispensable. Mais je fais aussi partie de celles et ceux qui pensent que cela ne peut se faire "quoi qu'il en coûte", au prix d'une telle fracturation de la société et d'une telle stigmatisation des personnes non vaccinées en en faisant les uniques responsables des déprogrammations à l'hôpital. Et alors que beaucoup d'entre eux sont des soignants. Que cela ne peut se faire en confiant aux restaurateurs des pouvoirs de police, dont ils ne veulent d'ailleurs pas. Je pense que la véritable question qui se pose est de savoir si, aujourd'hui, un tel pass vaccinal est nécessaire ou pas sur le plan sanitaire. Car c'est bien aussi le timing de son utilité qui est discutable. Et c'est sur ce timing que j'aimerais vous interroger, monsieur le ministre.

» On sait que le variant Omicron échappe largement à l'efficacité des deux premières injections. Que la troisième dose est en revanche un véritable booster. Mais qu'après dix semaines, comme l'a indiqué l'agence sanitaire britannique, on assiste à une baisse très significative de la capacité neutralisante de la troisième dose, donc de son impact sur les formes graves.

» Or le pic de la vague Omicron est prévu pour la troisième semaine de janvier.

» On sait que l'intérêt du vaccin n'est pas de freiner la contamination. Ce sont d'autres mesures qui le permettent ; l'intérêt du vaccin est de lutter contre les formes graves et d'éviter ainsi d'encombrer les hôpitaux. Les personnes de plus de soixante ans ou atteintes de comorbidités ont été appelées à recevoir une troisième dose le 1er septembre. Une campagne spécifique a été réalisée dans les EHPAD à partir du 13 septembre. Même si l'on prend un mois ou un mois et demi de marge (tout le monde n'a pas été vacciné le 1er septembre), le vaccin n'est plus efficace pour ces personnes et le sera encore moins dans les deux semaines qui viennent.

» Ne pensez-vous pas qu'au lieu de proposer aujourd'hui un pass vaccinal dont l'efficacité sera quasi nulle pour les personnes les plus vulnérables pourtant vaccinées qui ont le plus de risques de se retrouver en réanimation ; qu'au lieu de poursuivre un objectif purement conceptuel et compétitif, celui du pays qui aurait vacciné au-delà des autres, quelle que soit l'efficacité du vaccin sur le variant, aurait-il mieux valu proposer une quatrième dose aux personnes déjà vaccinées de plus de soixante-cinq ans et aux personnes les plus vulnérables ?

» À moins que vous estimiez, seul, contre les études scientifiques, que l'efficacité de la troisième dose dépasse les dix semaines ? À moins que vous estimiez d'ores et déjà qu'une nouvelle injection pour ces personnes ne servirait à rien puisque Omicron produit moins de formes graves ?

» Vous pariez d'ailleurs vous-même sur l'immunité naturelle collective, comme vous l'avez dit hier dans le *JDD*[110].

» Donc, monsieur le ministre, à quoi sert vraiment de proposer, aujourd'hui, cette obligation vaccinale, que vous assumez de qualifier de "déguisée", si sur le plan strictement sanitaire le vaccin actuel perd son efficacité face au variant, qu'aucune quatrième dose n'a été proposée aux personnes vulnérables, que si elle était proposée si ce texte était adopté, ce serait déjà trop tard, le pic de la vague

110. Voir *Le Journal du dimanche* du 2 janvier 2022.

Omicron ayant été franchi, alors qu'aucun nouveau vaccin adapté n'est pour le moment disponible ? Je comprends bien que ne pas proposer de quatrième dose serait avouer que vous comptez sur l'immunité naturelle collective, rendant ce pass vaccinal totalement inutile... »

Je n'aurai aucune réponse à mes questions pendant toute la discussion sur le texte. Je les ai pourtant posées à trois reprises dans la semaine. D'autres les ont reprises sans plus de succès.

La réponse, le président de la République va de fait l'apporter d'une manière indirecte à travers sa fameuse interview[111] au *Parisien* le 4 janvier 2022 : « Nous mettons une pression sur les non-vaccinés en limitant pour eux, autant que possible, l'accès aux activités de la vie sociale. [...] C'est une toute petite minorité qui est réfractaire. Celle-là, comment on la réduit ? On la réduit, pardon de le dire comme ça, en l'emmerdant encore davantage. Moi, je ne suis pas pour emmerder les Français. Je peste toute la journée contre l'administration quand elle les bloque. Eh bien là, les non-vaccinés, j'ai très envie de les emmerder. Et donc on va continuer de le faire, jusqu'au bout. C'est ça, la stratégie. Je ne vais pas les mettre en prison, je ne vais pas les vacciner de force. Et donc, il faut leur dire : à partir du 15 janvier, vous ne pourrez plus aller au restau, vous ne pourrez plus prendre un canon, vous ne pourrez plus aller boire un café, vous ne pourrez plus aller au théâtre, vous ne pourrez plus aller au ciné... »

Le président de la République a ajouté dans cette interview au *Parisien* cette sentence définitive et ces propos glaçants concernant les non-vaccinés : « Quand ma liberté vient menacer celle des autres, je deviens un irresponsable.

111. « Europe, vaccination, présidentielle... Emmanuel Macron se livre à nos lecteurs », propos recueillis par Olivier Beaumont, David Doukhan, Pauline Théveniaud, Henri Vernet et Marcelo Wesfreid, *Le Parisien*, le 4 janvier 2022.

Un irresponsable n'est plus un citoyen. » S'empressant de préciser d'ailleurs les concernant qu'« en démocratie, le pire ennemi, c'est le mensonge et la bêtise ». Comme si ces deux travers n'étaient pas largement partagés, y compris par les personnes vaccinées.

En focalisant l'attention sur le pass vaccinal, Emmanuel Macron a refusé depuis des semaines d'envisager d'autres mesures de bon sens comme le recours aux masques FFP2, dans certaines conditions, la mise en place de capteurs de CO_2 dans les écoles, et en premier lieu le réarmement général de l'hôpital. Il a refusé tout effort ciblé sur les personnes vulnérables ou âgées. Il a refusé la territorialisation. En Bretagne par exemple, les taux de vaccination dépassent allègrement les 90 %.

En résumé, le président a renoncé à affronter la complexité et a choisi la brutalité d'une mesure inefficiente, mais qu'il imagine payante sur le plan électoral. Alors que d'autres pays subissaient la double vague Delta et Omicron avant nous, il a refusé toute forme d'anticipation. Celle qui aurait permis de travailler en amont, avant Noël, sur des protocoles sanitaires partagés, permis à chacun de prendre les mesures d'accompagnement adéquates, afin d'éviter de provoquer des déprogrammations dans des hôpitaux déjà exsangues, d'épuiser davantage les personnels soignants, les enseignants, les parents d'élèves, d'enchaîner protocole sanitaire sur protocole sanitaire pour être soi-disant « au plus près du terrain ».

Conséquences : désorganisation à l'école, engorgement des pharmacies et des laboratoires, files d'attente, délais s'allongeant dans l'obtention des résultats des tests, dégradation de la qualité des résultats, encombrement de l'assurance maladie et du site SI-DEP[112] (j'ai moi-même reçu les

112. SI-DEP (système d'information de dépistage) : plateforme sécurisée où sont systématiquement enregistrés les résultats des laboratoires de tests Covid-19. Elle permet de s'assurer que tous les cas positifs sont bien pris en charge.

résultats d'une autre personne). Engorgements à répétition obligeant à assouplir les protocoles sanitaires et à utiliser des autotests peu fiables.

Tout cela en visant l'immunité naturelle qui pourrait être liée au variant Omicron, sans jamais l'avouer pour ne pas compromettre « en même temps » la pertinence tant répétée du pass vaccinal. En effet la nouvelle souche venue d'Afrique australe pourrait servir de rappel naturel, de « vaccin » contre les autres variants à la létalité plus grande.

Et le président ne s'est toujours pas décidé à évoquer les possibilités de traitements alors qu'ils existent et qu'ils peuvent aussi contribuer à soigner très tôt des personnes infectées et éviter ainsi le développement de formes plus graves. Pas un mot sur les traitements classiques possibles, lors des allocutions télévisées répétées.

Où est la cohérence ? Où est passé l'objectif sanitaire ? Que signifie « être responsable » ?

Il ne s'agit pas de prévoir ce que l'on ne peut pas connaître mais, à quinze jours près, d'anticiper grâce à ce que l'on sait des autres pays, et de dire ce qui est, plutôt que d'instrumentaliser les peurs.

Le président de la République a fait le choix, comme il l'avoue, de « continuer » à fracturer en stigmatisant les non-vaccinés. Or les conséquences de ces décisions et de ces nouvelles petites phrases sont beaucoup plus graves. Des lignes rouges ont été franchies.

Ce qui se dessine, c'est – et le mot n'est pas trop fort – le bannissement social de ces citoyens. Leur invisibilité sociale est programmée. Pour le président, la sentence est déjà tombée puisque à ses yeux ce sont des « irresponsables » qui ne sont déjà plus des citoyens.

Les personnes non vaccinées ne font pourtant rien d'illégal puisque le président a décidé de fuir « bien naïvement » sa propre responsabilité.

Ces citoyennes et ces citoyens, qui le restent quoi qu'en ait décidé le président, sont donc ainsi condamnés sans débats contradictoires, sans jugements.

La déshumanisation est subrepticement à l'œuvre, créant un peu plus de « séparatisme », un peu plus de souffrance, de colère, de désarroi.

Je ne suis pas favorable à la vaccination obligatoire dans ce cas précis, car comme l'a indiqué l'Organisation mondiale de la santé, qui s'est opposée à l'obligation vaccinale dès décembre 2020, « l'obligation de la vaccination est un dernier recours absolu et n'est applicable que lorsque toutes les autres options possibles pour améliorer la couverture vaccinale ont été épuisées ». Et elle a précisé qu'« il faut tenir compte de l'effet que la vaccination obligatoire pourrait avoir sur la confiance du public, ainsi que sur l'adhésion à la vaccination ». Tout est dit.

Il faut aussi savoir que nous sommes toujours en phase clinique expérimentale. La dernière phase, la phase 3, se terminera le 27 octobre 2022 pour Moderna et le 2 mai 2023 pour Pfizer.

Mais pour un président qui veut « contraindre » les réfractaires à se faire vacciner car ces personnes seraient à ses yeux seules responsables, à l'hôpital, des déprogrammations d'autres opérations et de l'engorgement des lits de réanimation, sa propre logique aurait dû le conduire à mettre en place la vaccination obligatoire. Et en conséquence de ne pas faire d'accroc au principe de l'égalité de traitement des citoyens. Mais Emmanuel Macron n'a bien sûr pas assumé de prendre cette responsabilité juridique. Même si je ne suis pas sûre qu'avouer une « obligation déguisée » l'exonère à terme de ses propres responsabilités.

Des libertés sacrifiées sans qu'une vraie stratégie sanitaire de long terme, plus structurante, ait vraiment été mise en place depuis des mois. Chaque jour la crédibilité et l'acceptation des décisions prises sont entamées. Aussi parce qu'elles sont prises, à nouveau, par un homme seul, dans le huis clos d'un conseil de défense.

Où sont les garde-fous ? Il n'y en a plus aucun de solide lorsque à l'approche des législatives 2022 les députés de la majorité s'inquiètent pour leur investiture, à laquelle ils savent qu'ils devront renoncer s'ils manquent aux « envies » du président et font le moindre faux pas.

Certains me disent, les Français sont « réfractaires », « on ne pouvait pas faire autrement ». Je réfute totalement cet argument pour une seule raison. Non pas parce que nous ne le serions pas, mais parce que le président a toujours fait le choix d'apeurer les Français au lieu de les rassurer, pour mieux cliver et imposer. En mars 2020, nous étions « en guerre » et, il y a encore peu, Omicron était présenté par le gouvernement comme un « tsunami », « une lame de fond » qui allait tout entraîner sur son passage et imposait de réduire un peu plus nos libertés pour nous « protéger ».

Emmanuel Macron n'a jamais essayé un autre chemin.

Mais il est aussi possible que ce pass vaccinal imposé « quoi qu'il en coûte » et cette interview intempestive soient une provocation de trop.

Des voix étiquetées comme « responsables » commencent à s'élever. Éric Caumes, infectiologue à l'Hôtel-Dieu, qui n'avait rien trouvé à redire au pass sanitaire, ne peut masquer son désarroi dans les colonnes de *L'Express* le 19 janvier, soulignant qu'« emmerder les gens, ce n'est pas une politique de santé publique[113] ». Il ajoute : « Je suis contre le pass vaccinal pour la population générale. C'est clivant sur le plan humain,

113. « Éric Caumes : "Emmerder des gens, ce n'est aps une politique de santé publique" », propos recueillis par Victor Garcia.

inapproprié sur le plan terminologique et inutile vu la circulation incontrôlable et la moindre gravité d'Omicron… Ce pass vise à forcer les récalcitrants à se vacciner, sauf qu'une seule injection ne suffit pas, il en faudra une deuxième vingt et un jours plus tard : avec ce délai, la vague d'Omicron sera quasiment terminée. À Paris, le pic est probablement passé et il passera ailleurs autour de mi-février. » Il poursuit : « On peut estimer que l'épidémie retombera partout en France avant la fin de février. Sauf si un nouveau variant préoccupant émerge d'ici là. La vague hospitalière devrait, elle, se terminer aux alentours de la mi-mars… Et je parie qu'Emmanuel Macron en profitera pour annoncer son entrée en campagne présidentielle. La campagne électorale aura été escamotée par la campagne pour le pass vaccinal ». Là encore, tout est dit.

La majorité, très fière du « succès » du pass sanitaire, célèbre déjà celui attendu du pass vaccinal. Comme l'unique objectif dans les deux cas est d'augmenter la vaccination en rendant dans un premier temps plus difficile l'accès à des activités sociales, sportives et culturelles, puis dans un deuxième temps en l'interdisant tout simplement, il est clair que de ce point de vue là, il y aura une certaine efficacité…

Et comme si le pass vaccinal ne faisait d'ailleurs qu'« embêter » les non-vaccinés. Emmanuel Macron oublie que ce sont bien tous les Français qui seront « embêtés » par les désorganisations liées aux protocoles sanitaires, par les vérifications de « concordance entre les éléments d'identité », que ce sont des citoyens comme les cafetiers et les restaurateurs qui vont devoir contrôler d'autres citoyens, qu'une épée de Damoclès pèse sur les entreprises.

Ainsi il est aisé de comprendre que l'objectif n'est effectivement plus sanitaire, mais avant tout électoral.

CHAPITRE 19

Que choisir ?

Certaines et certains diront qu'en montrant cette réalité que j'ai vécue, en mettant de la lumière sur ce qui est et a été, j'ai nourri par vases communicants le discours de Marine Le Pen ou d'Éric Zemmour sur la « technocratie ».

Je pense que celles et ceux qui se réclament pourtant du rationalisme ont hélas entretenu un décalage entre le conceptuel et le réel, et ont contribué ainsi à inoculer dans notre société le poison de la discorde et de la division.

Je pense que Marine Le Pen et Éric Zemmour sont les symptômes de cette terrible maladie qui nous gangrène, celle de la déshumanisation de l'autre.

L'arrivée d'Éric Zemmour dans le champ politique, la banalisation de son discours et sa fulgurante ascension n'ont fait qu'aggraver le mal. Mais il lui préexistait.

Je connais Éric Zemmour comme toutes celles et ceux qui l'ont connu et fréquenté comme journaliste au *Quotidien de Paris* puis au *Figaro*. J'ai peu d'exemples concrets que j'aurais vécus qui pourraient nous éclairer sur ses ressorts personnels.

Des détails pourraient me conduire à une analyse personnelle, mais je ne ferai référence ici qu'à ses propos, qui ne sont pas sortis de leur contexte, comme il a l'habitude de s'en défendre lorsqu'on les lui rappelle. Il s'agit en l'occurrence d'une très longue interview donnée sans pression à Thinkerview[114] qui fait suite notamment au drame de l'été 2021 en Afghanistan. À la question que lui pose le journaliste au sujet de l'accueil en France de réfugiés qui risquent la mort dans leur pays, la réponse d'Éric Zemmour tombe limpide et froide : « Je pense qu'on ne tend pas la main à des gens qui vont nous remplacer. [...] C'est nous qui allons crever si on leur tend la main. Donc il faut choisir. [...] Nous devons sauver notre civilisation. Voilà. Notre devoir, pour l'humanité, c'est de sauver notre civilisation qui fait partie de la diversité humaine... »

C'est la sérénité avec laquelle cette sentence est prononcée, avec laquelle ces choses atroces sont dites, ce terrible raccourci entre les causes et les conséquences, le prétendu lien avec l'Histoire, qui lui permet ainsi de franchir un nouveau cap. Et ce sont ces mêmes mots que s'empressera de réutiliser Jordan Bardella, le porte-parole de Marine Le Pen. Le mal est fait.

La déshumanisation de l'autre, sur laquelle Éric Zemmour s'appuie pour répondre aux inquiétudes des Français, est d'une efficacité redoutable.

Cette réponse ne fait pourtant que cacher la réalité : nous ne pourrons jamais nous sauver ni sauver nos enfants si nous refusons d'humaniser l'autre, qui n'est au fond que nous-mêmes, si nous refusons d'éliminer les causes de nos propres maux, si nous refusons d'en faire un devoir et une mission, si nous refusons de faire notre part.

114. Thinkerview est une chaîne sur YouTube qui propose des entretiens avec tous les acteurs de la société.

Éric Zemmour, Marine Le Pen savent se nourrir des peurs, des fatigues et des inquiétudes. On entend souvent dire qu'ils proposent des solutions inefficientes mais qu'ils auraient raison sur le fond. À mes yeux, ils ne font pas non plus le bon diagnostic. Faisant passer les symptômes pour les causes.

Les thèmes portés par Marine Le Pen et Éric Zemmour, omniprésents dans le débat politique, ne sont pas la cause mais bien la conséquence de nos impuissances réelles et de nos sentiments d'impuissance. S'il y a vase communicant, c'est bien là qu'il se situe. Les réponses que ces deux candidats proposent sont simplistes, sans prises sur le réel, et malheureusement reprises pour certaines par des candidats qui se disent raisonnables et responsables, que l'on appelle « républicains » ou même « En Marche ». Et ainsi, ces deux candidats, chacun à leur manière, peuvent donner l'illusion que certaines de leurs solutions sont les bonnes, prétextant que c'est uniquement parce qu'elles n'auraient pas été mises en œuvre que l'on en serait là et que les sentiments d'insécurité culturelle se propagent.

Ce sont pourtant souvent celles-là mêmes et ceux-là mêmes qui ont initié une forme de séparatisme en construisant ou laissant se construire des ghettos, pour des raisons différentes suivant les bords politiques, qui évoquent aujourd'hui l'échec de l'intégration et proposent encore plus de séparatisme au sein de la société pour contrer le séparatisme ! Il y aurait ainsi un bon et un mauvais séparatisme. Ils nous proposent de renforcer ce qu'ils dénoncent en inversant les causes et les effets.

Et Valérie Pécresse n'est pas en reste lorsqu'elle nous propose de ressortir le Kärcher[115]. Ni Emmanuel Macron

115. Réutilisant une expression de Nicolas Sarkozy et à la veille d'une visite dans les Bouches-du-Rhône et le Vaucluse, Valérie Pécresse a affirmé vouloir « ressortir le Kärcher de la cave » pour « nettoyer les quartiers » dans un entretien à *La Provence* le 5 janvier 2022 (François Tonneau, « Présidentielle 2022 – Interview exclusive de Valérie Pécresse (LR) : "Je vais ressortir le Kärcher de la cave" »).

lorsqu'il fait des non-vaccinés des non-citoyens et fait reposer sur eux tous les maux de la crise sanitaire.

Chacun son séparatisme, sa brutalité et son mépris, sa détestation de l'autre…

Entretenir dans les mots une guerre stérile et mortifère entre « progressistes » et « nationalistes », entre vaccinés et non-vaccinés nourrit ce séparatisme que l'on prétend combattre. Et c'est l'absence de résultats concrets au quotidien, de perspectives, d'émancipation possible et d'amélioration de la vie de la majorité de nos concitoyens, le recours aux vérités successives, aux injonctions contradictoires qui nourrissent ce que l'on prétend combattre.

Le séparatisme, quelle que soit sa nature, nourrit le séparatisme et les identitaires de tous bords. Chacune des idéologies le fait à sa manière. L'une donnant naissance aux autres. Elles se nourrissent entre elles. C'est un cercle vicieux, un cycle infernal.

Si je n'ai pas évoqué de personnalités de gauche dans ce tableau, c'est que, ne les ayant pas fréquentées de près, je ne peux les raconter. Mon livre est un livre de l'intérieur. J'ai pu néanmoins côtoyer une gauche plutôt caviar et très loin d'être exemplaire à la région Île-de-France. Même si j'ai apprécié Jean-Paul Huchon, qui a toujours respecté les personnes, y compris ses adversaires politiques. J'ai été en revanche profondément choquée de l'instrumentalisation de causes humanitaires et des petites lâchetés de certains des principaux dirigeants du groupe socialiste à l'Assemblée nationale, et en premier lieu Olivier Faure. Un Olivier Faure dont je ne raconterai pas ici toutes les basses manœuvres d'un autre temps, mais qui a, entre autres vicissitudes, demandé à l'ensemble des députés socialistes de retirer leur signature de ma proposition de résolution concernant les Ouïghours, s'appuyait sur un arrêt de 2007 de la Cour de justice internationale, visant à rendre contraignant pour la France « en cas de connaissance de risque sérieux de commission d'actes de génocide, de mettre en œuvre tous les moyens qui sont raisonnablement à sa disposition en vue d'empêcher le génocide ».

Mon ami de tous les combats, y compris sur le sujet de la fin de vie, Jean-Luc Romero, et mon amie Geneviève Garrigos, à la mairie de Paris, m'ont fait quant à eux l'amitié de m'accompagner sur ce chemin.

Mais ces petites lâchetés accumulées ne peuvent que nous détourner d'un Parti socialiste qui s'est par ailleurs vidé de sa substance et dont les dirigeants ont fait de leur impuissance à traduire les bonnes intentions et les belles paroles dans la réalité leur marque de fabrique. Je voudrais toutefois épargner ici Bernard Cazeneuve.

Je suis profondément choquée de l'attitude de Raphaël Glucksmann, qui m'a également refusé son soutien sur cette même résolution et sur la proposition de loi que j'ai soumise et qui a été discutée dans l'hémicycle dans la niche de mon groupe, le groupe Libertés et territoires, le 4 février, ce jour symbolique de l'ouverture des Jeux olympiques à Pékin. Une proposition de loi visant au respect des principes éthiques en matière de dons d'organes par nos partenaires non européens. Un premier acte concret, pas seulement symbolique, qui obligerait notamment nos hôpitaux et nos centres de recherche, dont la plupart ont passé des conventions de coopération avec les hôpitaux chinois, à un devoir de vigilance effectif.

La majorité a pour sa part déposé des amendements de suppression de l'ensemble des articles de ma proposition de loi alors que les preuves documentées s'accumulent.

Quant à Jean-Luc Mélenchon, ce qu'il est capable de défendre avec une énergie décuplée, c'est justement l'indéfendable.

J'ai été pendant trois ans membre de la commission des Affaires étrangères et des affaires européennes de l'Assemblée nationale. Je n'ai pu aborder ici ce que j'ai défendu dans ce domaine et ce que je pense de la politique étrangère de la France. Pour le faire dignement, c'est un autre livre qu'il faudrait faire, pour décrire notre abandon de l'Afghanistan, notre soutien systématique apporté à des dirigeants qui foulent de leurs pieds la démocratie, notre complaisance, quand ce n'est pas notre soutien aux régimes égyptien et saoudien et bien d'autres encore.

Comme si ce modèle de démocratie à la carte et à géométrie variable développé dans le but de contrer l'influence d'autres puissances était un modèle pour l'avenir et ne nous préparait pas au pire. Comme si l'image de la France et les valeurs qu'elle représente, qui fondent une partie de notre puissance, étaient immuables. Comme si cet héritage précieux qui nous a été confié ne pouvait jamais être dilapidé. Comme si le ressentiment contre la France et les Français ne prenait pas une certaine ampleur, exagérée, certes, mais reposant aussi et malheureusement sur la base de réalités constatées qui ne peuvent que nourrir ce que l'on prétend redouter et combattre. Et à mes yeux, s'il est un marqueur indélébile qui traverse tous les bords politiques, c'est bien celui de l'attitude, du comportement, que nos responsables politiques en général, les candidates et les candidats à l'élection présidentielle en particulier, choisissent d'adopter face aux ambitions claires et affichées de la République populaire de Chine, et des décisions qu'ils sont prêts ou non à prendre, et des actes qu'ils n'accomplissent pas pour éviter le pire.

Dans un article particulièrement édifiant, intitulé « Atrocités et génocide au tribunal ouïghour : quatre jours pour ébranler le monde ? », Cloé Drieu, chercheuse au CNRS, fait un relevé précis des auditions organisées par le tribunal, dont je reprends un extrait :

Au Xinjiang, sur les 11,3 millions de Ouïghours et 2-3 millions de musulmans turcophones (kazakhs et kirghizes notamment) et hui, entre un et deux millions ont été ou sont internés depuis 2017 dans des structures de natures diverses, pour des durées allant de quelques jours à la perpétuité, en vertu de la "politique anti-terroriste" menée par le Parti communiste chinois. Il s'agit de centres de rééducation et de prisons, souvent associés à des camps de travail, qui sont tous des lieux de violences physiques et psychologiques, parfois de tortures, de viols et probablement de prélèvements forcés d'organes. La société non internée est également touchée par cette répression politique massive et omniprésente : caméras de surveillance et collecte de données biométriques ; séparation parents/enfants, internats et orphelinats ; contrôle des naissances par le recours à la stérilisation forcée (la présence des dispositifs intra-utérins implantés par chirurgie peut faire l'objet d'une vérification tous les trois mois) ou par le recours à l'avortement forcé, pratiqué jusqu'au huitième mois de grossesse ; destruction des cimetières musulmans, des mosquées et des sites culturels ou transformation de ces derniers en restaurants, bars et entrepôts ; interdiction de parler ouïghour, de pratiquer sa religion ; sinisation par les mariages forcés et intrusion régulière et persistante de membres du parti dans les foyers qui partagent la vie quotidienne… […] Les autorités et les chercheurs chinois parlent quant à eux d'« optimisation » ou de « rationalisation » de la structure de la population, de « dilution de l'élément ethnique », d'une « structure ethnique déraisonnable », de populations « à l'histoire criminelle » ou à « l'énergie négative », de populations « désirables » et « moins désirables », ou encore de la nécessité de « résoudre le problème humain[116] ».

Pourtant, pour Éric Zemmour sur Thinkerview, « c'est une nouvelle resucée d'un affrontement classique ». Quant

116. Cloé Drieu, « Atrocités et génocide au tribunal ouïghour : quatre jours pour ébranler le monde ? », *AOC*, le 7 juillet 2021.

à Marine Le Pen, elle est absente sur tous ces sujets et ne doit pas être loin de penser la même chose. Jean-Luc Mélenchon va plus loin encore.

Lors de son interview sur Thinkerview le 21 janvier dernier, il a tenu à préciser que le mot « génocide » concernant les Ouïghours n'est pas employé par les ONG comme Human Rights Watch et Amnesty International. Il est vrai que ces deux ONG refusent d'utiliser le mot de génocide concernant les Ouïghours, mais Jean-Luc Mélenchon ne prononce pas plus les mots de « crimes contre l'humanité » perpétrés au cœur de la République populaire de Chine alors que ces deux ONG les ont pourtant largement dénoncés et documentés.

Il est soudain épris d'un pointillisme juridique auquel il ne nous a pas habitués.

Pour défendre le régime chinois, il est prêt à tout. Y compris à mentir, espérant que personne ne s'en apercevra. Comme lorsqu'il prétend le 23 novembre 2020 dans l'hémicycle que « Taïwan a créé une base de données à côté de laquelle le pass sanitaire est une douce plaisanterie ». Selon lui, « cette base de données permet de suivre jour après jour toute personne ayant été contaminée et d'intervenir policièrement si elles mettent leur téléphone sur le mode avion ». Et de poursuivre : « si c'est la méthode que vous préconisez contre la contamination, ayez le courage de dire que c'est ce que vous voulez en France ! »

Pour affronter la crise sanitaire, contrairement à ce qu'affirme Jean-Luc Mélenchon, à Taïwan, il n'y a eu aucun traçage numérique, il n'y a même pas eu de confinement (l'expérience due au SRAS en 2003 et l'insularité ont été des « atouts » dont nous ne disposions pas). Il n'y a pas eu non plus besoin de recourir à la vaccination obligatoire ou déguisée, car les citoyens ont confiance en leurs dirigeants et Taïwan ne cherche pas à atteindre un pourcentage hors normes de couverture vaccinale. Et il n'y a eu pour autant qu'une centaine de morts et un taux de croissance qui n'est jamais passé en dessous de la barre des 2 %, qui a même déjà remonté jusqu'à 6 %.

Un mensonge fait donc sans états d'âme. En revanche, ce que décrit Jean-Luc Mélenchon, c'est bien, comme on le sait, un des multiples rouages du système mis en place par la République populaire de Chine. Un système de surveillance généralisée et de crédit social.

Mais Jean-Luc Mélenchon a d'ores et déjà fait son choix, il plie devant la puissance d'un pays de 1,4 milliard d'habitants, dirigé d'une main de fer par le Parti communiste chinois, et renonce à tout faire pour protéger un territoire souverain de 23 millions d'habitants qui peut nous servir d'exemple en matière d'avancées démocratiques. Protéger Taïwan, c'est aussi nous protéger.

Jean-Luc Mélenchon dénonce l'escalade à laquelle les Américains se complairaient du simple fait que leurs capacités militaires sont aujourd'hui encore bien supérieures et dans le seul but de préserver leur puissance.

Mais il refuse d'entendre les paroles de Xi Jinping prononcées sans ambiguïté le 3 janvier 2018, devant 7000 soldats qui étaient rassemblés pour ses vœux et alors que 4000 sites militaires chinois étaient connectés pour écouter son discours : « Ici, je donne mes ordres : l'armée, à tous les niveaux, doit renforcer l'entraînement militaire et se préparer à la guerre. Il faut imposer un esprit martial et ne pas avoir peur ni des épreuves, ni de la mort. »

Mais pour Jean-Luc Mélenchon, c'est une histoire entre Chinois.

Jean-Luc Mélenchon comme Éric Zemmour sont figés dans une lecture du passé.

Ils n'ont pas compris que rien ne se répète jamais vraiment de la même façon.

Mais ce déni est si confortable. Jean-Luc Mélenchon ajoute : « Nous sommes capables d'être indépendants, quiconque nous touche un cheveu sera détruit. C'est pour ça qu'on a une dissuasion nucléaire. »

Concernant la Chine, Valérie Pécresse est, quant à elle, dans le « *business as usual* ». Sur le modèle d'un Emmanuel Macron qui, lui, rêve à cette puissance renouvelée que lui donnerait une coopération accrue avec la Chine en 2018. C'est Jean-Pierre Raffarin, l'incontournable VRP de la République populaire de Chine qui a « cornaqué » le voyage d'Emmanuel Macron en Chine en 2018. Claude Leblanc, dans un article de *L'Opinion*, nous rappelle ainsi que le président de la République « espère se mettre en position d'interlocuteur privilégié vis-à-vis de Xi Jinping », et se voit en « référent européen ». Il souligne que cette approche s'inscrit dans la durée, qu'elle s'accompagne également d'une « montée en gamme » dans les domaines pour lesquels la France souhaite créer des partenariats de coopération avec la Chine. « À l'Élysée », on « met l'accent notamment sur l'intelligence artificielle ». Un des domaines où préserver notre souveraineté est pourtant devenu essentiel.

« Les questions sensibles comme celles sur la situation des droits de l'homme seront bien sûr abordées, mais en tenant compte de la "sensibilité chinoise". » Tout est dit.

Valérie Pécresse n'est donc pas en reste puisqu'elle affiche fièrement une coopération dynamique avec la

République de Chine. On peut ainsi lire sur le blog Les Amis français du PCC[117] :

« Pécresse accueille Wan Gang, le ministre de la Science et de la Technologie du PCC, à Paris. »

« Pécresse veut “multiplier les accords de coopération entre établissements français et chinois ».

« Pécresse ouvre la XIIIe session de la Commission mixte scientifique et technique franco-chinoise à Paris ».

« Accords bilatéraux issus en partie de cette XIIIe session de la Commission mixte scientifique et technique franco-chinoise ».

« Pécresse en visite en Chine pour y rencontrer Wan Gang, le ministre de la Science et de la Technologie du PCC. »

« À l'occasion de la visite de Xi Jinping à Paris, Pécresse fait visiter Carmat (entreprise spécialisée dans le biomédical et les cœurs artificiels dans les Yvelines) aux Chinois. »

« Jérôme Pécresse, le mari de Valérie Pécresse, alors vice-président d'Alstom, signe un accord stratégique (centrales électriques) entre Alstom et China Datang Corporation. »

« Pécresse signe un accord entre la région Île-de-France et la ville de Pékin, ainsi qu'avec la province du Zhejiang. »

« Pécresse inaugure la nouvelle banque chinoise Bank of Communications (BoCom) à Paris »…

Pas une seule parole à ce jour, de la candidate sur un système de répression et de surveillance généralisée et sur la violation des droits humains.

Quant à Emmanuel Macron, il fait du « en même temps ». D'un côté, il se voit contraint depuis quelques mois de dénoncer un système de violences systématiques, de répression et de surveillance généralisée, et de l'autre,

117. lesamisfrancaisdupcc.wordpress.com/valerie-pecresse.

il est urgent de ne rien faire pour que cela cesse. Il a ainsi affirmé qu'un boycott purement diplomatique des Jeux olympiques d'hiver de Pékin serait une mesure « toute petite et symbolique », se cachant derrière la nécessité d'une position commune européenne et d'une action internationale. On peut attendre très longtemps.

Une mesure si « petite » et si « symbolique » qu'il ne serait donc pas capable de la prendre seul ?

Une attitude de discrétion à laquelle il ne nous avait pas habitués.

Dans le sillage des Américains et des Britanniques, la ministre des Affaires étrangères allemande, Annalena Baerbock, a bien annoncé qu'elle ne s'y rendrait pas.

Un tragique « en même temps » où l'on voit le 20 janvier le président du groupe En marche, Christophe Castaner, expliquer dans l'hémicycle qu'adopter la proposition de résolution reconnaissant un génocide perpétré contre le peuple ouïghour, c'était ici, « au cœur de la République, assumer de délivrer un message politique ».

Tout en ajoutant qu'il s'agissait de le faire « sans dénoncer globalement un État » et « sans le montrer du doigt ». Laissant tragiquement entendre ainsi qu'il ne s'agissait ni de faire cesser un génocide en cours, ni d'en condamner les auteurs.

Le 24 janvier, le président de l'Assemblée nationale, Richard Ferrand, s'est quant à lui profondément déshonoré en retirant de l'ordre du jour, sur des bases infondées en droit, une proposition de résolution que j'avais déposée et qui invitait le gouvernement à se reposer sur le seul dispositif juridique pouvant contraindre un État à agir afin de prévenir des actes de génocide.

Enfin le ministre des Affaires étrangères, Jean-Yves Le Drian, bien décidé à « boycotter » l'Assemblée nationale, a ainsi toujours brillé par son absence, à chaque fois qu'un texte ayant un lien avec la Chine était discuté dans l'hémicycle.

Un tel aveuglement laisse bouche bée, se tromper volontairement ainsi sur les intentions de la Chine concernant le reste du monde est consternant alors qu'il est clair qu'elle veut nous rendre dépendants, nous asservir et imposer un nouvel ordre mondial et un nouveau modèle de société à la planète entière.

C'est un Munich du XXIe siècle que nous proposent Emmanuel Macron, Valérie Pécresse, Éric Zemmour, Marine Le Pen et Jean-Luc Mélenchon.

Non, la Chine et les États-Unis ne sont pas simplement deux puissances qui se confrontent. Et quel que soit ce que l'on peut légitimement reprocher aux Américains, aux excès de leur propre modèle, et quelle que soit notre envie de tracer une troisième voie, qu'on le veuille ou non, c'est bien deux modèles de société qui s'affrontent. Et s'il y en a un qui fait froid dans le dos, c'est bien celui dont le laboratoire est la région autonome ouïghoure du Xinjiang.

Il est tout simplement inconcevable pour moi d'apporter un quelconque soutien à un candidat ou une candidate qui refuse d'ouvrir les yeux sur ce qui se passe à plus de dix mille kilomètres de chez nous, ou qui, au-delà des mots vides de toute substance qui s'enchaînent, refuse de prendre les mesures qui s'imposent pour prévenir le pire.

C'est le cœur de notre démocratie et tout simplement notre futur qui sont en jeu.

Il est de notre devoir de tracer clairement des lignes rouges et de prendre toutes les mesures qu'il est raisonnablement en notre pouvoir de prendre.

Nous ne pourrons pas dire que nous ne savions pas.

Alors vers qui se tourner ?

Avec Yannick Jadot, que j'avoue ne pas connaître personnellement, nous nous sommes retrouvés sur le soutien au peuple ouïghour, et avons partagé des initiatives pour demander le gel du projet d'accord d'investissement de l'Union européenne avec la Chine et pour nous assurer du respect des principes éthiques des dons d'organes par nos partenaires non européens.

Ce sont des combats d'une autre nature menés ensemble avec Julien Bayou – que j'ai cotoyé pendant longtemps sur les bancs du Conseil régional d'Île-de-France –, contre l'optimisation fiscale agressive pratiquée par des entreprises intervenant dans le secteur de la vieillesse et de la dépendance, EHPAD et assurances-vie, sur l'opacité de la traçabilité de leurs investissements. Sur les conséquences des investissements réalisés par des institutions publiques françaises aux côtés de fonds d'investissements étrangers sur la souveraineté nationale et le respect des engagements internationaux de la France.

Ce sont des réponses affligeantes ou des questions sans réponses posées au gouvernement sur l'information judiciaire visant le maintien d'un avantage fiscal pour la Société générale dans l'affaire Jérôme Kerviel. Alors que le Code général des impôts pose notamment comme condition que les entreprises n'aient pas de responsabilité dans la fraude, à travers des défaillances de contrôle ou des carences manifestes.

Nous sommes ensemble encore encore dans cette longue bataille pour mettre un terme à la réalisation de la ligne du « Charles-de-Gaulle express », un projet pharaonique, au coût démesuré, déjà dépassé, ou plutôt tout droit sorti du passé, qui impacterait l'environnement et le transport au quotidien de Franciliens s'il voyait le jour. Pour toutes ces raisons, j'ai apporté mon soutien à Julien Bayou lors des élections régionales.

Au cours de cette mandature, nous nous sommes entraidés. Cela pèse énormément dans la balance lorsque l'heure est venue de faire les comptes et que d'autres sur les bancs de l'Assemblée ont toujours refusé ce « partage », au nom de « consignes de groupe » sorties d'un autre âge.

J'ai quitté toute étiquette politique, et je ne rejoindrai plus jamais un parti politique, mais j'assume donc dans ce livre, au moment de conclure, de parrainer et soutenir le candidat Yannick Jadot, et avec lui celles et ceux avec qui j'ai mené des combats de cœur et qui ont été fidèles à ces derniers. Yannick Jadot a commencé à dévoiler ses grandes lignes directrices dans le *JDD* du 2 octobre 2021. Je ne connais pas encore l'ensemble de son programme à l'heure où j'écris ces lignes. Mais je sais qu'il a une approche politique des problèmes, qui s'attaque aux causes. Une approche qui passe par le fait de « déprésidentialiser » notre régime, avec un président qui se recentrera sur quelques missions : « être le garant de l'État de droit, des libertés fondamentales et de la protection du climat ».

« L'Assemblée nationale, élue à la proportionnelle avec parité totale à l'arrivée et non plus seulement dans les candidatures, deviendra le cœur battant de la démocratie. Avec, au lieu du couple exécutif, un nouveau couple formé par le président de la République et la présidente de l'Assemblée nationale, un binôme paritaire dans l'équilibre des pouvoirs. »

Une démarche innovante et très intéressante sur laquelle il va falloir s'engager quelles que soient les difficultés. Une volonté d'associer dès maintenant, et non après avoir été élu, les citoyens à cette réflexion sur les moyens de faire vivre la démocratie.

Yannick Jadot a pris clairement position sur la nécessité de sortir à terme du nucléaire et d'en accompagner la transition à tous les niveaux. Il a le courage de le faire au moment où beaucoup d'autres candidats ne voient dans le nucléaire que l'énergie décarbonée qui de fait nous fera atteindre plus vite les objectifs fixés au niveau européen, ce qui suffirait à justifier une fois encore des décisions de court terme, sans imagination. En fermant les yeux sur les multiples autres conséquences pour la planète et pour nous-mêmes d'une telle décision, de la sécurité à l'enfouissement des déchets. D'Emmanuel Macron à Éric Zemmour et Marine Le Pen, c'est à qui construira le plus de centrales nucléaires, symboles prétendus de notre puissance et de notre souveraineté.

Un nouveau déni est né, et il aura la vie longue.

CHAPITRE 20

Alors que faire et surtout comment faire ?

Il sera extrêmement difficile de rendre accessibles la complexité et la diversité des enjeux dans une campagne assez névrotique tournée vers les idéologies identitaires donc paradoxalement « communautaires » qui rassurent en surface.

Il s'agit bien d'une épidémie mondiale créée par le virus de la déshumanisation qui ne cesse de muter, présentant des formes diverses selon les pays, créant des variants de plus en plus résistants…

Peut-on accepter que le seul vaccin que l'on nous propose soit celui de la « radicalité » – que l'on prétend confondre avec le courage et la détermination – et de la « polarisation » ? À combien d'injections en sommes-nous alors que le mal ne fait qu'augmenter ?

Que deviennent celles et ceux qui risquent leur vie, amalgamé·es au terme « flux migratoire », les sans-abri, les personnes croisées dans une gare qui « ne sont rien » parce qu'elles n'ont pas « réussi » ? Éloignées de « l'émancipation républicaine », ces personnes qui dans la difficulté « font mal » alors que d'autres « feraient bien ». Ces personnes qui ont été déclarées à la fois « irresponsables » et par conséquent « non citoyennes » car non vaccinées.

Il n'y a, à mes yeux, qu'un seul vaccin efficace contre ces maux que l'on prétend combattre, c'est celui qui nous fait renouer les liens, qui nous rapproche de la souffrance de l'autre pour la comprendre.

Pour sortir de cette société des identités qui ne peuvent que s'affronter, il est essentiel de renouer avec ce qui fait l'essence de notre humanité, et d'accepter le fait que nous soyons toutes et tous relié·es.

Il ne s'agit pas de nous résigner à ne faire que sublimer le modèle de l'universalisme des valeurs – qui existe de moins en moins dans les faits –, ni de nous résigner à ne faire qu'inscrire nos grands principes dans le marbre de résolutions de l'ONU jamais appliquées ou dans des rapports d'experts qui restent sur les étagères… Spécialement sous ce quinquennat, nous sommes devenus des champions des déclarations et des bonnes intentions et cela semble donner bonne conscience à la majorité présidentielle.

Lorsque l'on veut prendre des responsabilités politiques, diriger, ou « être aux manettes », il est temps d'accepter de quitter une partie de son confort personnel et de se confronter à la souffrance de l'autre, de l'éprouver. Car commencer à comprendre, c'est bien se donner une chance de trouver la réponse et d'atterrir dans la réalité.

Cela n'empêche nullement le pragmatisme, bien au contraire. Car il ne s'agit pas non plus de gouverner à l'émotion. Le monde n'est pas parfait et l'ignorer serait suicidaire, mais au moins acceptons d'être transparents, d'expliquer, de débattre et ne nous cachons pas derrière des demi-vérités. Refuser de le faire aujourd'hui, c'est aggraver l'addition que nous aurons à payer dans le futur.

Il convient de tout tenter pour combler le fossé qui se creuse entre gouvernants et gouvernés. À ce phénomène s'ajoute celui d'une certaine communication et d'une manipulation d'éléments de langage.

Les lois sont devenues souvent et depuis longtemps des moyens de communication. Qu'importe si elles sont applicables ou pas. Le phénomène ne fait que s'aggraver.

C'est l'exemple de la « loi sur la laïcité » devenue « loi contre le séparatisme » puis « loi pour la préservation des principes républicains » alors que la Constitution dit déjà tout ! Avec ce genre d'initiative, on donne le sentiment d'agir. Le malaise de la société vient de ces législations inappliquées, inapplicables ou inefficientes.

Et le mal est plus profond encore.

Pour ne pas perdre ce contact, nous devrions, ministres ou députés, avoir conscience de la souffrance de chacun et non la nier.

Sur le sujet de la colonisation, par exemple, il est important de reconnaître ce qui est, de demander pardon. Le faire n'est pas un acte de faiblesse, bien au contraire, c'est faire preuve d'une grande force. Et ce qui est essentiel par-dessus tout c'est de ne surtout pas avoir les pardons sélectifs.

Nous avons colonisé des pays, des territoires, nous avons fait venir des personnes de ces pays chez nous, nous les avons tout d'abord parquées puis, magnanimes, nous avons laissé les familles se retrouver, au nom du regroupement familial, mais en privilégiant la création de ghettos. Nous avons pendant tant d'années freiné toute forme d'intégration à grande échelle. Et nous nous surprenons, nous nous indignons des conséquences de nos indifférences successives. Quels que soient les « bienfaits » qui ont pu bien sûr être apportés individuellement par les uns ou les autres et que l'on ne peut pas nier, la colonisation est ni plus ni moins le fait d'occuper un espace qui n'est pas le sien et de le mettre sous tutelle. Le minimum est de le reconnaître et de demander pardon pour cela.

Il n'y aura alors plus matière pour d'autres à instrumentaliser les mémoires ou les causes, à se repaître sur le dos des vraies victimes qui, elles, paient un lourd tribut, instrumentalisée par les uns, stigmatisée par les autres.

Ceux qui refusent de pardonner et ceux qui instrumentalisent les causes sont les deux faces d'une même pièce.

Il est grand temps de sortir de cette prison mentale en faisant le premier pas, celui du pardon.

Malheureusement, le président s'est éloigné de cet engagement pris en février 2017 et qui m'avait aussi conduite à le soutenir plus fort encore alors qu'on prétendait qu'il baissait dans les sondages après avoir pris un tel risque.

Quatre ans après, il enterre en quelque sorte le rapport Stora[118] en ne reprenant que quelques mesures symboliques. Un rapport et des préconisations dont il imaginait naïvement que le régime algérien allait les accueillir à bras ouverts. Ayant oublié entre-temps de se retourner vers ces Français d'origine algérienne qui en France attendent aussi de comprendre. Celles et ceux qui, français, en sont arrivés à se dire pourtant arabes, algériens, marocains, tunisiens, avant d'être français.

Emmanuel Macron imagine qu'en négociant avec le président algérien il peut s'exonérer du lent travail de réconciliation sur le terrain. Un président « vexé » que sa main tendue vers le pouvoir en place ne soit pas chaudement accueillie et qui renonce alors au temps long et ne voit plus en

118. Chargé en juillet 2020 par le président de la République de dresser un état des lieux juste et précis sur la mémoire de la colonisation et de la guerre d'Algérie, l'historien Benjamin Stora a remis son rapport en janvier 2021.

l'Algérie que le pays de la « rente mémorielle ». Une attitude opportune qui lui permet de nourrir ce fameux noyau dur de son électorat, qui depuis son élection s'est considérablement déplacé vers la droite. Comme si une « rente mémorielle » ne se nourrissait pas de notre refus de faire le premier pas, ne prospérait pas sur le refus du pardon.

Emmanuel Macron, comme tant d'autres – de Valérie Pécresse à Éric Zemmour en passant par Marine Le Pen –, refuse que la France « s'excuse » pour la colonisation, avec la peur au ventre d'ouvrir le débat sur les réparations. Comme s'il y avait un autre moyen d'avancer.

Pour revenir sur la question de la laïcité et des religions, la nature profonde de toutes les religions, celle qui les relie entre elles, est l'amour inconditionnel qui appelle l'amour du prochain. Et s'il y a une différence entre les religions, c'est entre ces principes et ce que les hommes en font. Et pour ceux qui ne sont pas croyants, l'essence de la vie repose sur l'amour de la part d'humanité profonde qu'il y a en chacun de nous et que l'on a sécularisée sous l'appellation de « droits humains ».

Nous oublions tout cela au nom du soi-disant « réalisme », alors que c'est tout simplement oublier cela qui n'est pas réaliste.

Il y a une part de « divin », de « mystère » en chacun de nous qu'il faut respecter d'abord en soi-même et de là chez les autres, quelle que soit son expression.

Je fais partie de celles qui pensent que porter un foulard peut être une liberté et que cette liberté est aussi respectable que celle de ne pas souhaiter en porter ou d'y voir uniquement un symbole d'asservissement.

Il y a mille et une autres manières d'asservir les femmes.

Mais à celles qui défendent le port du voile, je dis aussi qu'elles ne doivent pas oublier que pour des millions de femmes dans le monde, le foulard est le signe d'une véritable oppression ou d'une pression sociale qui s'exerce, y compris dans notre pays. Il faut donc protéger la liberté de ne pas en porter.

Et éviter toute instrumentalisation de part et d'autre de ce débat autour du foulard.

Je parle bien de foulard, le hijab par exemple, et non de voile, et il n'est bien sûr question ici ni de burqa ni de tchador.

Je me battrai toujours pour ma part contre l'invisibilisation de la femme, tout ce qui voile le visage ou le corps d'une femme afin qu'elle ne ressemble plus à rien, comme l'a si bien raconté Mariame Tighanimine, dans son livre *Dévoilons-nous*[119].

Or si d'un côté cette liberté de porter un foulard est niée et sanctionnée, de l'autre, le principe d'égalité peine à s'incarner. Très souvent les accrocs à ces deux principes, liberté et égalité, sont portés là où se sont formés des ghettos et donc des communautés.

Sans prendre notre part de responsabilité, nous ne pourrons reconstruire.

Cela n'a rien à voir avec une quelconque culture de l'excuse et de la repentance. Séparer responsabilité individuelle et collective, c'est être honnête intellectuellement, c'est reconnaître les faits. Perdre le sens de cela, c'est perdre le sens de la réalité.

Et c'est ce à quoi nous assistons : à la perte de contact avec la réalité, avec l'enchaînement inéluctable des causes et de leurs effets.

Et si nous menons à juste titre des campagnes pour lutter contre les addictions et les dépendances psychologiques dérivées de l'alcool, de la drogue, etc., luttons-nous

119. Éditions de l'Olivier, Paris, 2021.

contre cette affreuse dépendance psychologique qu'est l'abus de pouvoir de quelques-uns au détriment des autres, quelle que soit la nature de ce pouvoir ?

Éviter de diviser, tenter de rassembler, de convaincre, être à l'écoute et partir du terrain pour décider au plus près et au plus juste, c'est aussi le devoir de ceux qui nous gouvernent.

Liberté citoyenne

J'ai longtemps hésité, mais j'ai décidé d'assumer de proposer un chemin, guidée par ce message qu'Auguste Rodin a voulu transmettre dans un long testament qu'il voulait laisser à l'humanité : « Ce qui est profondément vrai pour un homme l'est pour tous. »

J'ai décidé de créer « Liberté citoyenne », pour celles et ceux qui pensent que la liberté est tout aussi précieuse que la responsabilité. Il ne s'agit pas d'une initiative politique qui se voudrait isolée, mais qui se conçoit comme un des maillons d'une dynamique qui devrait être bien plus grande.

Tout le monde a le mot « liberté » et le mot « responsabilité » à la bouche. Et ces mots sont souvent instrumentalisés.

J'aimerais pour ma part que se réunissent celles et ceux qui pensent que pour faire vivre ensemble liberté et responsabilité, qu'elles s'incarnent dans la réalité, l'élaboration de garde-fous à tout pouvoir quel qu'il soit, j'insiste sur le « quel qu'il soit », est indispensable.

Cela passe à mes yeux par deux impératifs, et vous les connaissez maintenant.

Le premier impératif est celui de l'exemplarité. Car sans exemplarité, pas de confiance ni de force d'entraînement. Pas non plus d'atterrissage possible dans le réel.

Le deuxième impératif est celui de la méthode, de la rigueur et de la loyauté : s'obliger à dire ce qui est, à reconnaître l'existence de l'autre, sa dignité, s'obliger à dessiner un chemin, à se doter d'outils concrets et de critères d'évaluation qui permettent d'atteindre les objectifs fixés. Et surtout s'y astreindre sans relâche.

Retrouver d'une part la détermination et l'abnégation du temps long. D'autre part, décider d'accompagner dans la réalité, au quotidien, ce temps long, s'y astreindre, pour que les êtres humains y trouvent leur place et ne soient pas sacrifiés à des lendemains qui, prétendument, chanteraient et qui se dérobent sans cesse.

D'autres pays l'ont fait. Certains, comme les pays nordiques ou des « territoires souverains » comme Taïwan, sont des modèles dont nous pourrions au moins nous inspirer.

Quand on sait que Taïwan a vécu sous une dictature militaire pendant trente ans, cela montre à quel point la résilience est possible. Il s'agit en effet maintenant d'une démocratie très avancée qui vit pourtant d'un côté sous la menace quotidienne des séismes géologiques, de l'autre sous la menace de son géant voisin, la Chine. Je m'y suis rendue en décembre 2021. Il s'agit d'une démocratie où les référendums d'initiative populaire rythment la vie politique, où les fausses informations sont combattues ensemble par les citoyens et les journalistes. Un territoire de 23 millions d'habitants qui s'est donné un agenda à la fois ambitieux et crédible pour sortir des énergies fossiles dont il est à ce jour fortement dépendant.

Un territoire où l'on ne cache pas la vérité, avec un ministre de la Santé qui fait une conférence de presse chaque jour depuis le début de la crise sanitaire, et où il est demandé aux citoyens de se prononcer sur des sujets majeurs aussi différents que le recours à l'énergie nucléaire ou le rythme des élections. Les Français seraient eux aussi moins « réfractaires », si on leur disait le plus possible la vérité – pas seulement celle qui arrange –, si on leur demandait plus souvent leur avis et si l'on empruntait le même chemin qu'eux, si l'on ne se précipitait pas pour prendre des décisions, par facilité et par confort.

Aujourd'hui, nous partageons toutes et tous le sentiment diffus que nous sommes emmenés là où nous n'avons pas envie d'aller. Un sentiment partagé alors même que nous ne souhaitons pas toutes et tous aller au même endroit.

Je suis donc profondément convaincue que l'on ne peut plus user d'artifices, de simples outils de communication, si l'on veut éviter le pire. Si l'on veut apaiser les tensions et les passions, on ne peut plus faire semblant, au risque de les exacerber.

Certains font volontairement semblant. D'autres sont convaincus de savoir. D'autres encore sont traversés par les deux approches. Vous les reconnaîtrez, si vous tentez l'exercice.

Or sans motivation profonde, sans volonté de redonner une véritable dynamique à la démocratie, de la force à une pluralité de pouvoirs, des garde-fous à leur exercice, nous allons droit sur l'iceberg.

Alors que faire au-delà des bonnes intentions et du commentaire ?

Du caractère essentiel de la méthode

Il ne s'agit pas de prétendre tout inventer à nouveau. Plus personne ne peut plus croire à celle ou à celui qui prétendra faire advenir un « nouveau monde » en lui signant un chèque en blanc. Et pour cela, d'autres sont de plus en plus prêt·es à se jeter dans les bras de celles et ceux qui prétendent pouvoir « conserver » le monde d'avant, devenu un monde idéalisé et sublimé, qui n'a pourtant jamais existé. Ils ne proposent en réalité qu'affrontements identitaires perpétuels et exponentiels.

Pour garantir l'exemplarité et limiter l'impunité, la méthode est essentielle.

La confiance ne peut se construire qu'en apportant des preuves pratiques de sa volonté de faire une place essentielle à l'exemplarité de ne jamais fuir ses responsabilités.

Et comme personne n'est infaillible, il est nécessaire de mettre en place des alertes et nous devons impérativement nous poser les bonnes questions pour nous assurer de notre propre exemplarité et pour mettre en place tous les garde-fous qui nous protègent de nos propres travers.

Il ne s'agit pas d'exiger pureté et transparence absolue – ce qui serait tout simplement l'enfer et conduirait à détruire ce que l'on prétend défendre – mais de se rappeler que personne n'est à l'abri d'abuser du pouvoir.

Nous avons un devoir de tout mettre en œuvre pour tendre vers l'exemplarité. Cela nécessite en premier lieu une certaine motivation. Sans motivation, il y aura perpétuellement une envie d'esquiver. Mais il est aussi vrai que tendre vers l'exemplarité, c'est bien souvent s'obliger et se contraindre. Le nier, c'est déjà renoncer à cette exemplarité.

Comment cela se passe-t-il le plus souvent ?

Lorsque nous nous interrogeons sur les décisions à prendre, souvent nous ne nous posons pas les bonnes questions, car elles ne nous viennent même pas à l'esprit. Et si personne ne nous les pose, nous pouvons ne même pas être conscients que quelque chose ne va pas, et que le pire est à craindre à terme.

Ou alors nous nous posons les bonnes questions, mais inconsciemment, par réflexe, ou plus volontairement par confort, nous n'apportons pas les bonnes réponses.

Nous trouverons toujours une bonne excuse à faire une « légère » entorse à ce qui nous avait pourtant servi d'alerte intérieure.

Et comme ce sont les « mauvaises raisons cachées » qui sont transformées en « bonnes raisons », comme par magie, il n'existe plus l'idée même d'entorse à l'exemplarité. Au nom de notre liberté que nous voudrions absolue ou par peur de l'avenir, par peur de perdre quelque chose ou apparemment de ne rien y gagner, nous l'avons sacrifiée.

Puis vient le déni. Le refus de voir la réalité. Nous l'enfouissons et nous nous donnons nous-mêmes acte de notre bonne foi. « Je n'ai commis aucune erreur », qui devient « Comment se pourrait-il que, moi, je commette une erreur ? »

Du déni, on débouche vite sur l'impunité si aucun garde-fou ne se trouve sur notre chemin. Et si tout le monde entonne le même refrain, celui-ci devient dominant et la petite musique singulière est vite éteinte.

Les frontières de l'éthique sont repoussées toujours plus loin. On s'habitue à tout. Tout devient relatif. C'est la banalisation des entorses faites à l'exemplarité. L'inversion des valeurs, dont l'élaboration ne procède plus que de soi-même. Ce qui est devenu le principal trait de ce quinquennat commencé sous le symbole de la loi pour la confiance dans la vie publique.

Quel gâchis…

La nomination récente de François Baroin à la présidence de la banque Barclays ou la retraite de François Fillon au conseil d'administration du groupe pétrolier russe Zaroubejneft ou de la société pétrochimique russe Sibur laissent pantois…

Et pourtant il y a un chemin possible. En matière d'exemplarité, il peut exister une méthode. Si vous parvenez à vous poser les bonnes questions, à y répondre sans faire de déni, que vous acceptez que d'autres vous les posent, que vous élaborez et proposez vos propres garde-fous ainsi que ceux que la société a identifiés pour vous, vous prendrez beaucoup plus sûrement la bonne décision en matière d'éthique du comportement.

Les dirigeants et dirigeantes y sont par nature le plus souvent profondément « réfractaires ».

Il doit donc exister un minimum de contraintes pour tout simplement s'éduquer à l'exemplarité. Il n'est pas concevable de revendiquer la contrainte pour les autres et de n'en vouloir aucune pour soi-même.

Si nous sommes contraints à nous entraîner à l'exemplarité, nous serons amenés à prendre des décisions qui limitent nos excès. C'est peut-être difficile à accepter dans un premier temps, mais si l'on s'habitue à cet exercice, il deviendra naturel et nous nous rendrons compte que nous sommes infiniment soulagés et rassurés une fois que nous avons pris la meilleure décision. C'est un processus. Ce n'est pas toujours entièrement naturel, il faut donc s'entraîner.

Pour cela, il faut donc une motivation profonde et non artificielle, suivie d'une volonté et d'une détermination. Et l'idéal pour le garantir est donc de proposer le chemin qui permet la prise de conscience. Car ce qui est éprouvé et compris est accepté.

Comment demander aux autres d'être « responsables » sans l'être soi-même à sa propre échelle ? Comment invoquer une limite à la liberté des autres en étant incapable d'en proposer une à soi-même lorsqu'on est amené à prendre des responsabilités ?

Je pense que ce n'est pas négociable pour celles et ceux qui aspirent à prendre en main le destin des autres. Rien ne contraint à prendre des responsabilités, mais en revanche ces responsabilités nous obligent.

Par ailleurs, pour faire atterrir les idées dans le réel, je propose que nous travaillions avec méthode et sang-froid à un modèle qui concilie sans arrêt, dans un perpétuel mouvement, la singularité et le lien.

Le principe général est d'accepter la complexité, celle du vivant, de la nature, de ne jamais y renoncer par confort. De ne pas être tenté de simplifier, car simplifier revient à trahir la réalité de cette complexité. En revanche, tout faire pour rendre accessible cette complexité. C'est le seul challenge qui vaille et qui permette de retrouver ainsi des moyens d'action. Pour cela il convient donc de faire vivre ensemble le principe du singulier et celui du commun, celui du va-et-vient nécessaire entre le concept et la réalité.

Ce constat oblige à ce que ces deux dimensions, celles du singulier et du commun, qui pourraient s'opposer, soient prises en compte, non pas intellectuellement, mais dans le réel. Tout cela relève de la méthode de l'expérimentation, chère à la science. Car l'objectif est d'obtenir une véritable influence sur le réel.

Et pour que ces principes ne restent pas abstraits, s'agencent dans la réalité pour produire des solutions, cela nécessite honnêteté intellectuelle et rigueur dans la méthode.

Éloigné de la réalité, le concept est sans substance ; éloignée du sensible, la raison produit du vide.

De quelle nature pourrait être cette rigueur dans la méthode ?

Je propose là encore de se poser systématiquement certaines questions : « Qu'est-ce que je mets en commun pour être plus puissant et qu'est-ce que je laisse au singulier pour être plus agile ? »

Ce choix ne peut pas être uniquement théorique et conceptuel, technocratique, pensé et décidé par deux personnes dans leur bureau. Il n'est fondateur que dans la mesure où y sont associé·es celles et ceux qui participent au « processus », afin de l'élaborer au plus près de la réalité et de son impact.

Là encore, celles et ceux qui participent au « processus » ne sont bien sûr pas toujours les mêmes, y compris lorsqu'il s'agit de problématiques qui semblent proches. Je m'explique : réformer l'hôpital, ce n'est par exemple pas tout à fait la même chose que d'affronter une crise sanitaire ou que de mettre en place une politique de santé publique efficiente.

Il nous faut aussi retrouver de la flexibilité, combiner la nécessaire notion du temps long qui sert de véritable levier sur le réel et la notion de temps court qui permet de penser l'accompagnement au quotidien du temps long et de ses bénéfices attendus.

Enfin, cette question du singulier et du commun, il faut se la poser pour chaque problématique rencontrée afin d'apporter des réponses adaptées à l'enjeu.

Il n'existe pas de formule qui pourrait être plaquée sur tout, tel un concept perpétuellement décliné par des personnes déconnectées.

Comme l'a été et le reste la « formule » du « rabot budgétaire, fusion et passage au numérique », qui, sous un habillage de rationalité et de modernité, n'a qu'un seul objectif, faire des économies. C'est en plaquant cette formule sur la réalité qu'on l'étouffe.

Utiliser la même méthode peut déboucher sur différentes formules.

Ensuite, il faudra aussi se mettre d'accord sur les mots et notamment sur ce que signifient « transformation », « réforme » ou « résultats », car ils sont devenus des mots « valises », des éléments de langage.

Il conviendra de définir quelle nature de résultats sera évaluée, de quelle manière et par quels moyens aura lieu cette évaluation.

Pour cela il faut une fois encore se poser les bonnes questions.

Par exemple : la « politique du chiffre » est censée mesurer des résultats. Elle a un intérêt majeur pour un gouvernement... permettre de communiquer et de donner le sentiment d'avoir réglé le problème ou d'être en passe de le régler. Elle est pourtant la plupart du temps déconnectée des objectifs, qui ont été oubliés depuis longtemps même si on tente souvent de les reconnecter a posteriori en élaborant des éléments de langage dont la vocation première est de faire paraître « intelligent » et de donner l'illusion de savoir de quoi on parle.

La plupart du temps, si l'on se penche sur ces éléments de langage et qu'on les analyse, ils ne veulent rien dire. Ils sont avant tout là pour que l'on n'y mette pas trop son nez, pour vous empêcher de penser et donc de comprendre.

Il y a aussi les chiffres « macro », comme ceux de la croissance ou du niveau de pauvreté, qui ne tiennent pas compte de la singularité, produisent des fictions, des perceptions faussées, des relativités infinies qui conduisent à l'échec et à l'impuissance.

Quelques exemples de fiction des chiffres sur des sujets devenus des obsessions :

– Est-ce que le nombre d'interpellations réduit le nombre de crimes et de délits ?

Réponse : Non, car si les personnes ont été interpellées trop vite pour remplir des cases, elles le sont souvent au détriment de la qualité des preuves matérielles qui permettront de qualifier l'infraction si infraction il y a.

– Est-ce que la baisse du nombre de personnes condamnées traduit obligatoirement une baisse de la criminalité ?

Réponse : Non, parce qu'un procureur pourrait se trouver récompensé uniquement parce que ses chiffres concernant la criminalité dans son secteur d'affectation baissent apparemment alors qu'il n'aura tout simplement pas fait son travail.

Idem, le nombre de signalements en matière de harcèlement moral ou sexuel pourrait augmenter sans que ceux-ci soient réellement traités au fond, donnant la fausse perception que le problème est réglé. À l'inverse, le nombre de signalements pourrait baisser, ce qui pourrait être interprété comme lié à l'efficience des dispositifs mis en place alors que ce pourrait être tout simplement le fait que des personnes ne procèdent pas au signalement ou sont découragées de le faire.

– Est-ce que procéder à l'embauche coûte que coûte de dix mille policiers de plus dans le quinquennat se traduit obligatoirement par plus de policiers sur le terrain et plus d'efficacité ?

Non : parce que la qualité de la sélection et de la formation est bien sûr alors largement affectée afin de recruter dans les temps et dans les budgets, et que l'on ne transforme pas non plus d'un coup de baguette magique des personnels administratifs en personnels sur le terrain.

C'est tout cela que j'ai pu constater en participant à la 32e session de l'Institut des hautes études du ministère de l'Intérieur.

Bref, les exemples sont nombreux dans ce domaine comme dans les autres, mais l'idée est de montrer que les chiffres servent davantage d'outils de communication que de moyens de mesurer véritablement l'efficience. Ils servent en dernier recours à masquer l'impuissance. Les films *BAC Nord* de Cédric Jimenez, *Les Misérables* de Ladj Ly, qui abordent la problématique des quartiers défavorisés sous des angles différents, ou *Hippocrate* de Thomas Lilti, sur les maux de l'hôpital public, montrent par exemple très bien, chacun à leur manière, le mal dont il est question.

Persister dans cette posture, c'est pourtant contribuer à ne jamais résoudre les problèmes posés et se lancer éperdument dans une fuite en avant.

C'est ce à quoi malheureusement nous assistons sous le regard désabusé ou désespéré des personnes concernées. Que ce soient nos policiers et nos gendarmes, mais aussi nos enseignants et nos soignants.

Pourtant, il convient avant tout d'être subtil et sensible et non brutal, conceptuel, indifférent, voire cynique.

Un objectif, des principes simples, une méthode, de la motivation, du travail, de la rigueur et de la sensibilité. Avec ces ingrédients rien n'empêche de faire du sur-mesure, d'identifier différents curseurs. Bien au contraire. Toutes les possibilités s'offrent à l'infini.

Ce que je propose n'est ni une utopie, ni un concept, ni un idéal inatteignable. Je l'ai éprouvé. Il faut déjà avoir ne serait-ce que la volonté et le courage de proposer de l'élaborer. Mais pour mettre en place une telle approche, pour qu'elle s'ancre dans la réalité, il faut aussi, c'est un impératif, proposer une gouvernance et des méthodes d'évaluation et de contrôle effectifs, de bon sens et non bureaucratiques. Les concevoir là encore avec les personnes concernées et s'inspirer des modèles étrangers sans les plaquer.

J'ai fait l'effort de la description, mais cela peut rester encore abstrait comme l'est ce que l'on ne connaît pas encore.

Je dois donc préciser que c'est bien cette « méthode », cette approche que j'ai appliquée à ma proposition d'accompagnement et d'adaptation de l'audiovisuel public. Ce sont ces principes et ces valeurs que j'ai déclinés dans le rapport de près de trois cents pages, suite à un travail intense de terrain qui impliquait les personnes concernées, que j'ai remis à l'Élysée et au gouvernement. Ce travail qui, fort de mes expériences, peut servir d'illustration de ce que je m'emploie à démontrer. Il faut bien sûr lire ce rapport pour comprendre le chemin emprunté, et ce qu'il peut avoir, je le crois, à la fois de rigoureux et d'innovant, sans détruire ce qui fait la force de l'existant.

Ce que j'ai aussi compris, c'est que seul·es celles et ceux qui sont imprégné·es par ce nouveau logiciel, qui l'ont éprouvé, peuvent le porter et le décliner. Car pendant ces cinq années où j'ai tenté de le porter, j'ai parlé à un mur, je me suis heurtée à la matrice, surtout lorsque j'étais dans la majorité.

Il faut maintenant sortir de ce qui nous a conduits pendant des années à l'impuissance. Et c'est parce qu'un autre chemin est à la fois nécessaire et possible, et parce qu'il est urgent de remettre les choses à l'endroit, qu'il y a de l'espoir.

Ce qui est en jeu, c'est bien notre démocratie et l'efficience des politiques publiques.

Conclusion

J'écris ces dernières lignes fin janvier 2022. Personne ne sait encore ce que cette année nous réservera.

À travers ce livre, j'ai d'abord voulu faire la lumière sur ce qui est généralement caché.

Car ce que l'on ne nomme pas finit tout simplement par ne plus « exister » et continue pourtant à nous ronger.

On pourrait penser qu'avoir raconté l'Histoire par le biais de ce que l'on appelle des « anecdotes », des bouts de vie, serait léger. Ou encore que cela ne se fait pas, ne se dit pas.

Mais c'est bien la petite histoire qui fait la grande, ce sont bien les anecdotes de la vie, celles de la vraie vie, les comportements au quotidien, les ressorts des décisions prises, qui montrent paradoxalement la profondeur des événements, qui permettent de les lire, qui illustrent concrètement le chemin pris. C'est ce qui nous permet de comprendre qui l'on a vraiment en face de soi. Car ce qui est important, c'est d'identifier les motivations et d'analyser les comportements.

J'ai voulu montrer que ce n'est pas de donner à voir ce qui est qui doit être pointé du doigt, mais le fait de le cacher, par duplicité ou par confort personnel, qui doit l'être avant tout.

Il m'est donc apparu primordial de faire remonter à la surface ce que l'on ne veut pas que je vous dise.

Mais j'ai aussi la conviction profonde que donner à voir ce qui accroît les injustices et la souffrance, comment ce mal s'insère par tous les pores de notre société, est en fait un acte positif. Pas besoin de jugement pour cela. Mettre de la lumière tout simplement sur ce qui est permet de chasser ce qui ne peut se développer et s'épanouir que dans l'obscurité. Et laisse ainsi la place à autre chose.

Si on ne dit pas les choses comme elles sont dans toutes leurs dimensions, si l'on adopte un seul point de vue, celui de nos idéologies et de nos croyances, comment peut-on réparer et tracer un chemin ?

Ce que je souhaitais passer essentiellement comme message, c'est la nécessité absolue d'un changement en profondeur, d'un bouleversement. Non d'une révolution qui nous ferait revenir exactement au même endroit.

Au-delà des anecdotes et des personnes dont j'ai parlé – que j'ai eu à connaître et qui sont là pour démontrer que les personnalités des uns, des unes et des autres accentuent les dysfonctionnements –, c'est bien le logiciel, le « programme » qu'il faut changer.

À travers ce livre, il m'est aussi apparu comme essentiel qu'il fallait d'un côté cesser de faire semblant, de l'autre cesser le « *more of the same* » qui consiste à appliquer de manière toujours plus appuyée la même formule inefficiente.

Depuis trente ou quarante ans, nous avons : soit des dirigeants ou des responsables politiques qui font semblant de résoudre les problèmes, alors qu'ils savent que c'est plus compliqué qu'ils ne l'affichent ; soit des dirigeants cyniques qui savent très bien qu'ils ne résoudront rien du tout mais qui occupent les fonctions ; soit des dirigeants qui sont persuadés qu'« ils font » alors qu'ils sont dans la matrice et non dans la réalité ; soit encore des bonnes volontés mais qui, isolées, ont peu d'influence sur le réel ou que l'on ne laisse pas longtemps en avoir.

D'autres, qui n'ont pas encore pris le pouvoir, sont restés bloqués dans les plis d'une matrice d'un autre âge et nous proposent des idéologies dépassées, des replis sur soi, des tentations totalitaires ou autoritaires.

Et comme nous n'avons pas « essayé », la tentation peut être grande. Une imposture chasse l'autre. Elles ont comme dénominateur commun de nous asservir encore davantage et de nous assigner à résidence dans un camp ou dans un autre.

Écrire, c'est tenter de dire ce qui est, qui n'est pas toujours ce que l'on souhaite, c'est affronter la réalité, celle de la finitude de notre planète. Mais écrire est aussi un geste d'espoir. Porter avec d'autres l'idée que nous pouvons, chacun de nous, à la place qui est la nôtre, décider de « remettre les choses à l'endroit » et cesser d'inverser les valeurs fondamentales.

Parce qu'il est temps de rompre avec le cynisme et l'égoïsme et d'enfin comprendre et accepter que nous sommes toutes et tous relié·es. Que ce que nous faisons à l'autre, quel qu'il soit, c'est à nous-mêmes que nous le faisons.

C'est aussi ne pas confondre entêtement et persévérance. Il y a ce qu'il faut savoir abandonner, comme son confort personnel, son orgueil et son ego, et ce qu'il ne faut pas lâcher, ce sur quoi il faut persévérer jusqu'au bout. Lorsque l'on sent que quelque chose est profondément juste, lorsque la vie des autres dans toutes ses dimensions est en danger ou même encore s'il s'agit de son équilibre personnel. Il faut persévérer, y compris lorsque l'on ne voit pas encore de lumière au bout du tunnel. Il ne faut ni avoir peur ni être victime d'un excès de confiance. Lorsque l'on aspire à des responsabilités politiques, il faut tenir sur les valeurs d'exemplarité et de compassion.

J'ai tenu à illustrer mes vœux pour 2022 par une citation de Plutarque : « La persévérance est invincible. C'est par elle que le temps dans son action détruit et renverse toute puissance[120]. »

Ce qui nous paraît invincible ne l'est jamais vraiment. Nous ne savons jamais à quel moment se produisent les renversements, mais ils ne se produisent que si nous agissons. Le plus petit de nos actes s'en éloigne ou y concourt. C'est ce chemin qui ouvre sur les possibles.

120. Plutarque, *Vies des hommes illustres*, « Vie de Sertorius ».

« Une est la lumière du soleil, bien qu'elle se laisse diviser par des murs, des montagnes, une infinité d'autres écrans ; une est la matière universelle, bien qu'elle se divise en une infinité de corps individuels ; un est le souffle vital, bien qu'il se divise en une infinité de natures ayant chacune leurs limites respectives ; une est l'âme intelligente, bien qu'elle paraisse se partager. Or les autres êtres parcellaires susdits, les souffles par exemple et les objets sensibles, s'ignorent et demeurent étrangers entre eux. Toutefois, même ces êtres-là sont maintenus ensemble par la force qui les unit et l'attraction du centre de gravité. L'intelligence au contraire, par un privilège singulier, tend à rejoindre son semblable, elle essaie de s'y réunir et son besoin de société ne connaît pas d'obstacles. »

Marc Aurèle
Pensées pour moi-même
Livre XII, pensée 30

Remerciements

Je remercie mes éditeurs, et en premier lieu Florent Massot, qui m'a fait confiance immédiatement, qui par son enthousiasme et sa bienveillance de tous les instants a rendu l'aventure de ce livre possible. Je remercie Youssef, sans son apport et la qualité de nos échanges, ce livre n'aurait jamais été le même. Je remercie Hélène, qui par sa rigueur a rendu l'impossible possible, notamment de tenir les délais.

Je voulais remercier Denis Robert, qui m'a interviewée pendant le premier confinement. Cette interview a fait plusieurs millions de vues sur YouTube. Au-delà du nombre, la qualité des messages que j'ai reçus directement en retour a été pour moi un vrai déclic pour me lancer dans l'écriture de ce livre.

Enfin, je voulais remercier du fond du cœur mes collaborateurs parlementaires, Étienne Lesœur et Aline Durand. Ils m'ont accompagnée dans chacun de mes combats. Leur rigueur, leur travail, le temps passé, leur loyauté de tous les instants et leur ferveur m'ont permis de persévérer et d'aller toujours plus loin.

Massot Éditions s'engage en imprimant ce livre en France.

Composition : l'Atelier des glyphes
Fabrication : Catherine Labrousse
Relecture : Charlotte Marti

Achevé d'imprimer par
Normandie Roto Impression s.a.s.
N° d'impression : 2201206
Imprimé en France